Linie 1 *Beruf*
Deutsch für Berufssprachkurse

Unterrichtshandbuch

Katja Wirth
Corinna Gerhard

B1/B2
Brückenelement

B2

Ernst Klett Sprachen

Stuttgart

Von
Katja Wirth und Corinna Gerhard

Projektleitung: Annalisa Scarpa-Diewald
Redaktion: Annalisa Scarpa-Diewald, Annette Kuppler
Gestaltungskonzept und Layout: Britta Petermeyer, Snow, München und Nürnberg
Satz und Repro: Franzis print & media GmbH, München und Druckhaus Schmid, Jesenwang
Umschlaggestaltung: Ulrike Steffen, Karlsruhe und Anna Wanner, Rudersberg
Coverfoto: Getty Images (Professional Studio), (Luis Alvarez), München

Linie 1 Beruf – Brückenelement B1/B2 und Basiskurs B2 – Materialien

Brückenelement B1/B2		Brückenelement B1/B2 und Basiskurs B2	
Kurs- und Übungsbuch mit Audios und Videos	607221	Paket Kurs- und Übungsbücher	
Intensivtrainer	607223	mit Audios und Videos	607265
Basiskurs B2		Unterrichtshandbuch	607225
Kurs- und Übungsbuch mit Audios und Videos	607264	Audio-CDs	607267
Intensivtrainer	607224	Digitales Unterrichtspaket	NP00860726501
Audio-CDs	607266	Kurs- und Übungsbücher Blinklearning	
Kurs- und Übungsbuch		Lernende	NP00860726502
Blinklearning Lernende	NP00860726401	Kurs- und Übungsbücher Blinklearning	
Kurs- und Übungsbuch		Unterrichtende	NP00860726592
Blinklearning Unterrichtende	NP00860726491	Kurs- und Übungsbücher Media Bundle	607269
Kurs- und Übungsbuch Media Bundle	607268		

**Lösungen, Transkripte, Lernwortschatz, Kapitelwortschatz u.v.m. kostenlos unter
www.klett-sprachen.de/linie1beruf/DownloadB2**

Besuchen Sie uns auch im Internet: www.klett-sprachen.de/linie1beruf

1. Auflage   1³ ² ¹ | 2024 23 22

Druck und Bindung: Elanders GmbH, Waiblingen

ISBN 978-3-12-**607225**-0

9 783126 072250

Inhalt

Linie 1 *Beruf* – ein Lernpaket

Zielgruppe

Linie 1 *Beruf* richtet sich an erwachsene Lernende (ab 16 Jahren), die Deutsch für den Einstieg in das Berufsleben und den beruflichen Alltag in Deutschland lernen. Es ist ein Lehrwerk für Lernende mit Vorkenntnissen, die ihre Kenntnisse in Berufssprachkursen erweitern. **Linie 1 *Beruf*** eignet sich insbesondere für:
• Lernende, die bereits mit *Linie 1, Deutsch in Alltag und Beruf A1-B1* Deutsch gelernt haben
• heterogene Gruppen

Das Lehrwerk

Linie 1 *Beruf* orientiert sich am Lernzielkatalog „Berufsbezogene Deutschsprachförderung, Lernziele Spezialberufssprachkurse A2 und B1 und Basisberufssprachkurse B2 und C1" sowie am „Erweiterten Gemeinsamen Europäischen Referenzrahmen für Sprachen" (eGER). Jeder Band führt zu jeweils einer Niveaustufe und bereitet auf die Prüfung „Deutsch-Test für den Beruf" auf der jeweiligen Niveaustufe vor. **Linie 1 *Beruf*** B1/B2 Brückenelement entspricht den Vorgaben für das Brückenelement im Rahmen des Berufssprachkurses B2.

Linie 1 *Beruf* bietet jeweils Material für 400 Unterrichtsstunden (bzw. 500 im Paket von B1/B2 Brückenelement und B2). Die Anzahl der Unterrichtseinheiten, die mit **Linie 1 *Beruf*** gestaltet werden können, ist auch abhängig von den Voraussetzungen der Lerngruppe und kann durch das breite Angebot an Komponenten, die zusätzlich zum Kurs- und Übungsbuch eingesetzt werden können, flexibel an die Gruppe und die Rahmenbedingungen angepasst werden.

Linie 1 *Beruf* wurde für den Unterricht mit heterogenen Lerngruppen entwickelt. Die Herausforderung, Lernende aus vielen Kulturen mit unterschiedlichen Herkunftssprachen, verschiedenen Berufen und Berufserfahrungen, Erwartungen und Zielen in einem Kurs zu unterrichten, stand im Mittelpunkt bei der Konzeption dieses Lehrwerks. Somit ist **Linie 1 *Beruf*** ein Lehrwerk, das
• lernungewohnten Lernenden durch Übersichtlichkeit, Transparenz und einen klaren Lernweg die Beschäftigung mit der deutschen Sprache erleichtert,
• auch schneller Lernenden die Herausforderungen bietet, die sie sich wünschen,
• Differenzierung in vielerlei Hinsicht ernst nimmt: nach Schwierigkeit, Lerntyp, Fertigkeit, Interesse, Berufserfahrung und Sozialform,
• Sprachhandeln in den Vordergrund stellt, es in einem sicheren Umfeld trainiert und so die Lernenden fit macht für den beruflichen Alltag,
• gezielt die vier Fertigkeiten (Hören, Sprechen, Lesen und Schreiben) einzeln sowie in Kombination trainiert,
• eine sanfte Gesamtprogression bietet,
• viele zusätzliche Materialien zum Vertiefen, Wiederholen und Differenzieren anbietet, die entsprechend der Leistungsfähigkeit und den Interessen der Lernenden ausgewählt werden können,
• mit den digitalen Ausgaben, den Audio-, Video- und Online-Zusatzangeboten multimedial angelegt ist.

Ein klarer Aufbau der einzelnen Lernsequenzen, der vom Einführen/Erkennen, von stark gelenktem Üben bis zur freien und individualisierten Produktion führt, garantiert den Lernerfolg bei der Arbeit mit **Linie 1 *Beruf***.

Der Aufbau von
Linie 1 *Beruf* B1/B2 Brückenelement und B2

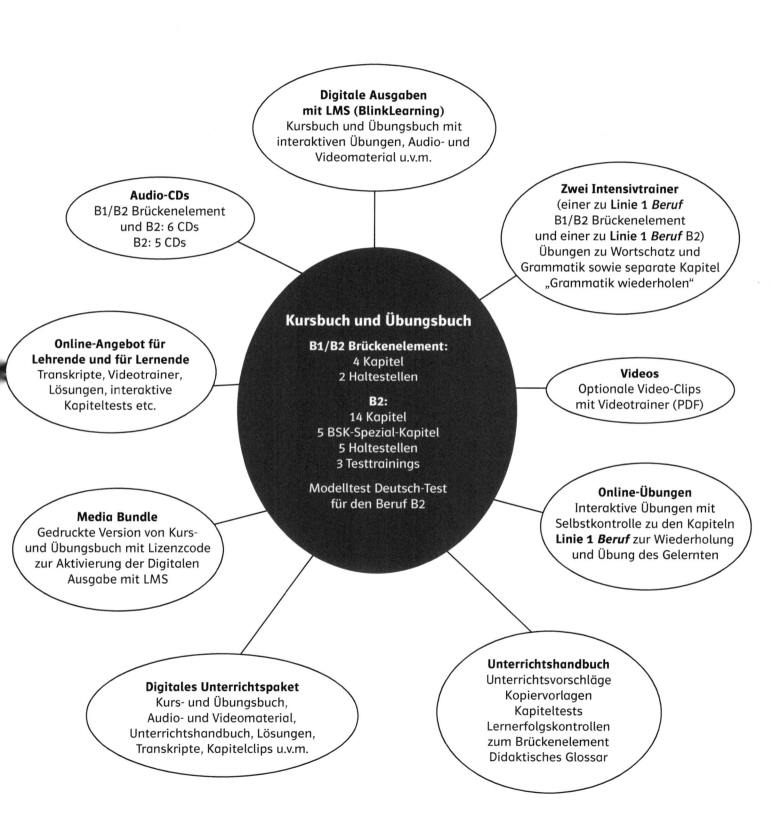

Digitale Ausgaben mit LMS (BlinkLearning)
Kursbuch und Übungsbuch mit interaktiven Übungen, Audio- und Videomaterial u.v.m.

Audio-CDs
B1/B2 Brückenelement und B2: 6 CDs
B2: 5 CDs

Zwei Intensivtrainer
(einer zu **Linie 1** *Beruf* B1/B2 Brückenelement und einer zu **Linie 1** *Beruf* B2)
Übungen zu Wortschatz und Grammatik sowie separate Kapitel „Grammatik wiederholen"

Online-Angebot für Lehrende und für Lernende
Transkripte, Videotrainer, Lösungen, interaktive Kapiteltests etc.

Kursbuch und Übungsbuch
B1/B2 Brückenelement:
4 Kapitel
2 Haltestellen
B2:
14 Kapitel
5 BSK-Spezial-Kapitel
5 Haltestellen
3 Testtrainings
Modelltest Deutsch-Test für den Beruf B2

Videos
Optionale Video-Clips mit Videotrainer (PDF)

Media Bundle
Gedruckte Version von Kurs- und Übungsbuch mit Lizenzcode zur Aktivierung der Digitalen Ausgabe mit LMS

Online-Übungen
Interaktive Übungen mit Selbstkontrolle zu den Kapiteln **Linie 1** *Beruf* zur Wiederholung und Übung des Gelernten

Digitales Unterrichtspaket
Kurs- und Übungsbuch, Audio- und Videomaterial, Unterrichtshandbuch, Lösungen, Transkripte, Kapitelclips u.v.m.

Unterrichtshandbuch
Unterrichtsvorschläge
Kopiervorlagen
Kapiteltests
Lernerfolgskontrollen zum Brückenelement
Didaktisches Glossar

Die Struktur von Kurs- und Übungsbuch

Das Kurs- und Übungsbuch zum Brückenelement B1/B2 umfasst 4 Kapitel, 2 Haltestellen mit Angeboten zur spielerischen Wiederholung, sowie einen Anhang mit nützlichen Überblicksseiten.

Das Kurs- und Übungsbuch B2 besteht aus 14 Kapiteln, 5 BSK-Spezial-Kapiteln zum intensiven Training berufsbezogener Kommunikation, 5 Haltestellen, 3 Testtrainings und einem Modelltest zum *Deutsch-Test für den Beruf B2* sowie einem ausführlichen Anhang.

Kapitel

Jedes Kapitel besteht aus einem Kursbuchteil, an den sich der Übungsbuchteil direkt anschließt. Der Kursbuchteil besteht aus je sieben Seiten: einer Einstiegsseite gefolgt von drei Doppelseiten. Der Übungsbuchteil besteht aus drei Doppelseiten. Eine Rückschauseite schließt das Kapitel ab.

Einstiegsseiten

Die Einstiegsseite führt die Lernenden mit Fotos und kleinen Texten, die emotional ansprechen und die Neugier wecken, an das Thema des Kapitels heran, wobei das Vorwissen der Lernenden aktiviert und einbezogen wird. Gleichzeitig werden wichtiger neuer Wortschatz und wichtige neue Redemittel präsentiert. Auf jeder Einstiegsseite befindet sich eine Übersicht über die Lernziele des Kapitels.

Kursbuchteil: drei Doppelseiten

Auf den folgenden drei Doppelseiten erarbeiten und üben die Lernenden in mehreren Lernsequenzen Wortschatz, Redemittel und grammatische Strukturen. Eingebettet in einen Handlungsablauf aus dem beruflichen Alltag, der sich wie ein roter Faden durch das Kapitel zieht, wird dabei zunächst bereits vorhandenes Wissen aktiviert, dann der neue Lernstoff präsentiert und erarbeitet und durch anschließende Aufgaben gefestigt.
• Die Lernsequenzen folgen häufig folgendem Aufbau: Einführen – Erkennen – Üben – gelenkte Produktion – weniger gelenkte Produktion – freie und individualisierte Produktion in der abschließenden Aufgabe UND SIE?, in der die Lernenden als sie selbst sprechen und agieren können.
• Die Grammatikvermittlung erfolgt in einer Mischung von entdeckendem Lernen und erfolgsorientierter Anwendung in einem kommunikativen Kontext.
• Die Fertigkeiten Hören, Sprechen, Lesen und Schreiben werden gleichmäßig und ausgewogen über das Kapitel verteilt trainiert.
• Am Ende jedes Kapitels steht die handlungsorientierte Aufgabe „VORHANG AUF", bei der die Lernenden die neu erworbenen Fertigkeiten und Kompetenzen meist in Rollenspielen anwenden.

Übungsbuchteil: drei Doppelseiten

Im Anschluss an den Kursbuchteil folgt der sechsseitige Übungsbuchteil, der abwechslungsreiche Übungen zu Wortschatz, Grammatik, Lese- und Hörverstehen und Schreiben bietet.
• Die Übungsteile schließen jeweils direkt an das Kursbuchkapitel an und folgen der Nummerierung der Kursbuchteile: Zu jeder Aufgabe im Kursbuch gibt es eine Aufgabe im Übungsteil mit der gleichen Nummer.
• Das Übungsbuch unterstützt mit vertiefenden und differenzierenden Übungen das binnendifferenzierte Unterrichten in heterogenen Kursen und eignet sich sowohl für das intensive Sprachtraining im Unterricht als auch für das selbstständige Nacharbeiten und Vertiefen zu Hause.
• Besonderes Augenmerk wird auf berufsbezogenes Schreibtraining gelegt. Hierfür speziell geeignete Übungen sind mit einem Icon ✐ gekennzeichnet.

Rückschauseiten *(Mein Deutsch nach Kapitel . . .)*

Die Rückschauseite sichert den Lernerfolg: Das im Kapitel Gelernte wird in aktivierender Form zusammengefasst, d.h., die Lernenden überprüfen durch kleine Aufgaben direkt, ob sie die Lernziele des Kapitels erreicht haben, die hier noch einmal als Kann-Beschreibungen („Das kann ich") dargestellt sind. Außerdem wird von den Rückschauseiten auf den Grammatikteil verwiesen, sodass die im Kapitel behandelten grammatischen Strukturen schnell gefunden werden können.

BSK Spezial in Linie 1 *Beruf* B2

Die BSK-Spezial-Kapitel fokussieren wichtige berufsübergreifende Themen und vertiefen die Kommunikation in verschiedenen beruflichen Handlungsfeldern. Die Lernenden trainieren sprachliches Handeln im Beruf in realitätsnahen Szenarien. Die Kapitel sind in Doppelseiten unterteilt. Jede linke Seite präsentiert die Lernziele und enthält kleinschrittige Aufgabenfolgen, die jeweils zu einer beruflich relevanten Anwendung führen. Der Schwerpunkt liegt auf den Fertigkeiten Hören und Sprechen. Zu Beginn werden die an der Kommunikationssituation beteiligten Interaktionspartner/innen transparent gemacht. Am Ende werden die Lernenden angeleitet, das Gelernte auf den eigenen Beruf bzw. das eigene berufliche Ziel zu übertragen. Auf jeder rechten Seite werden wichtige Wörter visualisiert, erklärt und geübt. Darüber hinaus enthalten die Seiten ein berufsbezogenes Lese- und Schreibtraining. Informative Texte vermitteln Arbeitsweltwissen. Die abschließenden Schreibaufgaben behandeln verschiedene beruflich relevante Textsorten. Die BSK-Kapitel schließen mit kurzen Sequenzen zu den kombinierten Fertigkeiten „Hören und Schreiben" und „Lesen und Schreiben" ab, die für die Prüfung relevant sind.

Haltestellen

Nach folgenden Kapiteln folgt in den Kurs- und Übungsbüchern jeweils eine Haltestelle: Kapitel 2 und 4 im Brückenelement B1/B2, Kapitel 2, 4, 8, 12 und 14 in B2.
In den Haltestellen können die Lernenden in spielerischer Form den Lernstoff der vorangegangenen Kapitel wiederholen. Die Aufgaben bieten Möglichkeiten zur Vertiefung und Differenzierung des Lernprozesses. Sie sind so angelegt, dass sie eine Individualisierung nach Themen, Lerntypen und Fertigkeiten ermöglichen.

Testtrainings

Linie 1 *Beruf* B2 bereitet intensiv auf die Abschlussprüfung *Deutsch-Test für den Beruf B2* vor. Im Anschluss an die Kapitel 6, 10 und 14 gibt es ausführliche Testtrainings. Hier werden die Lernenden mit den Prüfungsformaten vertraut gemacht. Sie erhalten zudem wertvolle Hinweise für die Vorbereitung und zum Ablegen der Prüfung. Außerdem stehen zu allen Aufgaben Musterlösungen bzw. kommentierte Lösungen zur Verfügung, mit deren Hilfe sich die Lernenden selbst kontrollieren können.

Anhang

• Der Anhang von **Linie 1 *Beruf*** enthält:
• Lernwortschatz
• Redemittel
• Grammatikübersicht
• Textbausteine zu BSK-Spezial (nur B2)
• Listen der Verben mit Dativ sowie mit Dativ und Akkusativ
• Liste der Verben mit Präpositionen
• Listen von Nomen und Adjektiven mit Präpositionen (nur B2)
• Liste der unregelmäßigen Verben
• Liste mit Nomen-Verb-Verbindungen (nur B2)
• Verweise auf Video-Clips

Zusätzliche Komponenten

Audios

Die Hörtexte des Kurs- und Übungsbuchteils stehen als kostenloser Download (Zugangscode im Buch) oder über die Klett-Augmented-App zu Verfügung.
CDs mit diesen Hörtexten sind auch separat erhältlich.

Video-Clips

Zu zehn Kapiteln gibt es Original-Videos vom ZDF zu beruflichen Themen. Die Video-Clips können als kostenloser Download mit einem Zugangscode (im Buch) oder über QR-Code heruntergeladen werden und sind über die Klett-Augmented-App verfügbar. Der Videotrainer mit Aufgaben zum Hör-Seh-Verstehen zu den Video-Clips und die Transkripte stehen online. Die Untertitel können ein- oder ausgeschaltet werden.

Unterrichtshandbuch

Das Unterrichtshandbuch gibt Informationen zum Aufbau und den didaktischen Schwerpunkten von **Linie 1 *Beruf***. Zu den Kursbuchteilen der Kapitel und in B2 auch zu den BSK-Spezial-Kapiteln bietet es zu jeder Aufgabe Unterrichtsvorschläge und Hinweise auf mögliche Varianten und Erweiterungen (z. B. zur Binnendifferenzierung, zur Einbeziehung interkultureller Aspekte oder zum Medieneinsatz) und einen Lösungsschlüssel für die Aufgaben.
Das Unterrichtshandbuch enthält außerdem jeweils zwei Kopiervorlagen zu den Kapiteln, Kapiteltests, Lernerfolgskontrollen nach 50 und 100 UE im Brückenelement und ein didaktisches Glossar.

Digitale Ausgaben mit LMS

Zu **Linie 1** *Beruf* **B2** und zum Paket aus **Linie 1** *Beruf* B1/B2 Brückenelement und **Linie 1** *Beruf* **B2** stehen digitale Ausgaben für das Learning Management System BlinkLearning zur Verfügung. Sie ermöglichen einen optimalen Einsatz des Lehrwerks im Online-Unterricht. Lehrende haben online und offline Zugriff auf alle Inhalte. Die integrierten praktischen Werkzeuge (Notizen und Textfelder einfügen, markieren, unterstreichen etc.) erleichtern die Arbeit mit dem Kurs- und Übungsbuch im virtuellen Klassenzimmer. Abwechslungsreiche interaktive Übungen mit automatischer Auswertung steigern die Motivation der Lernenden. Lehrende können außerdem eigene Klassenräume anlegen, über ein Nachrichtenboard mit dem Kurs kommunizieren, Hausaufgaben verschicken, Lernenden individuell passende Übungen zuweisen sowie den Lernfortschritt einzelner oder des gesamten Kurses verfolgen, verwalten und evaluieren. Notengebung und Dokumentation erfolgt in einem objektiven und transparenten System.

Digitales Unterrichtspaket

Das digitale Unterrichtspaket richtet sich an die Lehrenden und ermöglicht flexibles multimediales Vorbereiten und Unterrichten. Es enthält die kompletten Kurs- und Übungsbücher (Linie 1 *Beruf* B1/B2 Brückenelement und Linie 1 *Beruf* B2), interaktive Werkzeuge und direkte Verlinkungen zu Audios und Videos. Als Zusatzmaterial sind das Unterrichtshandbuch, Lösungen, Transkripte und interaktive Kapitelclips integriert. Das digitale Unterrichtspaket kann im Kursraum sowohl mit interaktiven Whiteboards als auch über einen Beamer oder am PC/Laptop verwendet werden. Es eignet sich aber auch für den Einsatz im Online-Unterricht über ein Konferenztool.

Zwei Intensivtrainer

In den Intensivtrainern (einer zu Linie 1 *Beruf* B2/B2 Brückenelement und einer zu Linie 1 *Beruf* B2) finden die Lernenden zusätzliche Übungen zu jedem Kapitel. Der Schwerpunkt liegt auf Wortschatz- und Grammatiktraining. Außerdem enthalten beide Intensivtrainer spezielle Kapitel „Grammatik wiederholen" zum gezielten Wiederholen wichtiger Grammatik-Themen. Der Intensivtrainer eignet sich für das selbstständige Wiederholen und Vertiefen des Gelernten und enthält einen Lösungsschlüssel im Anhang.

Online-Material und Downloads

Ein breites Online-Angebot steht Lehrenden und Lernenden auf der Webseite zur Verfügung und ermöglicht differenziertes und individualisiertes Lehren und Lernen: Online-Übungen, interaktive Kapiteltests, Kopiervorlagen, Lösungen, Transkripte u.v.m.

Didaktische Schwerpunkte

Aufbau der Handlungskompetenz im beruflichen Alltag

Die Themenauswahl und die Redemittel in **Linie 1** *Beruf* orientieren sich an frequenten Schlüsselszenarien und branchenübergreifend vorkommenden Sprachhandlungen im Arbeitsleben. Echte Themen zu authentischen beruflichen Situationen bereiten die Lernenden auf reale Sprachsituationen vor. Aktuelle, authentische Textsorten (E-Mails, Anzeigen, Foren, Chats, Blogs, etc.) und für die Lernenden relevante Themen (Berufswahl, berufliche Pläne, Bewerbung, Weiterbildung etc.) bilden die Grundlage für einen handlungsorientierten Unterricht.

Didaktik der Hilfestellung – Ressourcenorientiertes Lehren

Linie 1 *Beruf* unterstützt die Lernenden darin, im beruflichen Alltag in Deutschland aktiv zu handeln:
Es vermittelt Wissen und Werkzeuge für sprachliches Handeln strukturiert und aktivierend.
Es begleitet, stärkt, fordert, fördert und ermutigt die Lernenden. Es bietet Hilfestellungen an, um das Selbstbewusstsein der Lernenden zu stärken.
Üben geht in **Linie 1** *Beruf* vor Testen und die Lernenden erhalten (Hilfs-)Mittel, um Sicherheit im Sprachhandeln aufzubauen. Beispiele dafür sind die eindeutigen Arbeitsanweisungen, Musterdialoge als Audio, Redemittel zur Bewältigung der Aufgaben, gelenkte Produktion durch Anlösungen, eigene Regelfindung und visuelle Eindeutigkeit.

Ergonomisches Lernen – Schritt für Schritt lernen und Lernerfolge aktiv sichern

Auf der Auftaktseite bekommen die Lernenden neuen Input durch ansprechendes Bildmaterial und ersten Wortschatz aus dem Kapitel. Auf den nächsten Doppelseiten folgen Übung, Flüssigkeitstraining, Anwendung und Sprachhandeln.
Am Ende von Lernsequenzen in den UND SIE?-Aufgaben aktivieren die Lernenden das gerade Gelernte, indem sie sprachlich als sie selbst agieren.
Jedes Kapitel schließt mit der Aufgabe VORHANG AUF ab, einer handlungsorientierten Aufgabe, bei der die Lernenden das Handeln in für den Berufsalltag typischen Situationen szenisch nachspielen.
Hier werden die produktiven Lernziele des Kapitels zusammenfassend geübt. Die Lernenden können in einem geschützten Raum wie im realen Leben handeln. Das ist aktive Vorbereitung auf den Arbeitsalltag in Deutschland.
Auf die Kursbuchseiten jedes Kapitels folgt der Übungsteil. Dieser endet mit einer Übersichts- und Evaluationsseite zu allen Redemitteln und Strukturen.

Lernen in Szenarien

Viele Lernsequenzen sind als kleine Szenarien strukturiert, in denen Kommunikationssituationen aus dem beruflichen Alltag geübt werden. Handlungsorientierung prägt als Unterrichtsprinzip seit geraumer Zeit den Fremd- und Zweitsprachenunterricht. Der Begriff Szenario bezieht sich einerseits auf eine Art des Unterrichts, der die Lernenden nicht als passive Rezipienten von Informationen, sondern als aktiv handelnde, selbst entscheidende und miteinander interagierende Menschen versteht. Eine Reihe von handlungsorientierten Unterrichtsmethoden (Projektarbeit, Stationenlernen, Pro- und Kontra-Diskussionen u.a.m.) sollen die geistige Verarbeitung und Aneignung der Lerninhalte fördern.
Der Begriff Handlungsorientierung weist andererseits über den Unterricht hinaus in den Alltag der Lernenden bzw. in die kommunikativen Zusammenhänge, in denen Lernende sprachlich handeln und ihre neu erworbenen Sprachkenntnisse anwenden wollen und müssen. Hier kommt der „Szenario-Ansatz" als didaktisch-methodisches Konzept zum Tragen. Er basiert auf der Wahrnehmung, dass sich Kommunikation insbesondere in beruflichen Handlungszusammenhängen selten auf eine einzige Situation beschränkt, sondern in der Regel in Handlungsabläufen bzw. Handlungsschritten stattfindet: man plant beispielsweise einen Umzug in ein neues Büro, sucht Büroräume, holt ein Angebot bei einer Umzugsfirma ein, verhandelt mit der Umzugsfirma und der Hausverwaltung, reklamiert ggf. Mängel in den neuen Räumen etc. Der Szenario-Ansatz macht solche Handlungsketten für den Unterricht nutzbar und fördert durch größtmögliche Lebens- und Praxisnähe die sprachliche Handlungsfähigkeit.
In **Linie 1** *Beruf* ist dieser Ansatz, soweit dies sinnvoll erschien, umgesetzt. Die Kapitel zeigen Handlungsketten mit jeweils einem eigenen Personal, das in verschiedenen Situationen handelt und dabei eine Reihe von kommunikativen Aufgaben bewältigt. Diese wiederum dienen den Lernenden als Modell und Anlass, die Sprachhandlungen selbst zu üben und anzuwenden.

Binnendifferenzierung

Linie 1 *Beruf* bietet in den Kapiteln eine große Vielfalt an Aufgaben an, die unterschiedliche Lerntypen ansprechen und binnendifferenziertes Unterrichten ermöglichen. Mehr Lernende erreichen das Ziel, weil es für sie passende Lernwege gibt.
Das Kurs- und Übungsbuch bietet Wahlmöglichkeiten für unterschiedliche Lernwege in den Aufgaben, z.B. nach Lerntyp, nach Schwierigkeit, nach Interessen, nach Fertigkeiten und nach Sozialform.
Aufgaben mit der Anweisung „Wählen Sie" fordern die Lernenden direkt auf, die Aufgabe entsprechend ihrer sprachlichen Kompetenz und ihrem Interesse zu wählen. Darüber hinaus gibt es im Unterrichtshandbuch eine große Auswahl an Erweiterungen, Varianten, Spielen und Projekten, die eine Differenzierung nach Qualität und Quantität so wie eine Individualisierung nach Themen, Interessen, Lerntyp und Fertigkeit ermöglichen.

Lernerfolgskontrollen

An verschiedenen Stellen haben Lehrende und Lernende die Möglichkeit in **Linie 1** *Beruf*, Lernfortschritte zu verfolgen. Nach jedem Kapitel können die Lernenden ihre Kenntnisse online in einem interaktiven Kapiteltest überprüfen. Lehrende finden weitere Kapiteltests im Unterrichtshandbuch. In Berufssprachkursen mit Brückenelement soll in der Mitte des Brückenelements eine mündliche und am Ende eine schriftliche Lernerfolgskontrolle zu allen vier Fertigkeiten durchgeführt werden. Das Unterrichtshandbuch enthält dafür zum Lehrwerk passende Materialien.

Prüfungsvorbereitung

Die Berufssprachkurse enden mit einer Abschlussprüfung. **Linie 1** *Beruf* B2 bereitet von Anfang an auf den *Deutsch-Test für den Beruf B2* vor: durch gekennzeichnete Aufgaben im Prüfungsformat in den Kapiteln, in den Testtrainings sowie im Modelltest. Das gibt Lehrenden und Lernenden Sicherheit in der Selbsteinschätzung (Wo stehe ich? Was kann ich? Erreiche ich das Kursziel?).

Video-Clips als Sprech- und Denkanlass

Im Anhang wird auf die Video-Clips verwiesen. Es handelt sich hierbei um zehn Original-Videos vom ZDF zu beruflichen Themen, die einzelne Kapitel ergänzen, der Videotrainer steht online. Diese Clips trainieren das Hör-Seh-Verstehen, dienen als Sprech- und Denkanlass und bieten Vorbilder für die Alltagsbewältigung. Sie sind im besten Fall ein Motivationsschub, der in Spracharbeit überführt wird.

Interkulturelles Lernen

Linie 1 *Beruf* ist vom Personal her interkulturell ausgerichtet. Die Personen dienen somit als Identifikationsfiguren. Interkulturelles Lernen wird auch dadurch angeregt, dass die Lernenden immer wieder über ihre Herkunftsländer sprechen und Vergleiche mit Deutschland oder den Herkunftsländern der anderen Teilnehmenden anstellen. Darüber hinaus gibt es im Unterrichtshandbuch unter dem Stichwort „Interkulturelle Perspektive" an passenden Stellen zu den Kapiteln Anregungen zum interkulturellen Lernen.

Grammatik

Die Grammatik wird in **Linie 1** *Beruf* kontextgebunden und kommunikationsrelevant eingeführt. In den sogenannten Fokus-Kästen ergänzen die Lernenden Strukturen und Paradigmen selbst und werden dadurch zur eigenen Regelfindung ermutigt.
Die Grammatik findet sich sowohl portionsweise im Kapitel an Ort und Stelle, also dort, wo sie eingeführt wird, als auch in einer Gesamtübersicht im Anhang des Buches.

Hinweise zur Arbeit mit dem Unterrichtshandbuch

Das Unterrichtshandbuch enthält Erläuterungen zu den Aufgaben in den Kursbuchteilen, die die Planung, Vorbereitung und Durchführung des Unterrichts unterstützen.

Zu jedem Kapitel gibt es zunächst eine Übersicht über die Lernziele und die Lerninhalte des Kapitels. Die Lernziele richten sich nach dem Lernzielkatalog für die Berufssprachkurse. Im Anschluss daran folgen jeweils Erläuterungen zu den Aufgaben in den Kursbuchteilen. Hier wird der Ablauf der einzelnen Aufgaben verdeutlicht und es werden Vorschläge für Erweiterungen und Varianten gemacht. Dort, wo Aufgaben aus den Übungsteilen sich für den Unterricht anbieten, z. B. zur Binnendifferenzierung, sind diese ebenfalls mit aufgeführt. Darüber hinaus gibt es in der rechten Spalte jeweils Hinweise zum Einsatz von Audio- und Video-Material, und ggf. weiteren benötigten Materialien.

Im Anhang befinden sich zu jedem Kapitel und zu den BSK-Spezial-Kapiteln zwei Kopiervorlagen, zu jedem Kapitel ein Kapiteltest, Aufgaben zur Lernerfolgskontrolle im Brückenelement nach 50 und 100 UE sowie ein didaktisches Glossar.

Abkürzungen im Lehrerhandbuch

TN = (Kurs-)Teilnehmer/-in bzw. (Kurs-)Teilnehmer/-innen
KL = Kursleiter/-in

EA = Einzelarbeit
PA = Partnerarbeit
GA = Gruppenarbeit
PL = Plenum

KB = Kursbuchteil
ÜB = Übungsteil des Kursbuches
HA = Hausaufgabe
KV = Kopiervorlage
▶ = Verweis auf das Glossar
BS = Berufssprache
LE = Leseverstehen

1 Eine neue Stelle

Lernziele/Sprachhandlungen

Sprechen	sich und andere vorstellen; von den ersten Tagen bei der Arbeit erzählen; über Freizeitaktivitäten und Hobbys sprechen; über Ausbildung, Beruf und Engagement sprechen; Sprachkompetenzen nennen
Hören	persönliche Gespräche
Lesen	persönliche Mitteilungen; persönliche E-Mail; Interview; Lebenslauf
Schreiben	Forumsbeitrag über ein Hobby oder eine Freizeitbeschäftigung; Lebenslauf
Beruf	die ersten Tage am neuen Arbeitsplatz; Lebenslauf; Bewerbungsgespräch; Sprachkompetenzen nennen

Lerninhalte

Redemittel	Ich möchte Zahra vorstellen. Sie … | Wenn ich an meinen ersten Arbeitstag denke, … | Ich beschäftige mich gerne mit … | Ich interessiere mich für …, weil … | Seit … mache ich …
Wortschatz	Hobbys, Arbeit, Lebenslauf
Grammatik	Temporale Konnektoren | Satzverbindungen Hauptsatz und Nebensatz | Verben und Ergänzungen | Reflexivpronomen im Akkusativ und im Dativ

Erläuterungen zum Unterricht	**Materialien**
1a Einstieg: KL schreibt *MEINE PROFILSEITE* an die Tafel. TN überlegen, welche persönlichen Informationen man auf Profilseiten in sozialen Netzwerken finden kann (z. B.: zur Person, Familie, zu Hobbys, Vorlieben, Abneigungen etc.) KL schreibt die Vorschläge an die Tafel. KL projiziert Gabrielas Profil und die TN sehen sich das Profil im KB an. Wenn die TN in letzter Zeit mit Linie 1 B1 gearbeitet haben, können sie ggf. berichten, was sie von Gabriela noch wissen (sie ist mit Ron zusammen, hat eine Tochter etc.). TN lesen das Profil und sprechen in PA darüber. Zu welchen der vorher gesammelten Punkte finden sie Informationen? TN stellen sich gegenseitig Fragen wie im Beispiel und beantworten diese.	
VARIANTE (EA/PA): TN schreiben fünf Fragen zum Profil auf ein DIN-A4-Blatt und tauschen es mit einem Partner / einer Partnerin. Diese/r antwortet.	DIN-A4-Blätter
1b TN überlegen, zu welchem Aspekt sie etwas in ein fiktives Profil schreiben würden, und verfassen einen kleinen Eintrag. Die Einträge werden im PL vorgelesen und im Kursraum ausgehängt.	
VARIANTE: KL sammelt die Einträge ein und verteilt sie neu, KL lesen die Texte vor und raten, wer der Verfasser / die Verfasserin ist. VARIANTE: KL verteilt die Blätter aus 1a neu, TN lesen und versuchen durch Fragen den Verfasser / die Verfasserin zu finden.	

Erläuterungen zum Unterricht	**Materialien**
2a TN lesen die Texte und ordnen die Grüße und Verfasser zu. Vergleich im PL. **Lösung:** A4.; B1.; C2.; D3.	
2b TN lesen die Nachrichten noch einmal und schreiben auf, was sie sonst noch über Gabriela erfahren. Vergleich in PA, dann im PL. **Mögliche Lösungen:** Gabriela hat eine Schwester und einen älteren Bruder; der Bruder hat eine neue Freundin; Ron und Gabriela haben eine kleine Tochter; Gabriela mag Sport, ihr Lieblingsessen ist Lasagne etc.	
ERWEITERUNG: TN schreiben in GA Aussagen über Gabriela, eine andere Gruppe entscheidet, ob diese richtig oder falsch sind.	
2c TN notieren beim Hören, zu welchen Nachrichten die Gespräche passen. Sie machen Notizen und begründen, warum sie finden, dass ein Gespräch zu einer bestimmten Nachricht passt. KL weist darauf hin, dass ein Gespräch zu mehreren Nachrichten passen kann. **Mögliche Lösungen:** Gespräch 1 passt zu Text A (die Freunde sprechen über Gabrielas neue Arbeit); Gespräch 2 passt zu den Texten B und C (Ron ist Absender, spricht über die Einladung bei Gabrielas Eltern); Gespräch 3 passt zu Text A, C oder D (die Kolleginnen sprechen darüber, dass Gabriela eine kleine Tochter hat und gern Sport treibt).	1.02–04

	BINNENDIFFERENZIERUNG: TN konzentrieren sich auf einen Text und stehen auf, wenn in einem Hörtext eine Information ihres Lesetextes genannt wird.	
2d	TN hören noch einmal und entscheiden, ob die Sätze richtig oder falsch sind und korrigieren anschließend die falschen Aussagen. KL liest mit den TN den Grammatikkasten und TN suchen weitere Adjektive, die man mit dem Präfix *un-* negieren kann (z. B. freundlich, pünktlich, …) **Lösung:** 1. f (Die Arbeit ist sehr wichtig für Gabriela.); 2. r; 3. f (Die Kolleginnen finden Gabriela sehr offen.)	1.02–04
	ERWEITERUNG (PA/GA): TN schreiben weitere drei Sätze zum Hörtext, die richtig oder falsch sein können. Eine andere Gruppe korrigiert ggf.	
UND SIE?	a) TN schreiben mindestens acht Stichpunkte zu persönlichen Informationen, die die anderen TN beantworten sollen. Sie können sich an den Vorschlägen in 1a orientieren. b) PA: TN tauschen die Blätter und beantworten die Fragen. c) TN stellen anhand der erhaltenen Antworten das Profil ihres Partners / ihrer Partnerin vor. Die anderen TN können der vorgestellten Person im Anschluss weitere Fragen stellen. ERWEITERUNG: TN machen ÜB 2c, damit sie für die Personenbeschreibung einen differenzierteren Wortschatz zur Verfügung haben. ERWEITERUNG (GA, 3–4 TN): TN erstellen das fiktive Profil einer berühmten Person. Die Profile werden im Kursraum aufgehängt. Die TN lesen die Profile und erraten die Personen. Ggf. können noch Fotos zu den Personen gesucht und zu den Profilen geklebt werden. Weitere Möglichkeit: Den Gruppen wird zu Anfang ein Foto zugeteilt, die Gruppe schreibt das Profil zu dieser Person.	Blätter Fotos

Erläuterungen zum Unterricht		**Materialien**
3a	TN lesen Gabrielas E-Mail an Nikos und notieren, was sie über ihren ersten Tag, die Kollegen, die Aufgaben und ihre Familie schreibt. Vergleich im PL. **Lösung:** Der erste Tag: sehr nervös, aber alles läuft gut; Kollegen: nett, helfen bei Problemen, Chefin hat gleich das „Du" angeboten; Aufgaben: Einarbeitung ist spannend, viele neue Aufgaben, deshalb abends oft müde; Familie: Ron kümmert sich um viel, aber es bleibt immer etwas zu tun; Lina findet es nicht gut, dass ihre Mutter so spät kommt.	
	BINNENDIFFERENZIERUNG: KL teilt den Kurs in vier Gruppen auf, jede Gruppe sucht die Informationen zu einem der vier Punkte. Anschließend Austausch in ▶ **Wirbelgruppen.**	
3b	TN lesen die E-Mail noch einmal und markieren die vorgegebenen temporalen Konnektoren. KL weist darauf hin, dass alle Konnektoren in früheren Lehrwerken eingeführt wurden, und verdeutlicht sie ggf. anhand des Textes, falls es noch Unklarheiten gibt oder die TN sich nicht mehr gut erinnern können. Danach setzen sie in EA oder PA die Konnektoren in die Sätze ein. KL weist darauf hin, dass teilweise mehrere Konnektoren passen können. Vergleich im PL. **Lösung:** 2. als, bevor; 3. wenn; 4. Bis; 5. Während, Wenn; 6. Bevor	
3c	KL betrachtet mit TN den Grammatik-Kasten und weist auf die Satzstellung bei den zwei möglichen Varianten für die Verbindung von Haupt- und Nebensatz hin.	
	VARIANTE (▶ **Lebender Satz**): KL schreibt jedes Wort des Beispielsatzes gut lesbar auf jeweils ein DIN-A4 Blatt und verteilt die Blätter unter den TN. Die TN, die kein Blatt erhalten haben, versuchen gemeinsam, die TN mit Blatt so zu stellen, dass sich ein syntaktisch korrekter Satz ergibt. KL bittet die TN, beim ersten Mal mit dem Hauptsatz zu beginnen und gibt den Anfang vor (Gabriela hat …). Danach bilden sie den Satz, indem sie mit dem Nebensatz beginnen (Wenn Gabriela …). KL weist noch einmal auf die syntaktischen Unterschiede zwischen den beiden Varianten hin.	DIN-A4-Blätter mit Wörtern
3d	TN schreiben in EA oder PA die Sätze mit eigenen Ideen zu Ende und vergleichen im PL.	
	VARIANTE (▶ **Kursspaziergang**): KL verteilt Zettel mit den Satzanfängen (und ggf. weiteren Satzanfängen). TN gehen durch den Raum, suchen sich einen Partner / eine Partnerin, ergänzen dessen/deren Satz, tauschen die Karten und gehen zu der/dem nächsten TN weiter. BINNENDIFFERENZIERUNG/ERWEITERUNG (GA): KL gibt auf Zetteln Satzenden vor, die den Satzanfängen zugeordnet werden (z. B.: 1 … sprach ich noch nicht gut Deutsch. 2. … sehe ich meine Familie nur noch selten. 3. … rufe ich dich an. 4. … können wir noch schnell einen Kaffee zusammen trinken. 5. … freue ich mich auf einen guten Film. 6. Ich sehe meine Lieblingsserie, …) ERWEITERUNG: TN spielen das Domino mit der KV.	Satzanfänge auf Zetteln Satzenden auf Zetteln KV

UND SIE?	Differenzierungsaufgabe: In dieser kommunikativen Aufgabe wählen die TN, ob sie über ihre ersten Tage am Arbeitsplatz, im Deutschkurs oder in Deutschland sprechen möchten. KL gibt TN fünf Minuten Zeit, damit sie Ideen sammeln und Notizen machen können, dann finden sich die TN mit den gleichen Themen in Gruppen und sprechen über sich. Danach bilden sie ▸ **Wirbelgruppen** und berichten, was sie von den anderen besonders interessant fanden. ERWEITERUNG: TN schreiben zum Thema „Mein erster Tag" als HA.

Erläuterungen zum Unterricht	**Materialien**

4a	TN versuchen sich zu erinnern, über welche Hobbys Gabriela in ihrem Profil spricht (Skifahren, Natur, Mode, Wandern, …). KL fragt, welche weiteren Hobbys die TN kennen und schreibt sie an. TN lesen den Artikel über Gabrielas Hobbys und kreuzen an, welche Überschrift am besten passt. **Lösung: B**	
	ERWEITERUNG: TN sammeln Hobbys nach der ▸ **ABC-Methode.** KL verteilt ein Blatt mit dem Alphabet (evtl. schwierige Buchstaben auslassen). TN suchen so schnell wie möglich für jeden Buchstaben ein Hobby (z. B.: *Angeln, Ballett tanzen, Chatten,* …).	Blatt mit Alphabet
4b	KL teilt den Kurs in zwei Gruppen. Gruppe A notiert, was Gabriela zum Thema Natur, Gruppe B, was sie zu Fotografie sagt. Danach finden sich je ein TN der A- und ein TN der B-Gruppe zusammen und tauschen sich aus.	
	ERWEITERUNG: TN sammeln im PL, was ihnen sonst noch zu Natur und Fotografie einfällt. KL hält die Vorschläge an der Tafel fest.	
4c	TN wählen zwischen zwei und vier Begriffen aus und klären die Bedeutung. Anschließend erklären sie einem Partner / einer Partnerin die Begriffe.	
	VARIANTE/BINNENDIFFERENZIERUNG: KL schreibt die Ausdrücke und Erklärungen dazu auf Kärtchen (bei GA 1 Set für jede Gruppe), die TN ordnen die Erklärungen den Ausdrücken zu. ERWEITERUNG: TN vergleichen ihre Definitionen im PL und einigen sich auf die jeweils beste zu jedem Begriff. Sie gestalten ein ▸ **Lernplakat,** auf dem sie die Begriffe mit den ausgewählten Definitionen festhalten. TN können die Begriffe auch auf die beiden Seiten von Karteikärtchen schreiben und damit einen ▸ **Vokabelkarteikasten** für den Kurs beginnen.	Plakat Karteikärtchen
UND SIE?	TN sprechen in GA über ihre Freizeitaktivitäten. Dabei können sie sich an den vorgegebenen Fragen orientieren und die Redemittel verwenden.	
	INTERKULTURELLE PERSPEKTIVE: TN sprechen darüber, welche Freizeitaktivitäten in ihren Heimatländern typisch sind.	

Erläuterungen zum Unterricht	**Materialien**

5a	TN lesen die Sätze und überlegen im PL, an welche Stelle sie die einzelnen Satzteile in die Tabelle schreiben. KL bespricht mit den TN, weshalb die Satzteile an den entsprechenden Stellen stehen, und wiederholt die wichtigsten Syntaxregeln (Verben mit Akkusativ oder Dativ, Präpositionen mit festem Kasus, Partizipien am Ende etc.). **Lösung:**	

Subjekt	Verb (1)	Dativ	Akkusativ	Ergänzung mit Präp. + D/A	Verb (2)
Ich	fotografiere		die Natur.		
Meine Oma	hat	mir	eine Kamera		geschenkt.
Das Foto- grafieren	gefällt	mir.			
Ich	habe			an einem Fotokurs	teilgenommen.

5b	TN übertragen die Tabelle auf ein DIN-A4- oder A3-Blatt. Sie überlegen, welchen Kasus die angegebenen Verben benötigen, und schreiben Beispielsätze in die Tabelle. Vergleich im PL. Evtl. auch in GA (3–5 TN).	DIN-A4- oder DIN-A3-Blätter
5c	TN sammeln in GA Beispiele für Verben mit Akkusativ, Verben mit Dativ, Verben mit Akkusativ und Dativ und Verben mit festen Präpositionen.	

		Materialien
	VARIANTE: KL verteilt große, evtl. farbige Blätter oder Plakate im Kursraum. TN notieren darauf im PL jeweils Verben mit Akkusativ, Verben mit Dativ, Verben mit Akkusativ und Dativ und Verben mit festen Präpositionen.	DIN-A3-Blätter oder Plakate
	VARIANTE/BINNENDIFFERENZIERUNG: KL verteilt Zettel mit Verben. TN kleben die Verben auf das passende Plakat.	Zettel mit Verben
5d	GA (3–4 TN): Jede Gruppe wählt sechs Verben aus den Verbplakaten von 5c und schreibt Sätze auf jeweils ein DIN-A4-Blatt (in unterschiedlichen Farben). Die Sätze werden zerschnitten und an andere Gruppen weitergegeben, diese setzen sie richtig zusammen.	Blätter in unterschiedlichen Farben
	VARIANTE: Einige Sätze können als ▶ **lebender Satz** dargestellt werden.	
UND SIE?	TN schreiben (evtl. als HA) einen Forumstext über ihr Hobby oder eine Freizeitbeschäftigung. Dabei gehen sie auf die vorgegebenen Fragen ein. Die Texte können im Kursraum aufgehängt werden oder der KL verteilt sie unter den TN und diese raten, wer den Text geschrieben hat. ALTERNATIVE: Statt zu schreiben, stellen die TN eine ihrer Freizeitaktivitäten als ▶ **Minipräsentation** im PL oder in Gruppen vor.	DIN-A3-Blätter

Erläuterungen zum Unterricht		Materialien
6a	KL spielt den ersten Teil des Gesprächs vor und fragt TN, worüber Nikos und Gabriela sich unterhalten. (Lösung: Nikos' Bewerbung). TN lesen die Sätze und ordnen in EA oder PA zu. Dann hören sie noch einmal und kontrollieren. Vergleich im PL. **Lösung:** 2f, 3e, 4a, 5g, 6b	1.05
6b	KL liest mit TN die Sätze und spielt dann den zweiten Teil des Gesprächs vor. TN kreuzen an, was sie hören (es muss nicht wortwörtlich sein, sondern als Information richtig) und vergleichen in PA. Sie hören das Gespräch noch einmal und korrigieren im PL. **Lösung:** 1., 3., 4., 5., 7.	1.06
	ERWEITERUNG: KL schreibt *Beruf, Ehrenamt, Hobby, Sprachen* an die Tafel. TN machen einige Minuten Notizen dazu und erzählen danach in PA oder GA.	
6c	TN markieren die reflexiven Verben in 6b und ergänzen dann den Grammatikkasten. Vergleich im PL.	
	ERWEITERUNG: KL gibt weitere Beispiele vor, in denen das Reflexivpronomen im Dativ steht, weil eine Akkusativergänzung vorhanden ist, z. B. *Ich habe mir das gut überlegt. …*	
6d	GA (4 TN). KL wählt 4 TN, die die Beispielsätze vorlesen und versichert sich, dass die TN verstanden haben, wie die Aktivität abläuft. TN arbeiten in GA und bilden Sätze wie im Beispiel, dabei beginnt immer ein anderer TN mit dem ersten Satz, die anderen TN erweitern dann. Satzbeginne können z. B. sein: *Ich wünsche mir …, Ich kümmere mich um …, Ich engagiere mich für …, Ich freue/ärgere mich über …* etc.	
6e	TN wählen drei Verben und schreiben Sätze über sich. Vergleich im PL.	
	VARIANTE: TN schreiben drei Sätze und machen dann einen ▶ **Kursspaziergang**. Sie lesen vor und fragen sich gegenseitig z. B. *Ich kann mir nie die Artikel der deutschen Wörter merken. Und du? Wie ist das bei dir? – Die Artikel kann ich mir gut merken, aber den Kasus nach den Präpositionen merke ich mir nie.* usw. ALTERNATIVE/BINNENDIFFERENZIERUNG: KL gibt Fragen an der Tafel vor, z. B. *Interessieren Sie sich für Politik? Kennen Sie sich mit Computern gut aus? Bereiten Sie sich auf die B2-Prüfung vor? Wünschen Sie sich mehr Zeit mit ihrer Familie?* usw. TN sprechen in GA und fassen dann die interessantesten Punkte im PL zusammen.	
6f	KL schreibt *Ausbildung, beruflicher Werdegang, Engagement* und *Sprachkenntnisse* an die Tafel und klärt ggf. die Begriffe. Ggf. kann erwähnt werden, dass die TN in 6b schon teilweise über diese Punkte in informeller Weise gesprochen haben. TN liest die Beispiele vor und erklärt, zu welchem Punkt diese passen. KL liest mit TN auch die Redemittel.	
	TN unterteilen ein DIN-A4-Blatt in 4 Spalten, schreiben in jede Spalte einen der Begriffe und machen zur eigenen Person Notizen. TN stellen sich in PA vor und stellen Fragen.	DIN-A4-Blatt

VARIANTE/ERWEITERUNG/BINNENDIFFERENZIERUNG: KL schreibt die Beispiele für Ausbildung, Werdegang etc. auf Zettel und ergänzt durch weitere Beispiele (z. B. Ausbildung als Koch im Hotel Hilton; gute Informatik-Kenntnisse; Trainer beim Kinder-Basketball …). TN ziehen abwechseln einen Zettel, lesen ihn vor und überlegen gemeinsam, zu welchem Oberpunkt er passt. Danach überlegen TN im PL, wie man den Punkt mithilfe der Redemittel formulieren könnte, z. B. *Von … bis … habe ich im Hotel Hotel Hilton eine Ausbildung zum Koch gemacht.* Weiter wie oben.

7   KL schreibt *Lebenslauf* an die Tafel und fragt die TN, was man dabei beachten sollte. KL sammelt Vorschläge an der Tafel.
TN lesen den Ausschnitt aus Nikos' Lebenslauf und ordnen die Überschriften zu.
Lösung: 3, 2, 1, 5, 4

ERWEITERUNG: TN schreiben (ggf. als HA) ihren Lebenslauf. TN sollen sich dabei auf die vorgegebenen Kategorien beschränken. PA: TN lesen gegenseitig die Lebensläufe. Fehlt etwas? Kann man etwas besser machen? Am Ende sammelt KL die Lebensläufe ein und korrigiert sie.

VORHANG AUF   Differenzierungsaufgabe: TN entscheiden, ob sie ein privates Treffen in der Teeküche unter Kollegen oder eine formellere Firmenparty spielen möchten. KL und TN versuchen, dem Kursraum etwas „Ambiente" zu verleihen (je nach Anlass Tische und Stühle an den Rand schieben, leise Musik im Hintergrund, ggf. auch Becher mit Getränken und etwas zum Knabbern). TN finden sich in Grüppchen zusammen und machen „Smalltalk" z. B. zum Thema Interessen und Hobbys oder über den beruflichen Werdegang. TN stellen sich gegenseitig Fragen und wechseln nach einiger Zeit zu einer anderen Gruppe. Die Rollenkärtchen der KV können helfen, wenn die TN keine eigenen Ideen haben.   KV

2 Passt dieser Beruf zu mir?

Lernziele/Sprachhandlungen

Sprechen	über Möglichkeiten der Arbeitssuche sprechen; Abläufe erklären und nachfragen; Aufträge geben; Angaben erfragen; Termine verhandeln; Prioritäten aushandeln; sich beschweren und auf Beschwerden reagieren; Auskunft zu Kundenanfragen geben
Hören	Begrüßungsrede auf einer Jobmesse; Gespräche mit Kunden/Kundinnen in einer Schneiderei
Lesen	Informationen zu Berufen; Auftragsbuch
Schreiben	Notizen zu Kundengesprächen; Kurznachrichten an Vorgesetzte
Beruf	Jobmesse; Einarbeitung in eine neue Stelle; Kommunikation mit Kunden und Vorgesetzten; Arbeitssuche; Abläufe erklären; Aufträge geben; Angaben erfragen; Termine verhandeln; Prioritäten aushandeln; sich beschweren und auf Beschwerden reagieren; Auftragsbuch; Notizen und Kurznachrichten

Lerninhalte

Redemittel	Kann ich hierzu noch etwas fragen? | Welche Farbe möchten Sie? | Sie müssen mit … Euro rechnen. | Was ist am dringendsten? | Ich kann Ihnen anbieten, das neu zu machen.
Grammatik	Verneinung: *nicht* und *kein* | Satzverbindungen: Hauptsatz und Hauptsatz, Konnektor auf Position 0; Satzverbindungen: Hauptsatz und Hauptsatz (*deshalb, trotzdem*) | Adjektivdeklination nach dem bestimmten und dem unbestimmten Artikel

Erläuterungen zum Unterricht	**Materialien**
1a KL projiziert die Fotos und bittet TN, diese so genau wie möglich zu beschreiben. Um welches Thema geht es hier? (Arbeitssuche) KL fragt TN, ob sie weitere Möglichkeiten kennen, sich über Jobangebote zu informieren, und hält die Vorschläge an der Tafel fest.	
1b TN hören den Dialog und notieren, über welche Möglichkeiten Davi und Olga sprechen. **Lösung:** A, C, D	1.13
VARIANTE: KL kopiert die Fotos so oft wie nötig, damit jede/r TN ein Foto bekommen kann, und verteilt jeweils eines der Fotos an die TN. Beim Hören stehen die TN auf, über deren Foto gesprochen wird.	Kopien der Fotos
1c TN hören noch einmal und markieren, zu welchen Personen die Aussagen passen. **Lösung:** 1D, 2O, 3O, 4O, 5D, 6D.	1.13
1d TN sprechen im PL darüber, welche Beratungsangebote sie kennen und welche Erfahrungen sie damit gemacht haben. KL hält die wichtigen Informationen an der Tafel fest.	

Erläuterungen zum Unterricht	**Materialien**
2a Einstieg: KL schreibt *Berufe* in einen Wortigel und bittet TN alle Berufe zu nennen, die ihnen einfallen. KL schreibt die Vorschläge an die Tafel.	

VARIANTE: TN sammeln Berufe mit der ▶ **ABC-Methode**. Dazu versuchen sie in GA zu jedem Buchstaben des Alphabets einen Beruf zu finden. Die Gruppe, die zuerst fertig ist oder in einer bestimmten Zeit die meisten Berufe gefunden hat, hat gewonnen.
KL zeigt die Fotos und fragt die TN, um welche Berufe es sich handelt.

TN übertragen die Tabelle auf ein Blatt Papier, KL klärt ggf. die Überschriften der Tabelle.
Je 3 TN arbeiten zusammen. Jede Person liest einen der Texte, macht Notizen zu den Punkten der Tabelle und fasst sie dann für die anderen Personen der Gruppe zusammen. Die TN machen Notizen. Vergleich im PL.
Lösung:

Beruf	Schulabschluss	weitere Voraussetzungen	Arbeitgeber
Dachdecker/in	nicht notwendig	schwindelfrei, handwerklich geschickt	Dachdeckerbetrieb
Schneider/in	nicht notwendig	Kreativität, handwerkliches Geschick, Kundenorientierung	Schneidereibetriebe, Theater, Film
Erzieher/in	mittlerer Schulabschluss	Geduld, gute Nerven	Kitas, Schulen, Heime

2b	TN lesen die Texte aus 2a noch einmal, unterstreichen die Negationen *nicht* und *kein* und ergänzen die Regel. **Lösung:** kein/nicht	
2c	TN formulieren in PA Fragen und vergleichen dann im PL. **Lösung:** Sprichst du gut Türkisch? Magst du Kinder? Stehst du gern früh auf? Machst du eine Ausbildung? Willst du beim Film arbeiten? Hast du gute Nerven? Die TN stellen sich in PA abwechselnd die Fragen und antworten negativ. **Lösung:** Nein, ich spreche nicht gut Türkisch. Nein, ich mag keine Kinder. Nein, ich stehe nicht gern früh auf. Nein, ich mache keine Ausbildung. Nein, ich arbeite nicht beim Film. Nein, ich habe keine guten Nerven. Achtung: Das Adjektiv wechselt die Endung: Evtl. kurze Erklärung für die TN. VARIANTE: TN machen einen ▶ **Kursspaziergang** und stellen jeder/m TN eine andere Frage. Die TN antworten positiv oder negativ, je nachdem, was für sie tatsächlich zutrifft. ERWEITERUNG: TN überlegen weitere Fragen zum Thema Ausbildung und Beruf und fragen sich gegenseitig.	
UND SIE?	TN ergänzen die Sätze mit für sie zutreffenden Informationen. KL sammelt die Zettel ein und teilt sie gemischt wieder aus. TN versuchen herauszufinden, wer die Sätze geschrieben hat. VARIANTE: TN machen die Übung als ▶ **Schneeballschlacht.** VARIANTE: TN schreiben 2 richtige und 2 falsche Sätze über sich. Der Partner / Die Partnerin rät, welche Informationen falsch sind. ERWEITERUNG: TN machen den Test auf der KV: Welcher Beruf passt zu Ihnen?	Zettel KV
Erläuterungen zum Unterricht		**Materialien**
3a	KL schreibt „Branchen" an die Tafel, erklärt ggf. den Begriff mit einem Beispiel und fragt TN, welche Branchen sie kennen. KL schreibt an der Tafel mit. Vergleich mit den Branchen in 3a. Dann hören. **Lösung:** Gesundheit & Soziales, Handwerk, Mode VARIANTE: KL kopiert die Symbole und klebt sie auf Kärtchen. Auf Kärtchen einer anderen Farbe schreibt er/sie die Branchen. Bei großen Gruppen können mehrere Sets notwendig sein. TN ordnen die Kärtchen zu. ERWEITERUNG: Nachdem der Kurs den Einstieg in 3a gemacht hat, können die TN überlegen, welche Berufe für jede Branche typisch sind. KL kann auch Branchen und Berufe auf Kärtchen schreiben und TN ordnen sie den verschiedenen Branchen zu.	1.14 Kärtchen in 2 Farben Kärtchen
3b	TN hören noch einmal und kreuzen die richtigen Aussagen an. **Lösung:** 1, 2, 4, 5	1.14
3c	TN markieren die Konnektoren und Verben in 3b und ergänzen die Regel im Kasten. **Lösung:** aber, denn, und, sondern, oder ERWEITERUNG: KL erklärt die Struktur genauer, indem sie/er einige Beispielsätze an die Tafel schreibt und die Verben in beiden Hauptsätzen markiert und Position 2 darunter schreibt. TN können nun ableiten, was sich auf Position 1 befindet und erkennen, dass sich die Konnektoren auf der sogenannten Position 0 befinden, also nicht mitgezählt werden. So bleibt die Regel: „Verb im Hauptsatz auf Position 2" weiterhin gültig.	
3d	TN bilden in PA Sätze. KL weist darauf hin, dass es mehrere Kombinationsmöglichkeiten gibt. **Mögliche Lösungen:** Der Beruf ist sehr beliebt und es gibt zurzeit eine große Nachfrage. Sie haben gute Karrierechancen, aber man sollte bereit sein, sich im IT-Bereich fortzubilden. Maschinen stehen nicht im Vordergrund, sondern die Menschen sind hier am wichtigsten. Sie sitzen nicht viel im Büro, sondern die Arbeit findet vor allem im Freien statt. Usw. ERWEITERUNG: TN arbeiten in Kleingruppen. TN 1 sagt einen Satz mit einem Konnektor auf Position 0 (z. B. *Nach der Arbeit besucht er seine Freundin oder ...*), TN 2 ergänzt und bildet einen neuen Satz (z. B. *... er trinkt etwas mit seinen Kollegen. Ich ...*)	
UND SIE?	TN schreiben 3 Sätze mit Konnektoren auf Position 0 wie im Beispiel, die anderen TN raten, um welche Branche es sich handelt.	

VARIANTE: TN schreiben 5 Sätze, einen mit jedem Konnektor, der Konnektor wird durch Auslassungspunkte (…) ersetzt. KL sammelt die Blätter ein und teilt sie vermischt wieder aus. TN ergänzen die richtigen Konnektoren und schreiben die Branche darunter. TN liest vor, die anderen TN kontrollieren, ob alles richtig eingesetzt wurde.

Blätter

Erläuterungen zum Unterricht	Materialien

4a TN betrachten die Bilder und lesen, was darunter steht. KL klärt ggf. Vokabular. TN hören und notieren die richtige Reihenfolge.
Lösung: A3, B8, C1, D7, E2, F4, G5, H6

1.15

VARIANTE: (GA, 4 TN): KL kopiert die Bilder für jede Gruppe auf Karton und schreibt die Ausdrücke auf Kärtchen. TN ordnen die Kärtchen mit den Abläufen den Zeichnungen zu. Vergleich mit dem KB.

Kopien der Zeichnungen und Kärtchen

VARIANTE: TN überlegen in der Gruppe, wie ein logischer Ablauf wäre und bringen die Bilder in die richtige Reihenfolge. Danach hören sie und korrigieren.

4b TN lesen die Satzteile. Dann hören TN das Gespräch noch einmal und verbinden.
Lösung: 2c, 3d, 4a, 5b

1.15

4c TN markieren die Konnektoren und ergänzen die Regel im Grammatikkasten.
Lösung: darum, deshalb, deswegen, trotzdem, 2

ERWEITERUNG: KL schreibt einen der Beispielsätze zur genaueren Erläuterung an die Tafel, unterstreicht das Verb und schreibt „Position 2" darunter. Dann unterstreicht KL Subjekt und Konnektor in jeweils einer anderen Farbe und schreibt „Position 1" und „Position 3" darunter. KL weist darauf hin, dass das Verb auf Position 2 und das Subjekt auf Position 3 stehen.

4d TN spielen in Kleingruppen und schreiben in GA die Sätze zu Ende. Vergleich im PL.

Münzen

ERWEITERUNG: TN ordnen in GA die Kärtchen der KV zu. KL weist darauf hin, dass hier sowohl die Konnektoren auf Position 0 als auch *deshalb/darum/deswegen* und *trotzdem* geübt werden.

KV

UND SIE? KL liest die 3 angegebenen Situationen vor, TN sammeln im PL ggf. weitere Abläufe aus ihrem Alltag oder aus ihrem Beruf (ein Bild aufhängen, das Bad putzen, ein Bahnticket im Internet kaufen; einen Verband legen, eine Wand tapezieren oder streichen, Fliesen legen, eine Mail schreiben usw.). TN entscheiden sich für ein Thema, TN mit dem gleichen Thema können zusammenarbeiten. Sie suchen die notwendigen Vokabeln zum Thema und bereiten eine Ablaufbeschreibung vor. Danach erklären sie den Ablauf einem/r TN aus einer anderen Gruppe. Der Partner / Die Partnerin hört gut zu und fragt nach, wenn etwas nicht ganz klar ist. Dazu sollen auch die Ausdrücke aus 4b verwendet werden. Anschließend werden die Rollen getauscht.

ERWEITERUNG: Die TN bereiten zu Hause entweder ein typisches Rezept / eine Speise aus ihrem Heimatland vor oder bringen ein typisches Spiel mit. In GA (3–5 TN) erklären die TN, wie das Gericht zubereitet wird oder erklären die Spielregeln und spielen gemeinsam das Spiel. Die anderen TN stellen bei Bedarf Fragen und verwenden die Ausdrücke aus 4b.

Erläuterungen zum Unterricht	Materialien

5a KL schreibt *Änderungsschneiderei* an die Tafel und fragt TN, welche Ausdrücke ihnen dazu noch im Gedächtnis geblieben sind und was dort erledigt wird. TN betrachten die Bilder, lesen dann die Preisliste und ordnen zu. Vergleich im PL, KL klärt ggf. Vokabular.
Lösung: C, E, A, D, B

5b TN lesen die Gesprächsnotizen und hören. Dann ergänzen sie die Gesprächsnotiz B.
Lösung:
Kundin: Maximiliane Carlson
zu erledigen: Hose: Reißverschluss erneuern
Bis: 28.2
Bemerkungen: bringt Hose sofort.

1.16–17

| 5c | TN lesen die Redemittel, KL klärt ggf. Vokabular. Dann spielen TN Dialoge wie in 5b. |

VARIANTE: KL schreibt die Redemittel ohne die Überschriften auf Kärtchen, die Überschriften auf andere Kärtchen oder an die Tafel. TN lesen die Redemittelblöcke und ordnen die passenden Überschriften zu.
TN machen die Aufgabe dann in GA (4 TN) wie in der Anleitung.
VARIANTE: TN überlegen ein Kleidungs- oder Möbelstück, das sie sich gerne anfertigen lassen würden und entwerfen eine möglichst exakte Zeichnung dazu. In Rollenspielen bitten sie um die Anfertigung und benutzten dazu die Redemittel. TN 1 spielt den Kunden / die Kundin, TN 2 den/die Hersteller/in, TN 3 den/die Mitarbeiter/in, der/die Notizen zum Auftrag erstellt. Danach werden die Rollen gewechselt.

| **Erläuterungen zum Unterricht** | **Materialien** |

| 6a | TN vergleichen Auftragsbuch und Chat und nummerieren die Aufträge nach Dringlichkeit. |
Lösung: 5, 4, 1, 3, 2

| 6b | TN lesen die Redemittel und suchen in 6a weitere Redemittel, die zu den drei Überschriften passen. |
Lösung: *Nach Dringlichkeit fragen:* Was soll ich zuerst machen? Was muss ich HEUTE noch machen? Was kann ich auf morgen verschieben? *einen Arbeitsauftrag annehmen:* O.k., mach ich! O.k. ich versuch's. *einen Arbeitsauftrag ablehnen:* Ich glaube, für das Kleid habe ich heute keine Zeit mehr.

ERGÄNZUNG: TN ergänzen in GA weitere Redemittel, die zu den drei Überschriften passen.

| 6c | TN entscheiden sich für eine der drei Situationen und schreiben in PA einen Chat-Dialog wie in 6a. |

VARIANTE: TN 1 und TN 2 entscheiden sich für unterschiedliche Situationen. TN 1 beginnt die Unterhaltung auf einem Blatt Papier und gibt es für die Antwort an TN 2 weiter, das Blatt wandert also immer hin und her.
Hier bietet sich auch die Variante des ▶ **Rechts-Links-Dialogs** an.

| UND SIE? | TN zeichnen eine Tabelle mit 2 Spalten auf ein Blatt Papier. Links steht: *Wichtig in meinem Alltag,* rechts: *Wichtig in meiner Arbeit.* TN bekommen 5 Minuten, um nachzudenken und Notizen zu machen. KL liest die Zeitangaben vor und bittet TN, ihre Aufzeichnungen nach Wichtigkeit zu nummerieren. TN vergleichen anschließend in GA (3–4 TN) ihre Notizen und sprechen darüber, wie ihre Prioritäten im Alltag und bei der Arbeit aussehen. |

VARIANTE: (PA) 2 TN zeigen sich ihre Aufzeichnungen ohne die Nummerierung und stellen gegenseitig Vermutungen an, z. B. „Ich glaube, für dich ist es am wichtigsten, mit deinen Kindern zu spielen, erst dann räumst du die Küche auf." „Nein, das stimmt nicht, ich finde es am dringendsten, dass erst alles sauber ist, bevor wir spielen." usw.

| **Erläuterungen zum Unterricht** | **Materialien** |

| 7a | TN stellen Vermutungen an, was das Problem sein könnte, indem sie das Foto ansehen und noch einmal den Chat von 6a überfliegen. Dann hören TN das Gespräch und überprüfen ihre Vermutungen. TN notieren, was das Problem ist und wie es gelöst wird. | 1.18 |
Lösung: Das Futter hat die falsche Farbe. Davi bietet an, ein neues Futter in der gewünschten Farbe einzunähen und eine Tasche kostenlos zu reparieren.

| 7b | KL schreibt das Problem aus 7a an die Tafel: |
Der unzufriedene Kunde beschwert sich, weil Davi ein blaues Futter in sein schwarzes Jackett eingenäht hat. Er findet, mit einem blauen Futter sieht das schwarze Jackett nicht gut aus.
KL fragt TN, was ihnen auffällt, wenn sie die Adjektive betrachten (Die Adjektive haben unterschiedliche Endungen.). KL wiederholt mit TN die Formen der Adjektivdeklination beim bestimmten und beim unbestimmten Artikel. Dazu betrachten die TN die Grammatiktabelle und bilden Beispiele für jede Form. KL weist darauf hin, dass zur Gruppe unbestimmter Artikel auch die Possessivartikel und der Negationsartikel „kein" gehören, dass es aber hier Unterschiede beim Plural gibt (Das sind gelbe Schuhe. / Das sind meine gelben Schuhe. / Das sind keine gelben Schuhe.).

TN ergänzen dann in PA die Adjektivendungen und vergleichen im PL.
Lösung: 1. schwarzes, 2. schwarze, 3. blaues, 4. schwarzen, 5. blauen, 6. hellere, 7. grauen, 8. graue, 9. kleine

7c   PA: TN formulieren mündlich oder schriftlich Dialoge wie im Beispiel.

VARIANTE: (PA) TN schneiden Bilder mit Kleidungsstücken aus Zeitschriften aus und kleben sie auf ein DIN-A3-Blatt. Dann schreiben sie Kommentare und benutzen dazu den angegebenen Wortschatz.

ERWEITERUNG: TN üben die Adjektivdeklination mit der KV.

Zeitschriften
DIN-A3-Blatt

KV

7d   TN lesen die Aussagen und überlegen (ggf. in PA), wer was sagt. Danach hören TN zur Kontrolle.

1.18

Lösung: *Schneider*: Als Entschuldigung berechne ich Ihnen das nicht. Das war wohl ein Missverständnis. Irgendwas haben wir da wohl nicht richtig verstanden. Das tut mir sehr leid. Natürlich ändern wir das. Ich kann Ihnen anbieten, das neu zu machen.
Kunde: Das gefällt mir überhaupt nicht. So habe ich mir das nicht vorgestellt. Hier gibt es ein Problem. Ich wollte doch kein …

7e   TN sammeln weitere Möglichkeiten, sich zu beschweren, und mögliche Reaktionen. KL schreibt die Ideen an die Tafel.
Mögliche Lösungen: *Beschwerden:* Die Ware ist kaputt. / funktioniert nicht. / ist zu groß. / ist zu klein. Das ist die falsche Farbe/Größe. Die Ware ist zu spät gekommen, jetzt brauche ich sie nicht mehr.
Reaktionen: Ware umtauschen, Geld zurückgeben, einen Gutschein anbieten …

VORHANG AUF   TN wählen eine Situation oder überlegen sich eine weitere und machen ein Rollenspiel. Mutige TN spielen die Situation im PL vor.

BINNENDIFFERENZIERUNG: TN schreiben den Dialog und lesen ihn vor oder lernen ihn auswendig, um ihn vorzuspielen.

Haltestelle A

	Erläuterungen zum Unterricht	Materialien
1a	Sprechtraining: TN hören die beiden Sätze und sprechen im PL darüber, welchen Satz sie besser verstehen können und woran das liegt. **Lösung:** Satz 2 kann man besser verstehen, weil er sehr betont gesprochen ist.	1.24-25
1b	TN hören noch einmal und markieren die Pausen.	1.26
1c	KL bespricht mit den TN den Lerntipp. PA/GA (3 TN): Die TN bereiten die Sätze vor und teilen sie in Sinneinheiten. Sie lesen sich die Sätze gegenseitig vor.	
1d	TN hören mehrere Male und markieren die Pausen. ERWEITERUNG (PA): TN lesen sich den Text gegenseitig vor. ERWEITERUNG: TN üben das Vorlesen mit kleinen Zeitungsausschnitten. Dazu markieren sie die Sinneinheiten. Dann können sie die Texte im PL vorlesen.	1.27

	Erläuterungen zum Unterricht	Materialien
2	KL schreibt *einen Lebenslauf schreiben* an und fragt die TN, was man dabei beachten sollte. KL sammelt Vorschläge an der Tafel. TN lesen den Text mit Tipps. TN sprechen im PL über die Tipps. Was war neu für sie? Was finden sie wichtig? Was nicht so wichtig? Mit welchen Tipps sind sie (nicht) einverstanden?	
	VARIANTE (GA, 3–4 TN): KL verteilt Kopien der einzelnen Tipps. Jede Gruppe diskutiert über „ihre" Tipps und stellt das Ergebnis danach im PL vor. INTERKULTURELLE PERSPEKTIVE: TN sprechen darüber, wie Lebensläufe in ihren Heimatländern aussehen.	Kopie der Tipps

3 Leben und Beruf im Wandel

Lernziele/Sprachhandlungen

Sprechen	von alten Bekannten erzählen; über persönliche Entwicklungen berichten; über Zukunftspläne sprechen; berufliche Wünsche ausdrücken
Hören	biografische Informationen verstehen
Lesen	E-Mail mit biografischen Informationen; Texte zur Veränderung von Berufsbildern
Schreiben	über persönliche und berufliche Entwicklungen berichten
Beruf	über persönliche und berufliche Entwicklungen berichten; über Zukunftspläne sprechen; berufliche Wünsche ausdrücken; Berufsbilder im Wandel

Lerninhalte

Redemittel	Es hat ein Jahr gedauert, bis … | Damals … | Ich erinnere mich noch genau an … | In einem Jahr werde ich … | Wenn mein Kind geboren ist, dann möchte ich … | In meinem Text geht es um … | Sie berichtet, dass …
Wortschatz	persönliche und berufliche Entwicklung
Grammatik	Zeitformen der Vergangenheit: Präteritum, Perfekt und Plusquamperfekt (Wiederholung) | Futur mit *werden* | Konjunktiv II: Wünsche und Bedingungen |Passiv: Präsens und Präteritum

Erläuterungen zum Unterricht		Materialien
1a	Einstieg: KL zeigt die Seite und fragt die TN, ob sie sich an diese Personen aus früheren Kapiteln von Linie 1 erinnern und was sie noch über sie wissen. TN beschreiben im PL, was sie durch die Fotos und die Nachricht über das jetzige Leben dieser Personen erfahren.	
1b	TN schreiben auf einen Zettel die Namen *Fabian, Eleni, Dana* und *Ahmed*. TN hören die Telefongespräche und ergänzen Notizen über die vier Personen. **Lösung:** *Fabian*: studiert Medizin, arbeitet in Passau im Krankenhaus; *Dana*: ist 2016 nach Erfurt gezogen, hat dort eine bessere Stelle, ist verheiratet; *Eleni*: arbeitet noch in der gleichen Firma, ist für Kundenbetreuung und Marketing zuständig, muss viel reisen, lebt noch in der gleichen Wohnung zusammen mit ihrer Freundin Ines; *Ahmed*: wohnt in Lindau, arbeitet in einem Supermarkt, hat eine Freundin.	1.28–30
	VARIANTE: KL schreibt die Informationen zu den Personen auf Zettel und die Namen auf jeweils ein DIN-A3-Blatt. Beim Hören ordnen die TN die Zettel den passenden Personen zu (bei größerer Gruppe mehrere Untergruppen).	Zettel mit den Informationen
1c	TN lesen die Sätze 1–6, hören noch einmal und markieren richtig oder falsch. **Lösung:** 1. R; 2. F; 3. F; 4. R; 5. F; 6. R	1.28–30
	ERWEITERUNG: TN korrigieren die falschen Aussagen.	
1d	KL erhalten Zeit, um nachzudenken und Notizen zu machen. Wen haben sie nach langer Zeit wieder getroffen oder mit wem haben sie nach langer Zeit wieder Kontakt aufgenommen, z. B. über ein soziales Netzwerk? Wo und wann war das? Wie war die Erfahrung? Hat sich die Person verändert? Wie? Wenn den TN nichts einfällt oder sie nichts Persönliches berichten möchten, können sie etwas erfinden. TN erzählen nach der Vorbereitungszeit ihre Geschichte im PL. Die anderen TN fragen nach. Evtl. können die TN auch raten, ob die Geschichte wahr oder erfunden ist.	
	VARIANTE: TN schreiben (ggf. als HA) einen Text und lesen ihn vor.	

Erläuterungen zum Unterricht		Materialien
2a	KL zeigt das Foto. TN lesen die Texte und ordnen sie den Personen zu. Texte können auch kopiert und als Sprechblasen zu den Personen auf das Foto geklebt werden. Vergleich im PL. **Lösung:** Text 1: Eleni; Text 2: Fabian; Text 3: Dana	Kopien der Texte
	VARIANTE: (GA, 3 TN) Jede/r TN liest einen Text, macht sich Notizen oder markiert die wichtigsten Informationen und berichtet anschließend den anderen TN. Gemeinsam entscheiden TN, zu wem der Text passt und warum.	

2b	TN lesen die Texte noch einmal und beantworten die Fragen.
	Lösung: 1. Dana; 2. Er wollte mit seiner Freundin zusammenziehen. 3. Es war nicht einfach, weil die Mitarbeiter sie erst akzeptieren mussten. 4. Nachdem sie Maik kennengelernt hat, hat sie sich wohlgefühlt. 5. Es wurde einsam in der Wohnung, aber sie hatte beruflich viel zu tun. 6. Ines musste aus ihrer Wohnung ausziehen.
	ERWEITERUNG: TN bilden drei Gruppen. Jede Gruppe formuliert vier weitere Fragen zu den drei Personen. Die anderen TN antworten, ohne die Texte noch einmal zu lesen.

UND SIE?	KL gibt den TN folgende Punkte vor: Wohnort, Wohnsituation, Arbeit, Familie, Freizeitgestaltung. Ggf. können im PL weitere Punkte ergänzt werden. KL gibt TN Zeit, sich Notizen zu machen, wie ihr Leben vor ca. zwei Jahren ausgesehen hat und wie ihr Leben im Vergleich dazu heute aussieht. Die TN erzählen in GA (3–5 TN). Die mutigeren TN können ihre Geschichten im PL erzählen.	
	ERWEITERUNG: Die TN erstellen eine „Zeitlinie" der letzten zwei Jahre. Dazu wird z. B. eine Wäscheleine im Kursraum aufgehängt. Die TN schreiben wichtige Ereignisse der letzten zwei Jahre mit dem Datum auf Kärtchen und hängen diese chronologisch geordnet an die Wäscheleine oder legen sie chronologisch auf den Boden.	Wäscheleine und Klammern Kärtchen

Erläuterungen zum Unterricht	**Materialien**

3a	TN lesen Ahmeds E-Mail und formulieren drei Fragen dazu, die sie im Kurs stellen, evtl. als ▶ **Kursspaziergang**.	
	VARIANTE (3 Gruppen): Gruppe 1 stellt Fragen zu Ahmeds Freundin, Gruppe 2 zu seiner beruflichen Situation und Gruppe 3 zu seiner Wohnsituation. Danach werden die Fragen im PL gestellt oder es werden ▶ **Wirbelgruppen** gebildet.	

3b	KL schreibt die Grammatiktabelle an die Tafel, die TN in ihr Heft. KL bildet ggf. für jede Gruppe ein Beispiel und wiederholt die Bildung der Formen. Die TN lesen die E-Mail und ggf. auch die Texte auf Seite 38, unterstreichen alle Vergangenheitsformen, tragen sie in EA oder PA in die Tabelle ein und ergänzen die restlichen Formen. Vergleich im PL. Die Tabelle kann auch direkt im PL ergänzt werden. KL weist auf die Liste der unregelmäßigen Verben auf Seite 90 hin.	

3c	TN schreiben in GA bekannte Verben auf Kärtchen. Sie spielen das Würfelspiel.	Kärtchen
	ERWEITERUNG (Quartett): TN spielen das Vergangenheitsquartett aus der KV. VARIANTE/BINNENDIFFERENZIERUNG: Sprachlich stärkere TN formulieren ganze Sätze mit der Verbform.	KV
	ERWEITERUNG (Personen-Verb-Memory): für größere Gruppen. KL verteilt Kärtchen mit Verben in verschiedenen Vergangenheitsformen, von denen zwei jeweils zu einem Infinitiv gehören. Zwei TN sind die Spieler/innen, die anderen TN bekommen jeweils eine Karte. Die Spieler/innen zeigen nun abwechselnd auf zwei TN, die aufstehen und ihr Verb nennen. Gehören die Verben zu dem gleichen Infinitiv, stellen sich die TN hinter den Spieler / die Spielerin und diese/r spielt weiter. Haben die Verben unterschiedliche Infinitive, setzen sich die TN wieder und der/die andere Spieler/in ist an der Reihe. So weiter, bis alle „Menschen-Verb-Paare" gefunden sind.	Kärtchen

3d	TN lesen den Fokuskasten in PA oder direkt im PL und besprechen, welche Vergangenheitsformen zu den Regeln passen, danach suchen sie Beispiele in den Texten.	
	Lösung: 1. Perfekt; 2. Präteritum; 3. Präteritum; 4. Plusquamperfekt	

UND SIE?	Differenzierungsaufgabe: TN entscheiden, ob sie einen Text über die letzte Zeit in ihrem Leben schreiben oder sich einen Text über eine erfundene Person ausdenken (evtl. als HA).	
	VARIANTE: TN schreiben einen Text über ihre Vergangenheit und bauen fünf falsche Informationen ein. GA: TN lesen ihre Texte vor, die anderen äußern ihre Vermutungen, welche Informationen nicht stimmen.	Internet
	VARIANTE (GA): TN wählen eine prominente Person (Politiker/in, Sportler/in, Schauspieler/in usw.) und schreiben einen Text über dessen/deren Vergangenheit (ggf. Informationen im Internet suchen). Die Texte werden vorgelesen und die anderen Gruppen erraten die Person.	

Erläuterungen zum Unterricht	Materialien

4a KL schreibt „Zukunftspläne" an und berichtet von drei eigenen echten oder erfundenen Plänen, z. B. durch Südamerika reisen, ein Motorrad kaufen, Italienisch lernen o. Ä. Dann fragt KL nach weiteren Zukunftsplänen und schreibt die Vorschläge an. TN betrachten die Fotos und überlegen im PL, welche Zukunftspläne damit ausgedrückt werden.

VARIANTE (GA, 4 TN): KL kopiert die Fotos für jede Gruppe. Die TN schreiben zu jedem Bild einen Plan auf ein Kärtchen. Danach werden alle Karten an die nächste Gruppe weitergegeben und diese ordnet zu.

Materialien: Kopie der Fotos, Kärtchen

4b TN hören die Gespräche und markieren, welche in 4a dargestellten Zukunftspläne von den Personen genannt werden. Sie können den passenden Namen zu den Fotos schreiben.
Lösung: Fabian G (Facharztausbildung Orthopädie); Dana B (Elternzeit); Eleni A (Yogalehrerausbildung); Maik E (Ausbildung zum Fahrlehrer)

Materialien: 1.31–33

4c TN lesen die Aussagen. Sie hören noch einmal und korrigieren die Aussagen. Vergleich im PL.
Lösung: 1. Er macht seine Facharztausbildung. 2. Er will Orthopäde werden. 3. Sie will Elternzeit nehmen. 4. Sie will eine Ausbildung zur Yogalehrerin machen. 5. Sie wollen umziehen. 6. Er will vielleicht eine Ausbildung zum Fahrlehrer machen.

Materialien: 1.31–33

4d KL überprüft, ob den TN die Begriffe *Voraussage/Prognose*, *Vermutung*, *Versprechen* und *Pläne* klar sind. TN lesen im PL die Sätze a–f und ordnen sie den beiden Regeln zu. Dann besprechen TN, welche Sätze ein Versprechen, eine Vermutung, einen Plan oder eine Voraussage/Prognose darstellen.
Lösung: 1. b, d; 2. a, c, e, f

4e TN schreiben Beispielsätze, wie in der Anleitung angegeben.

ERWEITERUNG (für konkrete Pläne in der Zukunft): KL schreibt Zeitangaben an die Tafel (z. B.: *nach dem Kurs, morgen, am Wochenende, im nächsten Urlaub, nächstes Jahr, …*). TN fragen gegenseitig nach ihren Pläne (z. B.: *Was machst du nach dem Kurs?*). Als PA oder ▶ **Kursspaziergang**.

ERWEITERUNG (für Voraussagen/Prognosen, Vermutungen, Versprechen und Pläne): TN arbeiten in PA mit der KV.

Materialien: KV

ERWEITERUNG (GA): TN entwerfen Plakate mit Versprechen, die sie dem/der KL geben möchten, damit der Kurs gut gelingt (z. B.: *Wir werden immer auf Deutsch sprechen. Wir werden immer die Hausaufgaben machen.* usw.).

Materialien: Plakate

ERWEITERUNG: TN entwerfen in GA Plakate mit Prognosen/Voraussagen/Vermutungen darüber, wie die Welt in 20/50/100/… Jahren aussehen wird (z. B.: *Die Menschen werden keine eigenen Autos mehr besitzen. Man wird nicht mehr mit Bargeld bezahlen. …*).

Materialien: Plakate

Erläuterungen zum Unterricht	Materialien

5a KL schreibt *Berufliche Wünsche und Träume* an die Tafel und fragt TN, welchen Beruf sie ausüben und/oder früher ausgeübt haben. KL schreibt die genannten Berufe an die Tafel und fragt, ob die Nennungen die Traumberufe der TN sind/waren oder ob sie lieber etwas anderes gemacht hätten. KL fragt auch nach typischen Traumberufen, die viele Menschen haben und schreibt diese an. TN lesen die Aussagen und spekulieren, welche Aussage zu welcher Person A–C passen könnte. Dann hören TN, was die 3 Personen über ihre beruflichen Wünsche sagen und notieren den richtigen Buchstaben.
Lösung: 2C, 3A, 4B, 5B, 6A, 7A, 8B, 9A, 10B

Materialien: 1.34–36

5b TN markieren die Verbformen in 5a. KL fragt TN, um welche Verbform es sich handelt und was sie (hier) bedeutet. Danach wiederholen die TN die Bildung des Konjunktiv II. Sie lesen den Fokuskasten und machen gemeinsam eine Tabelle wie in 5b.

5c TN ergänzen in PA die Satzanfänge. KL weist TN darauf hin, dass es mehrere Möglichkeiten gibt.
Mögliche Lösung: Ich würde gerne Floristin lernen. Ich wäre gerne irgendwann selbstständig. Ich hätte gerne einen Beruf, bei dem ich mit Menschen arbeite. Ich wäre glücklich, wenn ich viel Geld verdienen würde.

ERGÄNZUNG/BINNENDIFFERENZIERUNG: TN arbeiten in PA. Sie ergänzen die Satzanfänge frei. Der Partner / Die Partnerin muss raten, ob die Aussage für die/den TN zutrifft oder nicht.

5d	TN nehmen sich einige Minuten Zeit und formulieren schriftlich eigene Sätze zu ihren beruflichen Wünschen. Vergleich im PL. ERWEITERUNG: TN machen ▶ **Kugellager**, sprechen über ihre beruflichen Wünsche und versuchen Gemeinsamkeiten zu entdecken. Danach erklären TN im PL, welche Wünsche sie mit welchen TN gemein haben. VARIANTE: TN schreiben Fragen, z. B.: *Würdest du gerne als Erzieherin arbeiten? Hättest du gerne einen Beruf, in dem du viel reisen kannst?* usw. TN machen dann einen ▶ **Kursspaziergang**.	

5e	TN schreiben die Sätze zu Ende und vergleichen im PL.	DIN-A4-Blatt
	VARIANTE: TN schreiben die Sätze auf einem Zettel zu Ende und machen mit den Zetteln eine ▶ **Schneeballschlacht**. TN lesen die Sätze vor und raten, welche/r TN sie geschrieben hat.	

Erläuterungen zum Unterricht		**Materialien**
6a	KL und TN betrachten die Fotopaare und sprechen darüber, um welche Berufe es sich handelt und was sich in diesen Bereichen im Laufe der Zeit verändert hat.	
	VARIANTE (GA, 3–4 TN): KL kopiert die Fotos für jede Gruppe. TN ordnen die Fotos einander zu, überlegen, um welchen Beruf es sich handelt und was früher und was heute darstellt. Im PL sprechen sie über die Veränderungen.	Kopien der Fotos
6b	TN lesen die Texte schnell und überlegen, welche Fotos aus 6a dazu passen. Beim Lesen markieren sie die Stellen, die ihnen helfen, die Texte den Fotos zuzuordnen. **Lösung:** Text A: Fotos A und D, Text B: Fotos B und E	
6c	KL teilt den Kurs in zwei Gruppen. Jede Gruppe liest einen der Texte und klärt dann die Wörter im Kasten, ggf. mithilfe eines Wörterbuchs. TN überlegen gemeinsam, welche der genannten Erklärmethoden sich für welches Wort anbietet, und bereiten die Erklärung vor. ▶ **Wirbelgruppen:** Die Gruppen finden sich neu zusammen, sodass in jeder Gruppe mindestens ein/e Vertreter/in aus jeder Text-Gruppe ist, und erklären sich gegenseitig ihre Vokabeln.	
6d	TN fassen die wichtigsten Veränderungen in den beiden Berufen im PL zusammen.	
6e	KL schreibt die beiden Beispielsätze an die Tafel und fragt TN, ob sie sich erinnern, um welche grammatikalische Form es sich hierbei handelt (Passiv). KL wiederholt ggf. kurz die Funktion des Passivs im Unterschied zum Aktiv (Beim Passiv ist wichtig, was passiert, die Aktion steht im Vordergrund, der Akteur ist unbekannt oder steht nicht im Zentrum der Information). TN markieren in 6b die Sätze im Passiv. Vergleich im PL. KL bespricht mit TN die verschiedenen Formen der Passivsätze (z. B. Passivsätze im Präteritum, Passivsätze mit Modalverben). VARIANTE/BINNENDIFFERENZIERUNG: TN markieren die Passivsätze nur in einem Text und arbeiten dann mit einer/m TN, die/der den anderen Text gelesen hat.	
6f	TN formulieren in PA die Sätze. Vergleich im PL. **Lösung:** 2c Autos werden von Robotern gebaut. 3b An der Ladestelle wird mit Strom getankt. 4a Die Patientin wird online beraten. 5d Operationen werden auf Distanz durchgeführt.	
6g	GA: TN schreiben oder sprechen und vergleichen mit Passiv-Konstruktionen, was sich in den verschiedenen Bereichen des Lebens verändert hat. VARIANTE: (GA) TN machen ein Wettspiel. Die Gruppe, die in fünf Minuten die meisten Veränderungen gefunden hat, hat gewonnen.	
VORHANG AUF	TN wählen einen der Berufe auf den Fotos oder einen anderen Beruf, der sich in den letzten Jahren stark verändert hat, und machen Notizen zu Vergangenheit, Gegenwart und Zukunft. Danach suchen sie eine/n TN, die oder der einen anderen Beruf gewählt hat und sprechen darüber. KL verteilt die KV aus 6a, wenn TN sie noch nicht kennen.	
	ERWEITERUNG: TN schreiben mit ihren Notizen einen Text über den gewählten Beruf (auch als HA).	KV

4 Wir fahren für Sie.

Lernziele/Sprachhandlungen

Sprechen	sagen, welche Berufe man persönlich (nicht) gerne ausüben möchte; sagen, wo sich etwas befindet und wo es platziert werden soll; einen Unfall beschreiben; bei einem Unfall Hilfe holen; über Qualifikationen und Arbeitsbedingungen in verschiedenen Berufen sprechen
Hören	Berufsfahrer/innen stellen sich vor; Anweisungen; Wegbeschreibungen; Unfallberichte
Lesen	Berichte über Arbeitsbedingungen; Berufsfahrer/innen stellen sich vor
Beruf	sagen, welche Berufe man persönlich (nicht) gerne ausüben möchte; über Qualifikationen und Arbeitsbedingungen sprechen; Berufsprofile von Berufsfahrern/Berufsfahrerinnen; Berichte über Arbeitsbedingungen; Unfallmeldungen am Arbeitsplatz

Lerninhalte

Redemittel	Ich würde gerne als … arbeiten, weil … | Leg die Schreibtischplatte bitte rechts hinten an die Seite. | Der VW hat die Vorfahrt nicht beachtet. | An Maschine 4 ist ein Unfall passiert. | Das Honorar wird am Monatsende abgerechnet.
Grammatik	Orts- und Richtungsverben | Wechselpräpositionen | trennbare und untrennbare Verben

Erläuterungen zum Unterricht	**Materialien**
1a KL projiziert die Fotos und fragt TN, was die vier Berufe gemeinsam haben (Man transportiert Menschen oder Dinge.). KL fragt, wie die Berufe heißen (Paketbote/-botin, Busfahrer/in, Lkw-Fahrer/in, Fahrradkurier/in) und sammelt mit TN im Kurs, welche weiteren Berufsfahrer/innen es gibt. **Mögliche Lösung:** Taxifahrer/in, Busfahrer/in, Tramfahrer/in, Lokomotivführer/in, Chauffeur/in, Fahrlehrer/in, Gabelstaplerfahrer/in, …	
1b TN wählen ein Foto und beschreiben den Beruf so genau wie möglich. Ggf. gibt KL den TN etwas Zeit, um Notizen zu machen. VARIANTE: Je 4 TN arbeiten zusammen. KL kopiert für jede Gruppe die 4 Fotos und schneidet sie aus. Die Gruppe verteilt die Fotos blind, sodass niemand weiß, wer welches Foto erhalten hat. TN machen Notizen und beschreiben dann den Beruf. Die anderen TN raten, um welchen Beruf es sich handelt. Diese Aktivität kann auch direkt als Einstieg in die Lektion gewählt werden, bevor die TN das Buch geöffnet haben. Dadurch, dass die TN die Fotos nicht kennen, ist es schwieriger, den Beruf zu erraten, und das dient als Einstieg in das Thema Berufsfahrer.	Kopien der Fotos
1c TN hören und machen Notizen zu den 4 Personen. Dabei konzentrieren sie sich sowohl auf persönliche als auch auf berufliche Informationen. **Lösung:** *Atu Aidoo*: Persönliches: ist seit 4 Jahren in Deutschland, hat vor 2 Jahren die B1-Prüfung und den Führerschein gemacht; Berufliches: arbeitet bei LieferFix, beginnt um 7 Uhr, der Job ist anstrengend, aber er macht ihn gern. *Simon Ranner*: Berufliches: Busfahrer, vorher Fahrer von Baustellen-Lkws, Job ist stressig, aber macht Spaß, der Arbeitsplatz ist sicher. *Selma*: Persönliches: kommt aus Argentinien, studiert in Karlsruhe Ingenieurwesen, finanziert mit dem Job ihr Studium. Berufliches: Man braucht ein gutes Fahrrad und muss genug Deutsch sprechen, man kann selbst bestimmen, wie lange man arbeitet. *Rosa Bagel*: Persönliches: ist verheiratet und hat Kinder, will vielleicht wieder mehr arbeiten, wenn die Kinder größer sind. Berufliches: arbeitet für eine Spedition und macht alle möglichen Transporte, früher im Fernlastverkehr, ist jetzt früh zu Hause. BINNENDIFFERENZIERUNG: TN arbeiten in 2 Gruppen. Gruppe A macht Notizen zu Persönlichem, Gruppe B zu Beruflichem. Danach Austausch in PA (jeweils ein/e TN von A und ein/e TN von B). Die TN können auch in 4-er Gruppen arbeiten, jede/r TN konzentriert sich dann auf eine der 4 Personen. ERWEITERUNG: GA (3–4 TN): KL kopiert die KV für jede Gruppe. Die TN hören noch einmal und überlegen, zu welcher Person die Aussagen passen. Vergleich im PL.	1.43–46 KV

1d   TN sprechen im PL darüber, welche der auf den Fotos abgebildeten Berufe sie (nicht) gerne ausüben würden und warum. Sie können auch die weiteren Fahrberufe mit einbeziehen, die sie in 1a gesammelt haben.

ERWEITERUNG: TN spielen Beruferaten. Ein/e TN denkt sich einen Fahrberuf aus, die anderen TN stellen Ja/Nein-Fragen. Wenn der/die TN drei Fragen mit Nein beantwortet hat, bevor der Beruf erraten wurde, hat er/sie gewonnen.

Erläuterungen zum Unterricht	Materialien

2a   KL projiziert das Foto und erklärt, dass es sich hierbei um das Innere eines Lkws handelt. TN lesen die Ausdrücke für die lokalen Angaben und die Liste der Gegenstände 1–8. TN hören den Dialog und schreiben die Nummern 1–4 in die richtigen Kreise.   1.47
Lösung:

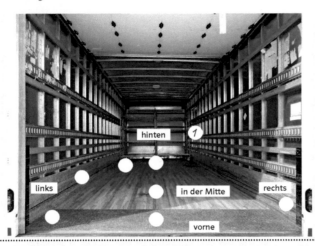

2b   TN verteilen 5–8 und sprechen dann mit einem Partner / einer Partnerin.

VARIANTE: (PA) KL gibt TN jeweils den inneren Teil einer Streichholzschachtel und Knetkügelchen in 4 Farben, die jeweils für ein Objekt (5–8) stehen. KL klärt vorher im PL, welche Farbe welchen Gegenstand repräsentiert. TN A „belädt" seinen „Lkw" (die Streichholzschachtel), ohne dass TN B es sieht. Danach erklärt er/sie, wohin er/sie alles gestellt/gelegt hat. TN B versucht, die Knetkügelchen nach dieser Anweisung zu setzen. Danach vergleichen die TN, ob die beiden Schächtelchen gleich aussehen und tauschen dann die Rollen.
ERWEITERUNG: TN können auch die Gegenstände 1–4 mit einbeziehen.

Materialien: Streichholzschachteln, Knete in 4 oder 8 Farben

2c   TN bilden aus den sechs Satzteilen die zwei Regeln.

VARIANTE: KL schreibt jeden Satzteil auf ein DIN-A4-Blatt. TN ordnen gemeinsam zu, was zusammengehört, und kleben die Blätter auf ein ▶ **Lernplakat**.
KL fragt TN, ob sie sich an die 9 lokalen Präpositionen erinnern können, die sowohl Dativ als auch Akkusativ nach sich haben können und deshalb Wechselpräpositionen genannt werden. TN diktieren die Wechselpräpositionen, KL schreibt sie an die Tafel: in, an, neben, hinter, vor, zwischen, über, unter, auf.
ERWEITERUNG: KL macht Beispiele mit einem Legostein oder mit einem anderen kleinen Gegenstand (z. B. Ball, Schere, Stift, Glas o. Ä.). KL stellt Wohin- und Wo-Fragen, TN beantworten sie, z. B. *Wohin stelle ich den Legostein? – Hinter den Laptop. Und wo ist er jetzt? – Hinter dem Laptop.* usw. TN spielen dann im Klassenraum in PA weiter.

Materialien: DIN-A4-Blatt

Legostein/e o. Ä.

2d   TN benutzen ihre Aufzeichnungen von 2a und fragen sich gegenseitig im Kurs.

VARIANTE: TN benutzen die Streichholzschachteln und die Knetkügelchen aus 2b.
VARIANTE: TN machen eine Skizze eines Lkws, ordnen die Gegenstände an und sprechen dann mit den anderen TN.

Materialien: Zettel

Erläuterungen zum Unterricht	Materialien

3a TN beschreiben, was sie sehen (einen Stadtplan) und lesen die Fragen. Sie hören den Dialog und notieren die Antworten. — 1.48

Lösung: 1. Die Bahnhofstraße ist gesperrt und ihr Navi ist ausgefallen. 2. In die Schillerstraße. 3. Leicht links in die Mannheimer Straße abbiegen. 4. Einen Kilometer. 5. Vor der Ampel rechts abbiegen und dann gleich wieder rechts fahren.

ERWEITERUNG: TN sprechen darüber, ob sie sich schon einmal (vielleicht trotz Navi) in einer Stadt verfahren haben und was sie getan haben.

3b TN hören noch einmal und zeichnen die Route in die Karte ein. — 1.48

VARIANTE: KL kopiert den Plan groß. TN arbeiten in PA. Sie markieren zuerst Startpunkt und Ende farbig, hören den Dialog, besprechen sich und markieren den Weg. — Kopien des vergrößerten Plans

BINNENDIFFERENZIERUNG: KL stoppt nach jedem Satz der Wegbeschreibung kurz.

3c TN arbeiten in GA (3–4 TN). Sie sammeln auf einem DIN-A3-Blatt Wortschatz und Redemittel zum Thema Wegbeschreibung, z. B. *Fahren Sie rechts/links/ geradeaus. Biegen Sie die erste/ zweite/dritte/... Straße rechts/links ab; Gegenüber ist ...* — DIN-A3-Blatt

Dann spielen TN in PA Wegbeschreibungen. Sie legen einen Startpunkt fest und fragen nach einem Ziel (z. B. *der Kiosk, die VHS ...*).

UND SIE? TN arbeiten in PA und fragen sich gegenseitig nach Zielen am Kursort. Sie können dazu auch Stadtpläne, z. B. von der Touristeninformation oder einen Online-Routenplaner verwenden. — Stadtpläne der Kursstadt / Online-Routenplaner

VARIANTE: KL schreibt markante Punkte des Kursortes auf Zettel (z. B. Bahnhof, Rathaus, Kirche usw.). TN ziehen einen Zettel und fragen entweder in PA oder im Kurs. Die anderen TN geben die Wegbeschreibung ggf. anhand des Stadtplans.

Erläuterungen zum Unterricht	Materialien

4a TN betrachten die Bilder und beschreiben sie im PL. Dann hören sie die drei Dialoge und sagen, zu welchem Bild sie passen. — 1.49–51
Lösung: Bild B

4b TN hören die Dialoge noch einmal und markieren, welche Aussagen richtig sind. — 1.49–51
Lösung: 3, 5, 6

4c TN lesen die Zeugenaussagen und überlegen in PA, welche davon zu Rosas Unfall passen.
Lösung: 2, 6

4d TN überlegen in PA, zu welchen Bildern die übrigen Zeugenaussagen passen. Vergleich im PL.
Lösung: Bild A: 3, 4; Bild C: 1, 5
KL liest mit den TN die Ausdrücke und klärt ggf. Vokabular. Die TN entscheiden sich für eine der drei Situationen und beschreiben mithilfe der Ausdrücke den Unfall.

VARIANTE: KL teilt die TN in 3 Gruppen ein und gibt jeder Gruppe ein DIN-A3-Blatt mit einem Bild aus 4a. Die TN erarbeiten in GA eine möglichst exakte Beschreibung der Situation und schreiben sie dann unter das Bild. Die Blätter werden im Kursraum aufgehängt. — DIN-A3-Blätter

ERWEITERUNG: TN machen Notizen zu einer fiktiven Unfallsituation und arbeiten dann in PA. TN 1 spielt den Unfallzeugen / die Unfallzeugin, TN 2 einen Polizisten / eine Polizistin, der/die den Unfall aufnimmt. TN 1 beschreibt den Unfall, TN 2 macht Notizen und evtl. eine Skizze, danach werden die Rollen getauscht.

ERWEITERUNG: Vokabeltraining (GA): TN spielen die Ausdrücke abwechselnd pantomimisch vor, die anderen TN raten um welchen Ausdruck es sich handelt.
▶ **Pantomime**

Erläuterungen zum Unterricht	Materialien

5a KL schreibt *Unfälle melden und Hilfe holen* an die Tafel und fragt TN, was sie tun würden, wenn sie Zeuge eines Unfalls wären. KL erinnert an die Notfallnummer 112 und fragt die TN, ob es auch in ihren Heimatländern eine bestimmte Telefonnummer gibt, die man bei Notfällen anrufen kann, und wie in den Heimatländern generell mit Notsituationen umgegangen wird. TN hören das Gespräch und überlegen im PL, zu welchem Bild von 4a das Telefonat passt. — 1.52
Lösung: Ein Unfallzeuge spricht mit dem Mitarbeiter des Notrufs. Bild C

5b	TN ordnen in PA zu, dann hören sie noch einmal und kontrollieren ihre Ergebnisse.	1.52

Lösung: e, h, a, g, b, d, f, c

5c	TN markieren in 5b Fragen, die man generell bei Unfallmeldungen braucht, und ergänzen sie im PL.

Lösung: Gibt es Verletzte? Ist die Unfallstelle gesichert? Wie ist Ihr Name? Was ist passiert? Wo hat sich der Unfall ereignet? Wie viele Personen sind beteiligt?

5d	KL projiziert die Bilder. TN sammeln passende Ausdrücke zu jedem Bild, KL schreibt die Vorschläge an die Tafel. TN beschreiben im PL so genau wie möglich, was auf den Bildern abgebildet ist und was hier wohl passiert sein könnte. Danach machen sie in PA Rollenspiele, wählen eine der Situationen und spielen die Unfallmeldung wie in 5a und 5b: Eine Person meldet den Unfall telefonisch, der Partner / die Partnerin nimmt den Unfall in der Notfallstelle entgegen. Anschließend wechseln die TN die Rollen und üben mit einer anderen Situation.	

VARIANTE: KL teilt die TN in 4 Gruppen. Jede Gruppe bekommt ein DIN-A3-Blatt mit je einem der Situationsbilder (größer kopiert). Die TN sammeln Ausdrücke und schreiben sie auf das Blatt. Danach stellen sie ihre Sammlung im PL vor und erklären ggf. Ausdrücke, die die anderen TN nicht kennen. Die TN hängen die Blätter in die 4 Ecken des Kursraums. TN arbeiten in PA. Sie entscheiden sich für eine Ecke und spielen dort die Situation. Je nach Zeit und Interesse kann KL auch eine bestimmte Zeit für das Rollenspiel vorgeben (z. B. drei Minuten) und die TN dann zur nächsten Ecke (bzw. nach und nach zu allen Ecken) wechseln lassen, wo sie das Telefonat zur nächsten Situation spielen. ▶ **Eckensprechen**	DIN-A3-Blätter

UND SIE?	TN sprechen über Unfälle, die sie erlebt oder beobachtet haben.	

VARIANTE: TN schreiben (evtl. als HA) einen echten oder fiktiven Text über einen Unfall. Die Texte werden im Kurs vorgelesen, die anderen TN raten, ob die Geschichte wahr oder ausgedacht ist.	DIN-A4-Blätter

Erläuterungen zum Unterricht	**Materialien**

6a	TN arbeiten in PA. Jede/r TN liest zwei Texte und macht Notizen zu Qualifikationen, Arbeitsbedingungen und Bezahlung.	

Lösung: *Rosa Bagel*: Qualifikationen: Realschulabschluss, Lkw-Führerschein, Arbeitsbedingungen: Teilzeit, meistens ab 15 Uhr zu Hause; Bezahlung: Hat als Fernfahrerin mehr verdient. *Simon Ranner*: Qualifikationen: Führerschein D für Omnibusse, Mindestalter 24, Lkw-Führerschein; Arbeitsbedingungen: Schichtarbeit, Rufbereitschaft; Bezahlung: o.k.; *Atu Aidoo*: Qualifikationen: keine Information; Arbeitsbedingungen: Start oft 6:20 Uhr, meist bis 16 Uhr zurück; Bezahlung: Könnte besser sein; *Selma de la Costa*: Qualifikationen: körperlich fit und gut Fahrrad fahren können. Arbeitsbedingungen: flexible Arbeitszeiten; Bezahlung: nicht sehr gut.

VARIANTE als Einstieg: KL kopiert die einzelnen Texte so groß, dass sie ein DIN-A4-Blatt füllen, dann wird das Blatt so zerknüllt, dass der Text außen ist und man noch Fragmente lesen kann. Jede Gruppe (4 TN) bekommt die 4 „Textkugeln" und versucht durch das, was noch zu lesen ist herauszufinden, um welches Thema es in den Texten geht, z. B. könnten die TN erkennen, dass in den Texten über Qualifikation, Arbeitsbedingungen und Bezahlung gesprochen wird. VARIANTE: Je 4 TN arbeiten in GA, jede/r TN übernimmt einen der Texte.	DIN-A4-Blätter

6b	TN arbeiten in PA und berichten sich gegenseitig von den Texten, die sie gelesen haben.	

ALTERNATIVE: TN bleiben in PA. TN versuchen die Informationen aus den beiden Texten, die sie in 6a schon gelesen hatten, zeichnerisch auf einem Blatt Papier umzusetzen. Das Blatt wird an den Partner / die Partnerin weitergegeben, diese/r interpretiert die Zeichnungen und versucht den Text zu rekonstruieren. Die TN sprechen darüber, welche Textinformation noch korrekt weitergegeben wurde.

6c TN arbeiten in 4 Gruppen. Jede Gruppe bearbeitet einen Text. Jede/r TN der Gruppe markiert die Verben mit Vorsilben, dann vergleichen sie in der Gruppe die markierten Verben und überlegen gemeinsam, welche Vorsilben trennbar und welche nicht trennbar sind. Sie erstellen eine Tabelle und vergleichen dann im Kurs.
Lösung: *trennbare Verben*: mitfahren, zusammenstoßen, aussagen, vorbeifahren, aufpassen, zurechtkommen, anstellen, anfangen, aufbrechen, durchplanen, einsammeln, ausfahren, vorgeben, hinstellen, losfahren, anmelden, einloggen, ausführen, abrechnen, anstrengen; *nicht trennbare Verben*: bestehen, bekommen, versuchen, überweisen, empfehlen, verdienen, bezahlen

6d TN hören und ergänzen die Regel.
Lösung: 1. Verben mit betonter Vorsilbe sind trennbar. 2. Verben mit unbetonter Vorsilbe sind nicht trennbar. Die Vorsilben *be, ge, er, emp, miss, ver, zer* und *ent* werden niemals abgetrennt.

6e KL projiziert den Grammatikkasten, liest die Sätze vor und macht deutlich, wie die trennbaren Verben in den einzelnen Fällen angewendet werden. Danach suchen die TN gemeinsam in den Texten jeweils mindestens ein weiteres Beispiel.
Mögliche Lösung: *Präsens*: ... aber das macht mir nichts aus. *Perfekt*: ... haben Leute ausgesagt ...; *mit Modalverb*: ... wo ich aufpassen muss. *Infinitiv mit zu*: ... dauernd aufzupassen. *Im Passiv*: ... wird alles perfekt durchgeplant. *Im Nebensatz*: ... wo ich das Auto hinstellen kann.

VARIANTE/BINNENDIFFERENZIERUNG: GA (3 TN) Jede/r TN der Gruppe sucht Beispiele zu jeweils zwei Fällen. Anschließend vergleichen TN ihre Ergebnisse.
VARIANTE/BINNENDIFFERENZIERUNG: GA (4 TN) Jede/r TN der Gruppe sucht Beispiele für alle sechs Fälle in einem der vier Texte. Anschließend vergleichen TN ihre Ergebnisse.

6f TN schreiben in PA die Sätze in der angegebenen Form und korrigieren dann im Kurs.
Lösung: 1. Herr Aidoo fängt um 7 Uhr mit der Arbeit an. 2. Die Radfahrerin ist rechts an Rosas Lkw vorbeigefahren. 3. Es ist stressig, im Verkehr dauernd aufzupassen. 4. Ich kann meinen Job niemandem empfehlen. 5. Das Honorar wird am Monatsende abgerechnet. 6. Es hilft sehr, dass die Software die Tour vorgibt.

ERWEITERUNG/BINNENDIFFERENZIERUNG: TN arbeiten in GA (3–4 TN). KL gibt jeder Gruppe die Würfeltabelle der KV. TN entscheiden, ob sie die einfachere Variante (nur trennbare Verben) oder die schwierigere Variante (trennbare und untrennbare Verben) verwenden möchten. KL gibt eine bestimmte Spielzeit vor. Die TN würfeln abwechselnd und bilden Sätze.

KV
Würfel

VORHANG AUF TN wählen eine der beiden Aufgaben.

Haltestelle B

	Erläuterungen zum Unterricht	Materialien
1a	TN lesen die Spielregeln. GA: TN malen den Wortkreis auf ein Papier und beschriften ihn mit Wörtern zum Thema Beruf. TN spielen das Wiederholungsspiel.	Papier, Stifte
1b	GA: Ein TN in der Gruppe nennt zwei Berufe, die anderen TN suchen möglichst viele Gemeinsamkeiten.	
	VARIANTE: TN sammeln zuerst Berufe und schreiben sie auf Kärtchen. Die Kärtchen werden verdeckt auf den Tisch gelegt. Abwechselnd ziehen die TN jeweils zwei Kärtchen und suchen Gemeinsamkeiten zwischen den Berufen.	Kärtchen

	Erläuterungen zum Unterricht	Materialien
2	PA oder GA: TN wählen eins der Bilder und erarbeiten dazu eine der vorgeschlagenen Aktivitäten. Sie stellen die Aktivität im PL vor, die anderen TN raten, um welches Bild es sich handelt.	Kopien der Fotos
	VARIANTE (PA, Wettspiel): KL kopiert die Fotos und schneidet sie aus. Das erste Paar kommt nach vorne, KL gibt ihnen eine Karte, die TN spielen spontan dazu einen Dialog oder Pantomime. Der/Die TN, der/die zuerst das Bild errät, um das es sich handelt, bekommt die Karte. KL hält die TN dazu an, das Spiel möglichst schnell und dynamisch ablaufen zu lassen. Der/Die Spieler/in mit den meisten Bildern am Ende hat gewonnen.	

1 Hier arbeite ich.

Lernziele/Sprachhandlungen

Sprechen	über Berufe, Tätigkeiten, Arbeitsräume und Geräte sprechen; einen Umzugsablauf beschreiben; über auszuführende Tätigkeiten sprechen; Angebote für Umzüge machen und verhandeln; Beratungsgespräche durchführen; einen Firmenumzug organisieren; Fehler/Mängel reklamieren
Hören	Absprachen mit der Umzugsfirma; Mängelmeldung
Lesen	Blogtext zum Thema „Firmenumzug"; E-Mail über Umzüge aus beruflichen Gründen
Schreiben	auf Mängel in einem Arbeitsraum aufmerksam machen

Lerninhalte

Redemittel	Aus Kostengründen müssen wir dringend neue Büroräume finden. | Den Umzug lassen wir von einer Spedition machen. | Können Sie mir bitte ein Angebot schicken? | Sind Sie bezüglich des Termins flexibel? | Der Boden der Kaffeeküche bekommt Risse. | Das … funktioniert nicht.| Ich beziehe mich auf unser heutiges Telefongespräch.
Wortschatz	Umzug
Grammatik	Angaben im Satz

Erläuterungen zum Unterricht		Materialien
1a	Einstieg: KL schreibt *Berufe* an die Tafel und TN sammeln gemeinsam alle Berufe, die sie kennen. Sie können dazu auch die ▶ **ABC-Methode** verwenden und ggf. ein Wettspiel in GA machen. Die Gruppe, die als erste alle/die meisten Berufe zu den Buchstaben gefunden hat, gewinnt. KL schreibt nun *Tätigkeiten* an die Tafel und TN überlegen, welche Tätigkeiten Personen in den genannten Berufen ausführen. TN können auch abwechselnd Tätigkeiten zu Berufen beschreiben, die anderen TN raten, um welchen Beruf es sich dabei handelt. Nun schreibt KL *Arbeitsräume* an und TN sammeln Plätze, an denen Personen in den genannten Berufen arbeiten können (z. B. im Büro, im Park, in einem Fahrzeug, in einem Krankenhaus, etc.) Als Letztes schreibt KL *Geräte* an und TN suchen typische Geräte, die in den Berufen an der Tafel benutzt werden (z. B. Computer, Hammer, Eimer, etc.). TN betrachten nun die Fotos und lesen die Wörter. Sie beschreiben die Fotos und überlegen, welche Berufe abgebildet sind, welche Arbeitsräume und Tätigkeiten dazu passen und welche Geräte dargestellt sind. Sie können mit weiteren Vorschlägen ergänzen. ERWEITERUNG (GA 3–4 TN): TN spielen „Berufe raten". Ein/e TN überlegt einen Beruf, die anderen TN stellen Ja/Nein-Fragen zu den Themen Tätigkeiten, Arbeitsräume und Geräte. (Beispiel: *Sprichst du mit Kunden? Arbeitest du in einer Werkstatt? Brauchst du für deine Arbeit einen Helm?*) Bei zehnmal „Nein", hat der/die TN, der/die sich den Beruf überlegt hat, gewonnen.	
1b	TN sprechen in GA. Sie erzählen entweder wo sie arbeiten oder wo sie gerne arbeiten würden und welche Möbel und Geräte sie dort brauchen (würden). VARIANTE (GA, 3 TN): TN machen zuerst in EA eine Skizze von ihrem echten oder fiktiven Arbeitsraum und zeichnen Möbel und Geräte ein. Danach stellen sie ihn in GA den anderen TN vor. ERWEITERUNG (GA): TN gestalten ihren „perfekten" Arbeitsplatz. Sie können passende Möbel aus Einrichtungskatalogen ausschneiden und aufkleben oder sie zeichnen ihren Arbeitsraum. Danach stellen die Gruppen ihre Zimmer im PL vor. ERWEITERUNG: TN zeichnen wie in der Variante beschrieben ihren Arbeitsplatz und beschreiben ihn dann einem Partner / einer Partnerin, ohne das diese/r die Zeichnung sieht. Der Partner / die Partnerin versucht, den Arbeitsplatz nach der Beschreibung selbst zu zeichnen, dann vergleichen sie Original und Kopie. ERWEITERUNG: TN können ein Foto von ihrem echten Arbeitsplatz machen und dieses mitbringen oder als HA einen Text dazu schreiben.	Papier Einrichtungskataloge, Schere, Klebstoff, DIN-A3-Blätter
1c	TN hören das Gespräch und überlegen, welche Fotos passen. **Lösung:** A, D	1.02
1d	TN hören das Gespräch noch einmal und kreuzen an, ob die Aussagen richtig oder falsch sind. **Lösung:** 1. F; 2. R; 3. R; 4. R	1.02

2a TN lesen die Überschriften und überlegen, was Thea zu diesen Punkten in einem Blog schreiben könnte. Sie lesen die Texte und ordnen die Überschriften zu. Vergleich im PL.
Lösung: 20.7.: Mieterhöhung!; 03.08.: Die Suche; 15.08.: Die Zusage; 20.08.: Renovierung: Wer macht was?; 07.10.: Der Umzugstag

ERWEITERUNG (GA, 3–4 TN): KL kopiert Überschriften und Texte für jede Gruppe, zerschneidet sie und entfernt die Datumsangabe. TN setzen die Texte chronologisch korrekt zusammen und ordnen jedem Text eine Überschrift zu.

Kopien der Überschriften und Texte

2b TN lesen die Texte noch einmal und markieren die richtige Lösung.
Lösung: 1. b; 2. b; 3. a; 4. a

2c TN lesen die Ausdrücke im PL, KL klärt ggf. Vokabular. TN entscheiden sich in PA für zehn Ausdrücke und ordnen sie an. Vergleich mit einem anderen Paar.

VARIANTE (GA, 3–4 TN): KL schreibt die Ausdrücke für jede Gruppe auf Kärtchen/Zettel bzw. verteilt die Kärtchen der KV. TN diskutieren über einen logischen Ablauf und legen die Zettel in einer sinnvollen Reihenfolge auf ein DIN-A3-Blatt. Vergleich mit anderen Gruppen oder im PL.
ERWEITERUNG: TN nennen die Ausdrücke, die „lassen" enthalten, KL schreibt diese an. KL fragt, was mit „lassen" ausgedrückt wird (Man macht etwas nicht selbst, sondern andere Personen erledigen etwas für einen.).
ERWEITERUNG: Zur Festigung von „lassen" können die TN ÜB 2f machen.

Kärtchen/Zettel/ KV, DIN-A3-Blätter, Klebstoff

2d TN lesen den Abschnitt vom 20.8. noch einmal und erstellen eine Liste.
Lösung: Das machen sie selbst: Computer anschließen; Möbel besorgen; Laptops und Festplatten transportieren. Das lassen sie machen: Die Böden abschleifen; die Wände sanieren; Internet und den zentralen Server anschließen; zusätzliche Leitungen legen; den Umzug machen

ERWEITERUNG: TN sammeln im PL weitere Tätigkeiten, die notwendig sein können, wenn man ein neues Büro bezieht und renovieren möchte oder machen zur Vorentlastung die KV. Danach machen sie in GA (3–4 TN) ein ▶ **Plan-/Rollenspiel**. Die Gruppe stellt sich vor, sie würden ein neues gemeinsames Büro mieten, das renoviert und eingerichtet werden muss. TN diskutieren, wer welche Aufgaben übernimmt und was sie lieber von anderen Personen/Firmen/Handwerkern machen lassen möchten. Austausch mit einer anderen Gruppe.

KV

UND SIE? KL liest die Berufsbezeichnungen vor und fragt TN, ob sie wissen, was diese Personen machen.

ERWEITERUNG: TN spielen einen der Berufe pantomimisch vor, die anderen raten, welcher Beruf gemeint ist.

TN sprechen in GA darüber, was sie in ihrer Wohnung selbst erledigen können und wo sie Hilfe benötigen und etwas von anderen Personen machen lassen.

VARIANTE: TN schreiben auf einen Zettel drei Dinge, die sie selbst machen können (z. B.: *Wände streichen, Regale aufbauen, kaputte Lampen reparieren*) und drei Dinge, die sie nicht (gut) können (z. B.: *Fliesen verlegen, sich um die Pflanzen im Garten kümmern, Zimmer gemütlich einrichten*). Sie sprechen miteinander, bieten Hilfe für die Dinge an, die sie können, und versuchen TN zu finden, die ihnen helfen können bei den Sachen, die sie nicht gut können. Präsentation im PL (z. B.: *Ich kenne mich nicht gut mit Pflanzen aus, aber Emily ist Gärtnerin und will mir helfen. Mein neues Wohnzimmer lasse ich von Valentina planen, die kann das sehr gut. Dafür helfe ich Ahmed, die kaputten Lampen zu reparieren; …*).

3a TN betrachten die Fotos und beschreiben sie. Sie hören die Gespräche und notieren, welcher Dialog zu welchem Foto passt. Vergleich im PL.
Lösung: A2; B3; C1

1.03-05

3b TN hören die Dialoge noch einmal und markieren die Redemittel, die verwendet werden.
Lösung: Angebote einholen / Nachfragen: Um ein Angebot machen zu können, müsste ich …; Details klären: Die Spülmaschine und den Kaffeeautomaten nehmen wir mit; Packen Sie die Kartons selbst?; Angebote verhandeln: Wir sind bis … ausgebucht; Haben Sie beim Preis noch etwas Spielraum? Wir haben Fixpreise, da kann ich leider nichts machen. Wir können Ihnen beim Termin entgegenkommen.

1.06–08

VARIANTE (GA, 3–5 TN): KL schreibt die Redemittel für jede Gruppe auf Kärtchen bzw. verwendet die Kärtchen der KV. TN legen die Kärtchen auf den Tisch, hören die Dialoge und legen die Kärtchen beiseite, wenn sie die entsprechenden Redemittel hören. Vergleich im PL. TN kleben **alle** Kärtchen an die richtige Stelle auf DIN-A3-Papier und vergleichen mit dem KB. Blätter werden im Kursraum aufgehängt, KL klärt ggf. Vokabular.
ERWEITERUNG: Zur Festigung und als Vorbereitung auf 3c machen die TN ÜB 3.

Kärtchen/KV
DIN-A3-Papier
(mit Überschriften)

3c

TN machen die Rollenspiele in PA.

BINNENDIFFERENZIERUNG: TN entscheiden, ob sie die Gespräche schreiben, spielen oder erst schreiben und dann frei spielen wollen. Einige Gespräche können im PL vorgespielt werden.

3d

TN machen erst Notizen und besprechen dann in GA, wo sie in ihrem eigenen Umfeld Angebote machen oder verhandeln.

Erläuterungen zum Unterricht	Materialien

4a

KL schreibt *EINWEIHUNGSPARTY* an. TN sprechen darüber, wann man eine Einweihungsparty feiert und wie das aussehen könnte (wen lädt man ein, was bringt man mit, …). TN lesen Adils E-Mail und stellen sich gegenseitig in PA Fragen zum Text.

INTERKULTURELLE PERSPEKTIVE: KL fragt, ob es in den Heimatländern der TN auch üblich ist, eine Party zu feiern, wenn man in ein neues Büro, ein neues Firmengebäude oder auch in eine neue Wohnung einzieht, und welche Traditionen es dabei gibt.

4b

TN lesen und ordnen zu.
Lösung:

	Zeit	Grund/ Widerspruch	Art und Weise	Akkusativ	Ort	
	wann?	warum?	wie?	–	wo/wohin?	
Ich bin	vor einem Monat	aus beruflichen Gründen	spontan	–	nach Stralsund	gezogen.
Ich habe	–	trotz der hohen Mietpreise	schnell	eine günstige Wohnung	in der Altstadt	gefunden.

4c

TN schreiben die Teile des ersten Satzes auf Kärtchen oder auf DIN-A4-Blätter und bilden möglichst viele korrekte ▶ **Lebende Sätze**. KL weist darauf hin, dass die Anordnung der Tabelle eingehalten werden muss, damit die Syntax korrekt bleibt, also z. B. Verb 1 immer in Position 2, Verb 2 am Ende, Zeit vor Ort etc.

Kärtchen,
DIN-A4-Blätter

4d

TN ordnen die Ausdrücke (ggf. in GA) in einer Tabelle nach Zeit, Grund/Widerspruch, Art und Weise und Ort. Danach ergänzen sie weitere Ideen. Vergleich im PL.
Lösung: Zeit: bald, am späten Nachmittag, jetzt, gestern, oft; Grund/Widerspruch: wegen der Ausbildung, aufgrund der guten Verkehrsanbindung, aus Liebe, trotz der hohen Mietpreise; Art und Weise: ohne Probleme, dringend, mit viel Glück, intensiv, zur Entspannung; Ort: draußen, im Zentrum, nach Görlitz, auf dem Land, in einem Vorort

VARIANTE: KL schreibt die Ausdrücke auf Kärtchen und malt die Tabelle auf ein Plakat. TN kleben die Ausdrücke in die Tabelle und ergänzen mit eigenen Ideen.

Plakat, Klebstoff,
dicke Stifte

4e

TN stellen sich im Kreis auf. TN 1 beginnt einen Satz, TN 2 wiederholt den Satzanfang und ergänzt ihn mit einem Ausdruck aus 4d, TN 3 fügt einen weiteren Ausdruck dazu etc. Wenn sich der Satz nicht mehr erweitern lässt, beginnt der/die nächste TN einen neuen Satz.

ALTERNATIVE (GA): Alle Ausdrücke werden auf Kärtchen unterschiedlicher Farbe geschrieben (z. B. Zeit: gelb, Grund: blau etc.). KL gibt jeder Gruppe einen Würfel. TN würfeln und ziehen je nach Zahl Kärtchen (1 = eine Karte, 2 = zwei Karten, … bei 5 und 6 wiederholen sich eine bzw. zwei Farben. Die TN versuchen, mit den gezogenen Karten einen sinnvollen Satz zu bilden, und schreiben ihn auf. Am Ende werden die Sätze vorgelesen.
ERWEITERUNG/BINNENDIFFERENZIERUNG: Zur Vertiefung machen die TN ÜB 4a und 4b, schnellere TN können auch 4c und 4d machen.

Würfel
Kärtchen in
vier Farben

Und Sie?	TN schreiben – ggf. als HA – einen Text über einen Umzug. Der Umzug kann tatsächlich stattgefunden haben oder TN schreiben einen fiktiven Text.	
	ERWEITERUNG: TN sprechen im PL darüber, ob und warum sie schon einmal umgezogen sind oder ob sie in nächster Zeit gerne umziehen würden oder umziehen müssen. Dann schreiben sie – ggf als HA – den Text. ALTERNATIVE: Wenn die TN nicht über sich selbst erzählen möchten, können im PL allgemein Gründe gesammelt werden, warum Menschen umziehen. ERWEITERUNG: TN erstellen im PL eine ▶ Kursstatistik darüber, wie oft die TN schon umgezogen sind. ERWEITERUNG: TN erstellen eine Zeitleiste ihres Lebens und halten fest, wann sie wohin umgezogen sind. Sie können die Zeitleiste vorstellen und über die einzelnen Stationen erzählen.	

Erläuterungen zum Unterricht		**Materialien**
5a	TN betrachten die Bilder und beschreiben, was sie darauf sehen. Sie hören das Telefongespräch und markieren, welches Bild dazu passt. **Lösung:** B	1.09
5b	TN hören noch einmal und ordnen die Satzhälften zu. Vergleich im PL. **Lösung:** 2. h); 3. a); 4. j); 5. c); 6. i); 7. f); 8. g), 9. b); 10. e)	1.09
	VARIANTE: TN ordnen zuerst in PA zu und hören dann zur Kontrolle.	
5c	Zur Vorentlastung machen TN ÜB 5a. TN lesen die Ausdrücke, KL erklärt ggf. Vokabular. Danach formulieren die TN verschiedene Probleme und eine passende mögliche Lösung dazu. Vergleich im PL.	
	VARIANTE: TN schreiben in GA ca. acht Probleme auf ein Blatt und tauschen mit einer anderen Gruppe. Diese Gruppe schreibt Lösungen dazu. VARIANTE: KL gibt jedem TN einen Zettel mit einem „Problem". Bei einem ▶ Kursspaziergang suchen die TN immer neue Partner. Sie stellen ihr Problem vor, nennen eine Lösung, tauschen die Karten usw. ERWEITERUNG: TN wählen ein Problem und spielen es pantomimisch vor. Die anderen TN nennen das Problem und suchen eine Lösung.	DIN-A3-Blätter oder Plakate
5d	Zwei TN lesen den Beispieldialog vor. Danach spielen die TN in PA eigene Dialoge.	
	VARIANTE (▶ Kugellager): KL gibt ein Problem vor, TN spielen in einer Minute den Dialog dazu. Dann dreht sich das Kugellager und KL nennt das nächste Problem usw.	

Erläuterungen zum Unterricht		**Materialien**
6a	TN lesen Mirkos E-Mail an die Hausverwaltung und ordnen die Abschnitte zu. Vergleich im PL. **Lösung:** F, E, D, B, C, A, G	
	ERWEITERUNG: Wenn die TN das Thema vor der freien Aufgabe noch weiter festigen möchten, können sie ÜB 6 machen.	
6b	TN lesen gemeinsam die Ausdrücke im Kasten und schreiben die Mail.	
	BINNENDIFFERENZIERUNG: TN entscheiden, ob sie eines der vorgegebenen Probleme behandeln wollen oder ob sie sich lieber ein eigenes Problem überlegen. ERWEITERUNG: TN tauschen ihre Texte mit einem Partner / einer Partnerin und überlegen gemeinsam, wo man etwas im Text verbessern könnte.	
VORHANG AUF	BINNENDIFFERENZIERUNG: TN entscheiden sich für eine der beiden Situationen und machen in PA ein Rollenspiel dazu.	
	VARIANTE: TN überlegen eine andere Situation, bei der es Probleme gibt, und bereiten dazu ein Rollenspiel vor. Einige davon können im PL vorgespielt werden.	

2 Mein eigener Laden

Lernziele/Sprachhandlungen

Sprechen	über Einkaufsmöglichkeiten und Arbeitszeiten sprechen; Interviews zur beruflichen Tätigkeit führen; einen Dienstplan besprechen; Arbeitsaufträge erteilen und entgegennehmen
Hören	Interview mit einem Kioskbetreiber; Gespräche zur Arbeitsorganisation verstehen
Lesen	einen Arbeitsauftrag verstehen; Blogeinträge, Forumseinträge und Kommentare verstehen; Beiträge im Gründerforum verstehen
Schreiben	E-Mail an den Chef schreiben; Notizen machen; einen Forumseintrag schreiben; einen Text über den Wunschberuf verfassen; um Informationsmaterial bitten
Beruf	Kioskbetreiber; Selbstständigkeit; Dienstplanbesprechung; Arbeitsaufträge

Lerninhalte

Redemittel	Ich finde es sehr positiv, dass … | Ein Nachteil ist, … | Ich kann am … arbeiten. | Am … kann ich leider nicht, weil … | Können Sie bitte …? – Ja, das erledige ich sofort. | Tut mir leid, aber dafür bin ich nicht zuständig.
Wortschatz	Arbeitsleben (Arbeitszeiten, -formen), Kioskbetreiber, Selbstständigkeit
Grammatik	Verneinung mit *nicht* | Negationswörter

Erläuterungen zum Unterricht	Materialien

1a KL schreibt *EINKAUFSORTE* an und fragt nach Einkaufsorten (Supermarkt, Einkaufszentrum, Boutique, Markt, …). Danach beschreiben TN die Fotos. Sie überlegen, um was für ein Geschäft es sich hier handelt, und nennen die Dinge, die man in den Regalen erkennen kann.

ERWEITERUNG: TN sammeln mit der ▶ **ABC-Methode**, was man in einem Lebensmittelgeschäft kaufen kann.

1b TN hören das Gespräch und machen Notizen. Vergleich im PL.   1.17

VARIANTE: KL gibt folgende Stichpunkte vor: *Öffnungszeiten, Vorteile/Nachteile der Arbeit im Kiosk*. TN machen Notizen. Vergleich im PL.

1c GA: TN sprechen darüber, wo man außerhalb der normalen Geschäftszeiten etwas einkaufen kann und wie sie es machen, wenn sie nach Geschäftsschluss noch dringend etwas brauchen. Bericht der Gruppen im PL.

INTERKULTURELLE PERSPEKTIVE: TN erzählen, wie die Situation in ihren Heimatländern aussieht.

Erläuterungen zum Unterricht	Materialien

2a TN lesen die Texte und machen Stichpunkte. Vergleich im PL.
Lösung: Warenangebot: Alles, was man im Alltag braucht, z. B. Joghurt, Windeln, Zeitungen und Zeitschriften, Getränke, Obst, Süßigkeiten, salzige Knabbereien, evtl. sind die Produkte nicht frisch, es gibt Kaffee, aber keine frischen Säfte; Treffpunkt: Nachbarn, Einheimische, Touristen, kommen ins Gespräch, Freunde aus der Umgebung; Lärm: Es kann laut sein, weil noch spät etwas auf der Straße getrunken wird. Öffnungszeiten: längere Öffnungszeiten als andere Geschäfte, manchmal rund um die Uhr, Arbeitszeiten: Anna arbeitet freiberuflich, sitzt oft bis spät nachts am Computer, Susan muss um 7 Uhr anfangen, hat keine Gleitzeit; Giorgius hat Schichtdienst, Maria findet, auch Verkäufer sollten Feierabend haben.

VARIANTE (GA, 5 Gruppen): Jede Gruppe erhält einen der Stichpunkte auf einem Blatt. TN lesen   DIN-A4-Blätter
die Texte und notieren, was zu ihrem Thema passt. Danach Vorstellung im PL.
ERWEITERUNG (GA/PL): TN diskutieren über die Punkte und die Kommentare: Wie finden sie die Spätis? Was gefällt ihnen daran? Welche Probleme sehen sie? Haben sie selbst positive oder negative Erfahrungen damit gemacht? Ggf. können die TN (auch als HA) einen Kommentar zum Blog schreiben.
ERWEITERUNG/BINNENDIFFERENZIERUNG: Um den TN das Textverständnis zu erleichtern, können sie vor dem Lesen ÜB 2a machen.

2b	TN lesen die Ausdrücke, suchen sie im Text und markieren sie. PA: TN erklären, was die Begriffe bedeuten, und schreiben dann eigene Sätze dazu.	
	ALTERNATIVE (GA, 8 Gruppen): Bei geschlossenem KB, jede Gruppe erhält einen der Ausdrücke. Die Gruppe überlegt eine Definition und trägt sie im PL vor. Die anderen TN überlegen, um welchen Ausdruck es sich handelt.	
2c	PA: TN lesen die Texte ggf. noch einmal und stellen sich gegenseitig Fragen.	
	VARIANTE (GA, 3–5 TN): TN stellen drei Fragen zum Text oder formulieren drei Aussagen, die richtig oder falsch sein können. Danach tauschen sie die Fragen/Aussagen mit einer anderen Gruppe und beantworten deren Fragen.	
2d	TN lesen die Fragen und markieren die Negation, danach ordnen sie im Fokuskasten zu. **Lösung:** 2. nicht frisch; 3. Frische Fruchtsäfte werden im Kiosk nicht angeboten; 4. Mehmets Späti kenne ich nicht; 5. nicht gut; 6. Meine Kinder können wegen des Lärms nicht schlafen; 7. nicht zu jeder Tages-und Nachtzeit; Regel 1: 1, 2, 5, 7; Regel 2: 3, 4, 6	
2e	TN kreuzen ggf. in PA die richtige Lösung an. Einige Sätze können als ▶ **lebender Satz** gebildet werden. **Lösung:** 1. B; 2. A; 3. A; 4. B; 5. A; 6. B; 7. A; 8. B	
	ERWEITERUNG/BINNENDIFFERENZIERUNG: Zur Erweiterung können die TN ÜB 2d machen, schnellere TN machen auch 2e. ERWEITERUNG (GA): TN schreiben ca. fünf Sätze und geben sie an eine andere Gruppe weiter. Die andere Gruppe schreibt die verneinten Sätze. ERWEITERUNG: TN schreiben auf die eine Seite von Kärtchen einen positiven Satz, auf die andere Seite die Verneinung, oder sie verwenden die Sätze der KV. TN machen mit ihren Kärtchen einen ▶ **Kursspaziergang**.	Kärtchen/KV
UND SIE?	Differenzierungsaufgabe: TN entscheiden sich für ein Thema. Ladenöffnungszeiten: Evtl. legen die TN vorher fest, wer für oder gegen Öffnungszeiten rund um die Uhr ist. TN sammeln vor der Diskussion Argumente. Arbeitszeiten: TN äußern ihre Meinung. Am Ende kann jede/r TN einen Satz über eine/n andere/n TN schreiben und dessen/deren Meinung zusammenfassen.	Blätter

Erläuterungen zum Unterricht		**Materialien**
3a	TN lesen die Wörter und Ausdrücke und ordnen zu. Vergleich im PL. **Lösung:** 2. i); 3. e); 4. h); 5. a); 6. d); 7. f); 8. b); 9. j); 10. g)	
	VARIANTE (GA): Jede Gruppe erhält die Ausdrücke und Definitionen auf Kärtchen. TN ordnen die Kärtchen zu oder spielen ▶ **Memory**. ERWEITERUNG: Um das neue Vokabular zu festigen, können die TN ein Wortschatzspiel (▶ **Pantomime**, ▶ **Bilderraten**, ▶ **Galgenraten**, ...) machen.	Kärtchen
3b	TN überlegen in PA oder GA Fragen für ein Interview. KL sammelt die Fragen.	
	ERWEITERUNG: TN schreiben die Fragen gut lesbar auf jeweils ein Kärtchen.	Kärtchen
3c	TN hören das Interview und besprechen im PL, auf welche Fragen sie eine Antwort erhalten haben. KL markiert die Fragen an der Tafel.	1.18
	ERWEITERUNG: KL legt die Kärtchen mit den Fragen auf einem Tisch aus. TN gehen um den Tisch, während sie das Interview hören. Wenn die TN eine Antwort zu einer Frage hören, nehmen sie das Kärtchen. Wer am Ende die meisten Kärtchen in der Hand hält, hat gewonnen. Zum Abschluss: Die Fragen werden noch einmal vorgelesen und im PL beantwortet. KL kann die Fragen zum Hörverstehen auf Kärtchen schreiben und dazulegen, wenn den TN nur wenige Fragen eingefallen sind.	
3d	TN hören den ersten Teil noch einmal und kreuzen an. Vergleich im PL. **Lösung:** 1. F; 2. R; 3. F; 4. R; 5. F	1.19
3e	TN hören Teil zwei noch einmal und markieren den richtigen Buchstaben. **Lösung:** 1 b); 2: c); 3: b)	1.20

UND SIE?	TN überlegen, welche Fragen aus 3b sie auch auf andere Berufe anwenden können und sammeln ggf. weitere Fragen. Sie notieren die Fragen und machen Partnerinterviews.	
	ERWEITERUNG: TN schreiben auf DIN-A3-Blättern ein Berufsporträt des Partners / der Partnerin, stellen es im PL vor oder hängen es im Kursraum auf.	DIN-A3-Blätter

Erläuterungen zum Unterricht		**Materialien**
4a	KL fasst mit TN im PL zusammen, was man bedenken sollte, wenn man sich selbstständig macht. TN lesen die Texte und sprechen im PL darüber, wer negative, wer positive Erfahrungen gemacht hat und wer Tipps gibt. **Lösung:** Positiv: Karin; Negativ: Joshua; Tipps: Karin, Igor, Mehmet	
4b	TN fassen in PA zusammen, welche Tipps Iris im Forum bekommen hat. **Mögliche Lösung:** 1. Sie soll im Internet unter „Existenzgründer" nach Informationen suchen. 2. Es geht darum, einen Test zu machen, ob ein Unternehmen das Richtige für sie ist. 3. Sie soll prüfen, ob sie genug finanzielle Reserven hat und ob die Bank ihr Geld leihen kann. 4. Sie soll sich über Crowdfunding informieren. 5. Es geht darum, sich über die Möglichkeit einer Ladengemeinschaft Gedanken zu machen. 6. Sie soll ein Seminar oder einen Workshop zur Firmengründung besuchen. 7. Es geht darum, die Lage des Unternehmens gut zu planen. ERWEITERUNG: TN formulieren die Tipps schriftlich und vergleichen im PL. ERWEITERUNG: TN machen ÜB 4a. ERWEITERUNG (GA, Internetrecherche): TN suchen im Internet interessante Webseiten unter den Stichwörtern Unternehmungsgründung oder Crowdfunding und stellen sie im PL auf Plakaten vor. KL kann auch Seiten vorgeben. Präsentation nach dem ▶ **Marktplatzprinzip**. INTERNETSEITEN: Zu Unternehmungsgründung: https://www.fuer-gruender.de/wissen/unternehmen-gruenden/; Zu Crowdfunding: https://www.startnext.com/blog/Blog-Detailseite/crowdfunding-die-12-haeufigsten-fragen-von-journalisten~ba921.html; http://crowdfunding-service.com/ ERWEITERUNG: TN machen einen Internet-Test zum Thema: Soll ich mich selbstständig machen und besprechen in GA oder im PL das Ergebnis, z. B. http://www.testedich.de/quiz28/quiz/1288274252/Unternehmerselbsttest-Bin-ich-geeignet-fuer-die-Selbstaendigkeit	Internet Plakate
4c	TN lesen die Einträge noch einmal und markieren alle Negationswörter. Ggf. können die TN im PL die Bedeutung klären (z. B.: *nirgends* bedeutet an keinem Ort). Dazu sehen sie auch den Fokuskasten an.	
4d	TN setzen in EA oder PA die Negationswörter ein. Vergleich im PL. **Lösung:** 1. nie; 2. nirgends/nirgendwo; 3. nichts; 4. niemand ERWEITERUNG: Zur Vertiefung können die TN ÜB 4d machen.	
4e	PA: TN stellen sie sich gegenseitig Ja-Nein-Fragen und verneinen diese. VARIANTE (GA, 3–5 TN): TN schreiben auf ca. zehn Kärtchen jeweils eine Ja-Nein-Frage und geben diese an eine andere Gruppe weiter. VARIANTE: TN schreiben auf eine Karte eine Ja-Nein-Frage und auf die Rückseite die Antwort und machen damit einen ▶ **Kursspaziergang**.	Kärtchen
UND SIE?	TN sprechen in Gruppen über die vorgegebenen Fragen. INTERKULTURELLE PERSPEKTIVE: TN sprechen darüber, welche Bedeutung Selbstständigkeit in ihren Heimatländern hat. Sind dort viele Menschen selbstständig? Gibt es Unterstützung durch den Staat? Vor- und Nachteile?	

Erläuterungen zum Unterricht		**Materialien**
5a	TN hören das Gespräch und fassen dann im PL zusammen, worum es geht. **Lösung:** Mehmet erstellt mit den Kollegen den Dienstplan für den nächsten Monat.	1.21
5b	TN hören noch einmal und ergänzen die Tabelle. **Lösung:** Berkan: Donnerstag- und Freitagnachmittag, Franca: Donnerstagmorgen, Armin: Donnerstagmorgen, evtl. Freitagmorgen	1.21

		Materialien
	ERWEITERUNG/BINNENDIFFERENZIERUNG: TN hören ggf. ein weiteres Mal und notieren, wann die drei Personen nicht können und warum nicht. Ggf. können sich die TN nur auf eine der drei Personen konzentrieren. **Lösung:** Berkan kann vormittags nicht, weil er auf sein Kind aufpassen muss, Franca kann am Freitag nicht, weil sie Trauzeugin ist, Armin arbeitet am Freitag bei seinem anderen Arbeitgeber, versucht aber zu tauschen.	
5c	GA (3–5 TN): Jede Gruppe erstellt einen Dienstplan für eine fiktive Firma. Dazu kann KL eine Kopie mit einem Wochenplan austeilen (vgl. KV). Die Gruppe überlegt, welche Art von Unternehmen sie haben (ein Geschäft, eine Kneipe, ein Späti, …), zu welchen Uhrzeiten sie geöffnet haben und markieren dies farbig auf dem Plan. TN machen Notizen, wann sie arbeiten wollen und können und wann nicht und warum. Sie besprechen, wer zu welchen Zeiten arbeiten kann, und notieren dies im Plan. Sie benutzen die Redemittel aus dem Kasten und begründen, warum sie zu gewissen Zeiten nicht arbeiten können.	Kopie mit Wochenplan KV
5d	TN schreiben (ggf. als HA) eine E-Mail an ihren Chef / ihre Chefin. VARIANTE/BINNENDIFFERENZIERUNG: TN schreiben die E-Mail in PA/GA. ERWEITERUNG/BINNENDIFFERENZIERUNG: Die TN können zur Vorentlastung für das Schreiben ÜB 5b machen, schnellere TN machen auch 5c.	

Erläuterungen zum Unterricht		**Materialien**
6a	TN lesen die Notiz und fassen im PL zusammen, was Franca tun soll. **Lösung:** Franca soll anrufen, wenn die Getränkelieferung noch nicht gekommen ist, und die Zeitschriftenremittenden vorbereiten.	
6b	TN hören das Telefongespräch und fassen es im PL zusammen. **Lösung:** Die Getränke kommen erst am Montag oder Dienstag.	1.22
6c	TN hören noch einmal und ergänzen. **Lösung:** Wo? Getränkemarkt in der Schubertstraße; Menge: Die Hälfte von dem, was auf der Bestellliste steht; Telefonnummer: im Internet suchen	1.22
6d	PL: TN beschreiben die Situationen und nennen mögliche Arbeitsaufträge. KL schreibt sie an. TN formulieren Aufträge für weitere Situationen. VARIANTE: KL klebt Kopien der Situationen auf DIN-A3-Blätter. TN überlegen sich ca. vier weitere Situationen, KL schreibt diese ebenfalls auf Blätter. Die Blätter werden ausgelegt. TN gehen durch den Raum und schreiben Arbeitsaufträge zu den Situationen, zu denen ihnen etwas einfällt. BINNENDIFFERENZIERUNG: KL gibt Arbeitsaufträge auf Zetteln vor, die TN ordnen zu.	DIN-A3-Blätter Zettel
6e	TN lesen die Redemittel, KL klärt ggf. Vokabular. TN wählen in PA Situationen aus und machen Rollenspiele. VARIANTE: KL schreibt die Redemittel auf Zettel und die Oberpunkte auf ein Plakat. TN kleben die Redemittel an die richtige Stelle. Das Redemittelplakat wird aufgehängt. Bei großen Gruppen werden mehrere Plakate erstellt. VARIANTE: TN machen einen ▶ **Zick-Zack-Dialog**. TN A gibt einen Auftrag, B reagiert und gibt C einen Auftrag etc.	Zettel, Plakat
VORHANG AUF	Differenzierungsaufgabe (GA): TN entscheiden sich für eine Aufgabe. Gründungsidee: TN recherchieren im Internet, z. B. auch auf Seiten für Crowdfunding. Geschäftsidee: TN besprechen die vorgegebenen Fragen und stellen ihr „Unternehmen" im PL vor. ERWEITERUNG (Projekt, GA, 4–5 TN): TN planen im größeren Umfang eine fiktive Selbstständigkeit. Dabei überlegen sie ein möglichst innovatives, originelles Projekt (z. B.: Frühstücks-Catering-Service ans Bett, eine Sprachschule für Esperanto, …). TN sprechen darüber, wie sie das Projekt verwirklichen wollen, was organisiert werden muss, wie die Finanzierung aussehen soll etc. Dazu können sie die Tipps aus 4b heranziehen. Die Gruppen stellen die Projekte im PL vor und beantworten die Fragen der anderen TN. Am Ende wählen die TN das beste Projekt, dabei können für Originalität, realistische Planung, gutes Finanzkonzept und Erfolgsaussichten Punkte vergeben werden.	Internet

Haltestelle A

Erläuterungen zum Unterricht	Materialien
1a	PA: TN skizzieren eine Wohnung oder eine Firma (KL kann Kopien von Grundrissen vorgeben). Die TN einigen sich darauf, wer in der Wohnung wohnen / in der Firma arbeiten soll. Sie machen Notizen zu Bewohnern/Kollegen (Alter, Familienstand, Beruf, Interessen, …), und überlegen, was sie in den Räumen machen. Danach richten sie die Räume mit den vorgegebenen Gegenständen ein oder entwickeln eigene Ideen.	DIN-A3-Blätter
1b	Die Gruppen hängen ihre Skizzen im Kursraum auf und stellen sie vor. Die anderen TN stellen Fragen zur Einrichtung (auch mit ▶ **Marktplatzprinzip**).	

Erläuterungen zum Unterricht	Materialien
2	KL erklärt den TN die Lernstrategie „Wortschatztagebuch".
	ERWEITERUNG: TN diskutieren darüber, welche Lerntipps zur Vokabelarbeit sie kennen bzw. anwenden und welche Erfahrungen sie damit gemacht haben.

BSK-Spezial A – Arbeit und Familie

Lernziele/Sprachhandlungen

1 Mitteilungen in unterschiedlichen Registern machen; auf kritische Nachfragen reagieren; sich für die eigenen Interessen einsetzen
2 Benachteiligung erkennen und sich dagegen wehren
3 Gründe für Abmahnungen diskutieren; eine Konfliktsituation darstellen; Grundzüge des Kündigungsrechts
4 Vorschläge entgegennehmen und formulieren; über Vorschläge verhandeln; eine Lösung finden

Einstieg

TN bilden Lernpaare. Jedes Paar schreibt ARBEIT und FAMILIE in Großbuchstaben senkrecht in die Mitte eines losen Blatts Papier. TN ergänzen waagrecht passende Wörter zum jeweiligen Thema. Die Wörter sollen den entsprechenden Buchstaben enthalten, müssen aber nicht mit dem Buchstaben beginnen. Bei ARBEIT ist mit dem Buchstaben A sowohl **A**USBILDUNG als auch D**A**CHDECKER möglich. Die Blätter werden an eine Pinnwand gehängt und im PL verglichen.

Erläuterungen zum Unterricht	Materialien
1a GA: TN bilden Kleingruppen und sehen sich die Fotos an. Jede Gruppe beschreibt, was auf den Fotos passiert, was die Personen sagen könnten und entwickelt eine Geschichte mit einer passenden Überschrift. Einige Geschichten werden im PL erzählt.	
VARIANTE: ▶ **Wirbelgruppen**: TN bilden fünf Kleingruppen A, B, C, D und E. KL verteilt bei geschlossenem Buch Gruppe A eine Kopie von Foto A, Gruppe B eine Kopie von Foto B etc. Jede Kleingruppe beschreibt ihr Foto und stellt Vermutungen dazu an, was gerade passiert und was kurz danach passieren könnte. Die Gruppen werden durchgewirbelt und jede neue Gruppe ABCDE entwickelt gemeinsam eine Geschichte aus allen Fotos mit einer passenden Überschrift.	Kopien der Fotos
1b TN hören sich die Geschichte an und vergleichen sie mit ihren eigenen Varianten.	1.25–28
1c TN lesen die Aussagen 1 bis 12 und entscheiden zu zweit, ob die Aussagen von Frau Dong (D), der Kollegin (K) oder dem Vorgesetzten Herrn Gregor (G) stammen. Sie markieren die Aussagen mit dem entsprechenden Buchstaben und hören die Geschichte noch einmal zur Kontrolle **Lösung:** 2. D, 3. K, 4. K, 5. D, 6. D, 7. D, 8. G, 9. G, 10. D, 11. G, 12. G	1.25–28
VARIANTE: KL verteilt die Äußerungen als einzeln zerschnittene Kopien an die Lernpaare, die diese zuordnen.	
1d PL: Als Vorbereitung für diese Aufgabe bietet sich das Leseverstehen auf Seite 39 an. Wichtige Wörter befinden sich in der Vokabelspalte rechts. TN sammeln in PA Argumente für das Verhalten von Frau Dong und Herrn Gregor, KL notiert diese an der Tafel bzw. an dem IWB. TN diskutieren im PL über das Verhalten von Frau Dong und Herrn Gregor. KL weist dazu auf die Formulierungen aus 1c hin, die zur Diskussion in die dritte Person Singular gesetzt werden können.	
VARIANTE (GA): KL teilt die TN in zwei Gruppen 1 und 2 auf. Gruppe 1 sammelt Argumente für die Position von Frau Dong, Gruppe 2 für das Verhalten von Herrn Gregor. Je eine Person aus Gruppe 1 und eine aus Gruppe 2 bilden ein Lernpaar und diskutieren das Verhalten von Frau Dong und Herrn Gregor.	zerschnittene Kopien
1e PA: TN bilden Lernpaare. Jedes Lernpaar spielt mindestens eines der drei Rollenspiele oder ein ähnliches, wobei die Redemittel aus 1c verwendet werden können. Die Rollen werden getauscht.	
BERUF KONKRET: Die Lernpaare werden jeweils aus TN mit gleichen oder ähnlichen Berufen/ Berufszielen gebildet. Für den Dialog „Ihre Idee" entwickeln die Paare konkrete Beispiele aus ihrem Berufsalltag. Die Aufgabe zur Berufssprache und die Schreibaufgabe auf Seite 39 bieten sich als HA an.	

Erläuterungen zum Unterricht	**Materialien**

2a PL, PA: KL notiert *Benachteiligung am Arbeitsplatz* an der Tafel bzw. an dem IWB und klärt zunächst die Bedeutung (Diskriminierung). TN bilden Lernpaare und tauschen sich über eigene Erfahrungen und/oder Ideen zu Benachteiligung am Arbeitsplatz oder in der Ausbildung aus. KL sammelt die Vorschläge der Lerngruppen im PL und notiert sie als ▶ **Mindmap** an die Tafel bzw. an das IWB. TN vergleichen die Mindmap mit den blau gedruckten Stichwörtern a bis f. KL erläutert ggf. die Bedeutung.

TN lesen in PA die Aussagen/Kurzdialoge 1 bis 6 aus Frau Dongs Arbeitsalltag und ordnen die Stichwörter a bis f den Kurzdialogen zu. Sie ergänzen die entsprechenden Buchstaben. Die Lösungen werden im PL verglichen.

Lösung: 2. f, 3. d, 4. b, 5. a, 6. e

BERUF KONKRET: Anschließend werden Lernpaare aus TN mit gleichen oder ähnlichen Berufen/Berufszielen gebildet. Die Paare sammeln typische Tätigkeiten aus ihrem Beruf und notieren diese. Die Ergebnisse werden im PL präsentiert.

2b Als Vorbereitung zu dieser Aufgabe bietet sich die Übung zu Berufssprache auf Seite 41 an, in der   1.29–34 Redewendungen erklärt werden.

TN sehen sich das Foto bei 1a an und sprechen kurz im PL über die Situation und den Tipp, den Frau Dong von ihrer Kollegin erhält. TN hören sich dann die sechs Dialoge/Gespräche an, die Frau Dong mit Kollegen und Vorgesetzten führt. Sie entscheiden, in welchen Dialogen die Gesprächspartner freundlich und in welchen sie unfreundlich reagieren. KL spielt die Dialoge ggf. noch einmal ab und fragt nach, woran TN das erkennen können (Tonfall, Formulierungen).

Lösung: 1. u, 2. f, 3. f, 4. u, 5. f, 6. u

ERWEITERUNG: TN diskutieren in GA, wie sie das Vorgehen von Frau Dong einschätzen und vergleichen es mit eigenen Erfahrungen.

2c TN lesen in PA die Äußerungen von Frau Dong und jeweils zwei mögliche Reaktionen darauf. Sie entscheiden, welche Reaktionen positiv/entgegenkommend (☺) sind und welche nicht (☹) und markieren dies mit den entsprechenden Smileys.

Die Lösungen werden im PL besprochen. KL spielt bei Bedarf noch einmal die sechs Gespräche ab, die Frau Dong mit ihren Kollegen und Vorgesetzten geführt hat.

Lösung: 1. a ☺, b ☹, 2. a ☹, b ☺, 3. a ☺, b ☹, 4. a ☹, b ☺, 5. a ☺, b ☹, 6. a ☹, b ☺

ERWEITERUNG: Als mündliche Übung zur Vertiefung eignet sich ein ▶ **Kugellager**: TN bilden   zerschnittene zwei Gruppen und erhalten vom KL zerschnittene Kopien aus 1c. Die TN in Gruppe 1 erhalten   Kopien jeweils eine Äußerung von Frau Dong aus 1c und lernen diese auswendig. Gruppe 2 erhält alle Antworten aus 1c und versucht, sich möglichst viele davon zu merken, darf aber die Kopie verwenden. Gruppe 1 bildet den Außenkreis, Gruppe 2 den Innenkreis, sodass sich jeweils zwei TN zum Gespräch gegenüberstehen; Gruppe 2 darf eine passende Reaktion auswählen. Nach dem Gespräch gibt KL das Signal zum Wechseln und der Außenkreis wechselt eine/n Gesprächspartner/in nach rechts.

2d PA: TN sammeln in PA möglichst viele Adjektive, die Gefühle ausdrücken (ohne Wörterbuch). KL notiert diese an der Tafel bzw. an dem IWB.

ERWEITERUNG: Pantomime: TN wählen je zwei Adjektive von der Tafel aus und spielen diese ihren Lernpartnern pantomimisch vor. Die Lernpartner raten. Die Lernpaare spielen dann die beiden Situationen und verwenden dabei die Redemittel aus 2c. BERUF KONKRET: Die Lernpaare/Kleingruppen aus TN mit gleichen oder ähnlichen Berufen/Berufszielen tauschen sich über erfahrene und mögliche Diskriminierung in ihrem Berufsfeld aus. Für den Dialog „Ihre Idee" entwickeln die Paare konkrete Beispiele aus ihrem Berufsalltag. Die Schreibübung auf Seite 41, bei der ein Schreiben an den Betriebsrat verfasst werden soll, bietet sich als HA an. KL klärt dazu im Vorfeld den Begriff *Betriebsrat*.

BS **Lösung:** A 2, B 1, C 3

LE a **Lösung:** 1. C, 2. A, 3. B, 4. D

LE b **Lösung:** 1. b, 2. c

Erläuterungen zum Unterricht	Materialien

3a PA: TN sehen sich die vier Bilder an, ohne die Sprechblasen zu lesen, und vermuten in PA, worum es in der Geschichte gehen könnte. TN lesen die Sprechblasen und ordnen sie den Personen auf den Bildern zu. Die Ergebnisse werden im PL verglichen.
Lösung: A: 4 und 6, B: 2, C: 1 und 5, D: 3

VARIANTE: KL verteilt jedem Lernpaar die vier ausgeschnittenen Bilder. Die Lernpaare einigen sich auf eine mögliche Überschrift. Die Überschriften werden im PL verglichen.
KL verteilt dann jedem Lernpaar die einzeln ausgeschnittenen Sprechblasen. TN ordnen die Sprechblasen den Bildern zu.

zerschnittene Kopien

3b PA: KL schreibt den Begriff *Abmahnung* an die Tafel bzw. an das IWB. TN bilden Lernpaare und überlegen bei geschlossenem Buch, wofür man eine Abmahnung bekommen kann.
KL ergänzt die Ergebnisse als ▶ **Wortigel** an der Tafel bzw. an dem IWB.
Lösung: Nein, keiner der hier genannten Gründe trifft auf ihr Verhalten zu.

VARIANTE: TN lesen zu zweit die Informationen zum Thema Abmahnung. TN vergleichen die Liste im Text mit ihren Vermutungen im Vorfeld. Welche Punkte hätten sie nicht erwartet?
TN diskutieren im PL, ob Frau Dong ihrem Chef einen Grund für eine Abmahnung gegeben hat oder nicht und begründen ihre Meinung.

3c PA: TN lesen die sechs Beispiele in PA. Sie einigen sich auf den passenden Abmahnungsgrund aus der Liste in 2b und ergänzen diesen. Die Ergebnisse werden im PL besprochen.

ERWEITERUNG (GA): TN diskutieren in Kleingruppen, wie sie die Beispiele einschätzen. Möglich sind auch kleine Rollenspiele, bei denen etwa beim ersten Beispiel Kamil von zwei Kollegen ermahnt und auf eine mögliche Abmahnung hingewiesen wird, während Kamil sein Verhalten verteidigt oder sich überzeugen lässt.
Nach dieser Aufgabe bietet sich die Leseübung a und b auf Seite 43 zur Vertiefung an.

3d GA: TN bilden Kleingruppen und besprechen, ob sie bereits ähnliche Situationen erlebt oder mitbekommen haben.

BERUF KONKRET: Die Kleingruppen aus TN mit gleichen oder ähnlichen Berufen/Berufszielen tauschen sich über Erfahrungen, Beispiele und Möglichkeiten für Abmahnungen in ihrem Berufsfeld aus.
Jede Kleingruppe notiert ein wirkliches oder erfundenes Beispiel aus dem Berufsumfeld und präsentiert es im PL. Alle TN raten, ob das Beispiel erfunden oder real ist.
Die Schreibübung auf Seite 43 eignet sich als abschließende HA.

BS **Lösung:** (1) Betriebsfrieden, (2) beleidigen, (3) Schlägerei, (4) verstoßen, (5) Abmahnung, (6) Kündigung

LE a **Lösung:** Abmahnung: 1., Ordentliche Kündigung: 3., Außerordentliche (fristlose) Kündigung: 2.

LE b **Lösung:** 1. R, 2. F, 3. R

Erläuterungen zum Unterricht	Materialien

4a TN sehen sich das Foto von Frau Dong und Herrn Gregor im Gespräch an und vermuten im PL, wie das Gespräch verläuft und zu welchem Ergebnis es führen könnte.
Lösung: Nein, noch nicht. Frau Dong will es sich noch überlegen.

1.35

VARIANTE: KL erstellt eine Tabelle mit drei Spalten an einer Pinnwand, die erste Spalte mit der Überschrift *Frau Dong*, die zweite mit *Herrn Gregor* und die dritte mit *Lösung*. TN notieren in PA jeweils drei Vermutungen auf Karteikarten (Ich glaube, dass Frau Dong … / Herr Gregor wird bestimmt … / Die Lösung könnte sein … etc.) und befestigt diese an der Pinnwand.
TN hören sich das Gespräch an und vergleichen es mit ihren Vermutungen.

Karteikarten

4b	Als Vorbereitung für das intensive Hören bietet sich das Vokabeltraining zur Berufssprache auf Seite 45 an. Wichtige Wörter werden in der Vokabelspalte rechts erklärt.	1.35

4b Als Vorbereitung für das intensive Hören bietet sich das Vokabeltraining zur Berufssprache auf Seite 45 an. Wichtige Wörter werden in der Vokabelspalte rechts erklärt. 1.35
TN lesen die Äußerungen 1 bis 14 aus dem Gespräch zwischen Frau Dong und Herrn Gregor. Dann hören sie das Gespräch noch einmal und unterstreichen die blau markierten Wörter, die sie hören. KL spielt den Hörtext bei Bedarf noch einmal ab. Die Ergebnisse werden im PL verglichen.
Lösung: 2. einen Kompromiss, 3. rund um die Uhr, 4. weniger, 5. nicht gut, 6. reduzieren, 7. Teilzeit-arbeit, 8. länger, 9. verdienen, 10. für Sie, 11. kommt nicht in Frage, 12. schwer, 13. werde es mir überlegen, 14. Ihre Entscheidung

4c PA: TN tauschen sich in PA über ihre Traumjobs aus und beschreiben die idealen Bedingungen (Arbeitszeit, Bezahlung, Arbeitsort etc.).
▶ **Think-Pair-Share:** TN lesen in EA die Vorschläge a bis e und ordnen sie auf der Skala zwischen plus drei (*Das könnte ich akzeptieren.*) und minus drei (*Das ist völlig inakzeptabel.*) ein. KL erläutert bei Bedarf die Skala (*Think* – nachdenken). TN tauschen sich im zweiten Schritt in PA über ihre Ergebnisse aus und begründen ihre Zuordnungen (*Pair* – sich zu zweit austauschen). Die Ergeb-nisse werden im PL präsentiert und besprochen (*Share* – mit allen teilen).
Die Aufgabe zum Lesen a und b auf Seite 45 eignet sich als Vertiefung.

4d PA: TN diskutieren im PL, wie man erfolgreich verhandelt und ergänzen ggf. berufliche und/oder interkulturelle Besonderheiten.
KL skizziert das Handlungsschema an der Tafel bzw. am IWB. KL erläutert die Schritte eins bis sechs anhand von Beispielen. TN ergänzen bei Bedarf passende Redemittel aus 4b.
TN bilden Lernpaare und spielen die Rollenspiele nach dem vorgegebenen Handlungsschema. Sie ergänzen fehlende Informationen aus ihrer Berufserfahrung und tauschen die Rollen. Die Ergebnisse werden im PL präsentiert und besprochen (*Share* – mit allen teilen).
Die Aufgabe zum Lesen a und b auf Seite 45 eignet sich als Vertiefung.

BERUF KONKRET: Die Lernpaare aus TN mit gleichen oder ähnlichen Berufen/Berufszielen entwickeln konkrete Beispiele aus ihrem Berufsalltag.
Die Schreibübung auf Seite 45 kann als HA gegeben werden.

BS **Lösung:** 2. Vollzeit- oder Teilzeitstelle, 3. Halbtags- oder Ganztagsarbeit, 4. Renten- und Kranken-versicherung, 5. Kundenkontakt und -betreuung, 6. Arbeitszeitreduzierung oder -aufstockung

LE a **Lösung:** 1. R, 2. F, 3. F

LE b **Lösung:** 1. Voraussetzungen für den Schritt von Vollzeit auf Teilzeit: Man ist schon länger als sechs Monate angestellt, der Betrieb hat mehr als 15 Mitarbeiter und es gibt keinen speziellen, betrieblichen Grund, warum man nicht Teilzeit arbeiten sollte. 2. Nachteile der Reduzierung auf Teilzeit: Man verdient weniger, bekommt weniger Rente undhat keinen Anspruch wieder auf die Vollzeitstelle zurückzukehren. 3. Was man tun muss: Man muss dem Vorgesetzten den Wunsch schriftlich mitteilen und ihm sagen, wie viele Stunde man arbeiten will und wie die Stunden in der Woche verteilt sein sollen. Man muss den Antrag drei Monate vorher einreichen.

Erläuterungen zum Unterricht	**Materialien**

5a KL fragt, ob sich die TN in der letzten Zeit irgendwo beschwert haben und bittet zu erzählen, welches Problem es gab und ob und wie man es lösen konnte. Danach sammelt KL mit den TN typische Beschwerdesituationen. TN lesen die Situationen und entscheiden in PA, ob sich die Beschwerde auf ein Produkt oder einen Service bezieht. Vergleich im PL.
Lösung: 2P, 3S, 4P, 5P, 6P, 7S, 8P, 9P, 10S, 11P, 12S

5b Die TN lesen die E-Mail und kreuzen in 5a an, welche Beschwerden zur E-Mail passen.
Lösung: 2, 12

5c TN kreuzen die passenden Formulierungen an und schreiben dann die E-Mail.
Lösung: 1a, 2b, 3b, 4a, 5b, 6a, 7a, 8b

ERWEITERUNG: TN wählen in PA ein anderes Problem aus 5a und reklamieren in einer E-Mail. Die E-Mails werden mit einem anderen TN-Paar getauscht, das dann darauf antwortet.

3 Arbeit im Team

Lernziele/Sprachhandlungen

Sprechen	sich Kunden oder einem neuen Team vorstellen; über eine neue Stelle sprechen; ein Teamgespräch führen; über die eigene Teamrolle sprechen
Hören	Teamgespräche verstehen
Lesen	einen Artikel zum Thema „Neu im Team" verstehen; einen Text zum Thema „Meine Teamrolle" verstehen
Schreiben	sich per E-Mail vorstellen; Protokoll schreiben
Beruf	neu im Team; sich per E-Mail vorstellen; Teamgespräche führen

Lerninhalte

Redemittel	Zu meiner Person: … | Ich freue mich sehr darauf, Sie kennenzulernen und … | Kann ich etwas vorschlagen? | Das halte ich für eine gute Idee. | Ist das nicht ungünstig, wenn …? | Wir könnten das auch anders lösen. | Meine Stärke ist, dass ich gut vermitteln kann.
Wortschatz	Teamarbeit
Grammatik	Passiv Präteritum

Erläuterungen zum Unterricht		Materialien
1a	KL schreibt *TEAM* an. TN überlegen, in welchen Situationen man etwas im Team erledigen/lösen/bearbeiten muss (Arbeit, Sport, Familie, …). TN betrachten die Bilder und beschreiben, was sie darauf sehen. Danach wählen sie in PA ein Foto aus, schreiben einen Dialog dazu und spielen ihn.	
	VARIANTE (GA): KL gibt jeder Gruppe ein Blatt, auf dem senkrecht in der Mitte *TEAM* steht, TN schreiben zu jedem Buchstaben ein Wort, das ihnen zum Begriff einfällt. Vergleich im PL. Bsp.:	Blätter dicke Stifte
	S**T**ÄRKEN NÜTZEN GRUPP**E** ZUSAMMEN**A**RBEITEN KOMPRO**M**ISSE FINDEN	
	VARIANTE: TN spielen einen Dialog im PL vor, die anderen TN raten, welches Foto dazu passt.	
1b	TN hören das Gespräch und fassen im PL zusammen, worüber die Familie spricht. **Lösung:** Teamarbeit in Schule, Sport, Arbeit	1.36
	VARIANTE/BINNENDIFFERENZIERUNG (zwei Gruppen): Eine Gruppe ist für Andreas, die andere für Jonas zuständig und notiert, worüber sie sprechen. Vergleich im PL.	
1c	TN hören noch einmal und notieren, welche Erfahrungen Jonas und Andreas mit Teamarbeit gemacht haben.	1.36
	VARIANTE/ERWEITERUNG: KL schreibt folgende (oder ähnliche) Aussagen auf jeweils ein Blatt (z. B.: *Ich habe viel mehr gearbeitet als die anderen. Ich bekomme eine schlechte Note, weil die anderen nicht arbeiten wollen. Nur wenn wir zusammenarbeiten, können wir gewinnen. Zusammen haben wir mehr Ideen als allein. Ich kann andere fragen, wenn ich Probleme habe. Mit einer neuen Kollegin habe ich weniger Stress.* …). TN ordnen zu, wer in der Familie diese Aussagen gemacht hat, und diskutieren darüber, was diese Aussagen mit Teamarbeit zu tun haben und ob es Vorteile oder Nachteile sind. TN sprechen im PL darüber, welche weiteren Vor- und Nachteile ihnen für Teamarbeit einfallen.	
1d	GA (3–5 TN): TN sprechen darüber, was sie lieber in der Gruppe und was sie lieber allein machen.	
	VARIANTE: TN sammeln im PL zuerst Aktivitäten (z. B.: *im Sport, in der Arbeit, in der Schule,* …). Dann sprechen die TN darüber, was sie lieber allein und was lieber in der Gruppe machen. KL kann auch selbst Punkte vorgeben, wenn den TN nicht viel einfällt (z. B.: *joggen, Fahrrad fahren, Yoga, für eine Prüfung lernen, eine Präsentation vorbereiten, Übungen im Unterricht machen, ein Projekt ausarbeiten, etwas reparieren, einen Betriebsausflug organisieren* …). Die KV bietet weitere Anregungen.	KV

Erläuterungen zum Unterricht	Materialien

2a KL fragt die TN, ob sie sich an den ersten Tag an ihrem aktuellen oder einem früheren Arbeitsplatz erinnern können. Wie war das? Wie haben sie sich gefühlt? Die TN sammeln im PL Ideen, was man am Anfang bei einer neuen Arbeitsstelle beachten sollte. Danach lesen sie die Texte und kreuzen an, welche Aussage besser zu den Textabschnitten passt.
Lösung: 1. a; 2. b; 3. b; 4. b; 5. a

ERWEITERUNG: Als Vorentlastung für das Vokabular können die TN vor dem Lesen ÜB 2a machen.

2b TN ersetzen – ggf. in PA – die grünen Wörter aus dem Text. Vergleich im PL.
Lösung: Vorspann: nervös – aufgeregt; Tipps – Ratschlägen; Text 1: mit Kunden zu tun – Kundenkontakt; Text 2: peinlich – unangenehm; Text 3: Klatsch und Tratsch – Gerüchten; Absprachen – Abmachungen; überlastet – überfordert; Text 4: zurückhaltend – vorsichtig; Text 5: perfekt – fehlerlos; Unterstützung – Hilfe

ERWEITERUNG: TN schreiben die Wörter auf Kärtchen und spielen damit in GA ▶ **Memory** oder sie machen im PL ein ▶ **Menschenmemory**.

2c TN schreiben – ggf. in PA – eigene Sätze mit den Wörtern.

VARIANTE: TN schreiben in GA Sätze mit Lücken (z. B.: *Ich bin immer sehr ......, wenn ich eine Prüfung habe.*), eine andere Gruppe setzt die Wörter richtig ein.

2d GA: TN sprechen über die fünf Tipps und begründen, ob sie damit einverstanden sind oder nicht. Dann überlegen sie weitere Punkte.

VARIANTE: TN machen einen ▶ **stillen Dialog**. Dazu kopiert KL die Tipps vergrößert und klebt jeweils einen Tipp auf ein DIN-A3-Blatt. Die Blätter werden im Kursraum ausgelegt. Die TN gehen durch den Raum und schreiben Kommentare zu den Tipps. Sie können auch auf die Kommentare der anderen TN eingehen. Wenn die TN vorher weitere Tipps gesammelt haben, können auch diese auf Blätter geschrieben und ausgelegt werden.
ERWEITERUNG: TN schreiben in GA ein Plakat mit den zehn besten Tipps für den Start in einer neuen Firma oder als ironische/humorvolle Variante zehn Tipps, um sich an einem neuen Arbeitsplatz unbeliebt zu machen (z. B.: *Sie sollten immer alles besser wissen als ihre Kollegen. Grüßen Sie nie, wenn Sie ins Zimmer kommen. ...*).

vergrößerte Kopien der Texte

2e TN lesen noch einmal und markieren alle Passivformen.
Lösung: wurden ... informiert; gesiezt werden wollen; per du angesprochen werden wollen; könnte missverstanden werden; wurde gesagt; wurde überhäuft; wurde ... gemacht; gemacht wird; wird ... gelobt

2f TN ergänzen im PL den Fokuskasten zum Passiv im Präteritum. KL wiederholt ggf. mit den TN die Bildung des Passivs im Präsens und in welchen Situationen im Deutschen normalerweise das Passiv statt des Aktivs benutzt wird. Wenn die TN Schwierigkeiten mit dem Passiv im Präsens haben, kann KL im PL ÜB 2c machen und die Sätze dann ins Präteritum setzen lassen.
Lösung: gemacht; wurden ... informiert; wurde ... überlastet

2g TN schreiben – ggf. in PA oder GA – Sätze wie im Beispiel. Zuvor kann KL die Bildung der Partizipien wiederholen.

VARIANTE/ERWEITERUNG (GA): TN schreiben ca. zehn Sätze im Aktiv (z. B.: *Der Hausmeister begrüßte Sofia freundlich. Lena hat ihr die Teeküche gezeigt. ...*) Die TN geben die Sätze an eine andere Gruppe weiter, diese transformieren die Sätze ins Passiv.
ERWEITERUNG: TN schreiben Aktivsätze auf Kärtchen und auf die Rückseite die Sätze im Passiv. Mit den Kärtchen machen sie einen ▶ **Kursspaziergang**.
ERWEITERUNG: Die TN spielen das Aktiv-Passiv-Spiel auf der KV.
ERWEITERUNG: Zur Vertiefung machen die TN ÜB 2d.

KV

Erläuterungen zum Unterricht	Materialien

3   TN lesen Sofias E-Mail und notieren Stichpunkte. Vergleich in PA.
Lösung: Sofia Adu, Nigeria, sieben Jahre in Deutschland; Ausbildung zur Restaurantfachfrau, zwei Jahre in einem Café gearbeitet, *Partyservice Fein*

VARIANTE: KL schreibt Stichpunkte an (*Name: ...; Herkunft: ...; Wie lange in Deutschland: ...; Ausbildung: ...; Berufserfahrung: ...; Aktuelle Arbeitsstelle: ...*). TN lesen die E-Mail und notieren die passenden Antworten. Vergleich im PL.

UND SIE?   Differenzierungsaufgabe: TN entscheiden sich für eine der beiden Schreibaufgaben (ggf. als HA).

Erläuterungen zum Unterricht	Materialien

4a   TN hören und bringen die TOPs in die richtige Reihenfolge.   **1.37**
Lösung: 1. Begrüßung von Frau Adu; 2. Urlaubsplanung im Sommer; 3. Hochzeitsbuffet am 5. Mai; 4. Werbung; 5. Termine

4b   TN hören weiter und ordnen zu, wer was macht.   **1.38**
Lösung: 1. b); 2. c), d); 3. a), 4. c), d)

4c   TN entscheiden – ggf. in PA –, welcher Ausdruck besser in das Protokoll passt. Vergleich im PL.
Lösung: 2b; 3b; 4b; 5b; 6a; 7a

Erläuterungen zum Unterricht	Materialien

5a   TN hören noch einmal und ordnen die Ausdrücke zu.   **1.39**
Lösung: 1. c); 2. e), 3. g), 4. b), 5. a), 6. d), 7. f)

5b   TN ordnen die Ausdrücke den Oberpunkten zu und überlegen im PL weitere Redemittel zu den Themen.

VARIANTE: TN schreiben einen Oberpunkt auf jeweils ein DIN-A3-Blatt, die Ausdrücke jeweils   DIN-A3-Blätter
auf Kärtchen und ordnen im PL die Kärtchen den Blättern zu (Kärtchen evtl. aufkleben).   Kärtchen
TN sammeln weitere Redemittel, schreiben sie auf Kärtchen und kleben sie dazu. Das entstande-   Klebstoff
ne Redemittelplakat wird im Kursraum aufgehängt und kann für 5c benutzt werden.
ERWEITERUNG/BINNENDIFFERENZIERUNG: Zur Festigung und als Vorbereitung von 5c
können die TN ÜB 5a machen. Schnellere TN machen auch 5b.

5c   GA (3–4 TN): TN entscheiden sich für eine der beiden Situationen und spielen ein Teamgespräch. Dazu verwenden sie die Redemittel aus 5b. Eine/r der TN in jeder Gruppe macht Notizen für das Protokoll.

5d   Die Gruppen schreiben ein Protokoll (ggf. auf DIN-A3-Blätter für die Erweiterung) für das von   DIN-A3-Blätter
ihnen geführte Teamgespräch und vergleichen es mit einer oder mehreren anderen Gruppe/n mit dem gleichen Thema. Welche Unterschiede gibt es? Welche Gemeinsamkeiten?

ERWEITERUNG: (Einige) Gruppen hängen ihr Protokoll für alle gut lesbar an die Wand/Tafel und stellen das Ergebnis ihres Teamgesprächs im PL mit eigenen Worten vor. TN können darüber sprechen, ob die einzelnen Punkte gut und verständlich im Protokoll repräsentiert sind. Bei großen Gruppen oder wenn alle Gruppen präsentieren möchten, können auch jeweils zwei Gruppen zusammenarbeiten und sich ihre Ergebnisse vorstellen (z. B. eine Gruppe vom Tischtennisverein mit einer Gruppe des Sommerfests).

UND SIE?   PA: Die TN sprechen über ihre beruflichen oder privaten Erfahrungen mit Teamarbeit.

ERWEITERUNG: TN schreiben auf ein Blatt eine Situation, wo beim Partner / bei der Partnerin   DIN-A3-Blätter
Teamarbeit funktioniert hat, und auf ein anderes eine Situation, bei der Teamarbeit nicht funktioniert hat, und stellen diese Situationen im PL oder in einer anderen Gruppe vor.

Erläuterungen zum Unterricht	Materialien

6a KL schreibt *TEAMROLLEN* an und fragt die TN, ob sie sich vorstellen können, was damit gemeint ist. Die TN diskutieren, ob Gruppenarbeit besser funktioniert, wenn die Mitarbeiter/innen einen ähnlichen Arbeitsstil haben oder wenn sie sehr unterschiedlich sind. TN lesen die Einleitung des Artikels und fassen sie im PL zusammen.
Lösung: Teamarbeit funktioniert am besten, wenn Personen mit unterschiedlichen Kompetenzen zusammenarbeiten.

6b GA (4 TN): Jede/r TN liest einen Text und fasst ihn für die anderen TN zusammen: ▸ **kooperatives Lesen**.

VARIANTE: TN erhalten die ersten Teile der Texte (ohne „Typische Aktivitäten" und „Ihre Stärken im Team"), dann weiter wie oben. Nach der Zusammenfassung gibt KL jeder Gruppe eine Kopie, auf der vermischt die typischen Aktivitäten und Stärken der vier Texte stehen und die Gruppe diskutiert, was zu welchem Typ passt. Danach Vergleich mit dem KB.
ERWEITERUNG: Zur Vorentlastung des Wortschatzes in den Texten können die TN vor dem Lesen ÜB 6b machen.
ERWEITERUNG: Die TN ordnen die Charakterisierungen der KV den Rollen zu.

Kopien der Texte

KV

6c Vorentlastung: TN sammeln, ggf. mit der ▸ **ABC-Methode** Eigenschaften von Menschen. Anschließend lesen sie die Adjektive, KL klärt ggf. Vokabular. TN können zur Vertiefung auch ÜB 6a machen. TN diskutieren in GA oder im PL, welche Eigenschaften zu welcher Teamrolle passen.

ERWEITERUNG (Vokabelarbeit zu den Adjektiven): TN schreiben in PA kurze Beschreibungen für fiktive Personen (z. B.: *Howard denkt immer gleich, dass das Schlimmste passieren muss, er ist ... (pessimistisch). Tine liebt es, Familienfeste wie Weihnachten zu planen und jedes Jahr Lieder zu singen und Geschichten vorzulesen. Sie ist sehr ... (traditionell). ...*). Die Texte werden vorgelesen, die anderen TN raten, um welches Adjektiv es sich handelt.
ERWEITERUNG (▸ **Ballrunde**): TN nennen ein Adjektiv, werfen den Ball, der/die nächste TN nennt das Gegenteil und ein neues Adjektiv usw.

6d GA (3–5 TN): TN lesen die Beispiele und diskutieren darüber, welche Reaktion zu welcher Teamrolle passt. Vergleich mit anderen Gruppen oder im PL.
Lösung: 1. a Konservative, b Analytiker, c Visionäre, d Macher; 2. a Macher, b Analytiker, c Konservative, d Visionäre

ERWEITERUNG: TN überlegen in Gruppen eine Situation und schreiben sie auf ein Blatt. Eine andere Gruppe überlegt, wie die verschiedenen Teamtypen in dieser Situation reagieren würden.

Blätter

VORHANG AUF GA: Je vier TN arbeiten zusammen, jede/r übernimmt eine Teamrolle. Jede Gruppe wählt eine der Situationen oder denkt sich eine andere aus. Die Gruppe spielt die Situation. Einige Gespräche können einer anderen Gruppe oder im PL vorgespielt werden.

ERWEITERUNG: TN können vor oder nach den Rollenspielen darüber sprechen, welche Teamrolle sie selbst am ehesten einnehmen und warum. Welche Eigenschaften treffen auf sie zu? Welche Aktivitäten machen ihnen Spaß? Wenn die TN ihre eigene Teamrolle vor dem Rollenspiel bestimmen, können die Gruppen so eingeteilt werden, dass in jeder Gruppe möglichst vier „echte" Teamrollen vorkommen.

4 Tourismus

Lernziele/Sprachhandlungen

Sprechen	über berufliche Kompetenzen sprechen; über eigene Reiseerfahrungen und -wünsche sprechen; über Vor- und Nachteile verschiedener Reiseformen sprechen; Ratschläge geben; Gründe und Folgen nennen
Hören	Informationsgespräche über Reisen verstehen; Informationen für eine Bewerbung einholen
Lesen	Texte über Berufe im Tourismus verstehen; Stellenanzeigen verstehen; satirische Elemente in einem Text erkennen
Schreiben	per E-Mail Informationen einholen; ein Angebot schreiben; Text über den eigenen Beruf
Beruf	Berufe im Tourismus; telefonisch Informationen für eine Bewerbung einholen

Lerninhalte

Redemittel	An deiner Stelle wäre/hätte ich … | Du hättest die Reise stornieren sollen. | Die Versicherung wäre für die Kosten aufgekommen. | Ich könnte mir vorstellen, als Reiseführer zu arbeiten. | Ich kann perfekt organisieren. | Einen Haushalt zu managen, ist für mich kein Problem.
Wortschatz	Reisen, Reiseangebote, Reisearten, Verträge
Grammatik	Konjunktiv II der Vergangenheit | Konjunktiv II der Vergangenheit mit Modalverben

Erläuterungen zum Unterricht	**Materialien**
1a Einstieg bei geschlossenem KB: KL fragt die TN, ob sie gerne verreisen und welche Arten von Reisen ihnen einfallen. KL notiert die Vorschläge. TN öffnen das KB, lesen die Bildunterschriften und vergleichen mit ihren eigenen Vorschlägen. TN sammeln Wörter und Ausdrücke zu den Fotos.	
VARIANTE: Die kopierten Fotos werden jeweils auf ein DIN-A3-Papier geklebt, die Blätter im Kursraum ausgelegt. Die TN gehen durch den Raum und schreiben Wörter und Ausdrücke zu den Fotos. Die Blätter werden aufgehängt.	Kopie der Fotos, DIN-A-3-Blätter
VARIANTE: KL teilt den Kurs in fünf Gruppen und teilt jeder Gruppe ein Foto zu. TN sammeln auf einem DIN-A3-Papier Wörter und Ausdrücke zu ihrem Foto. Vergleich im PL.	
ERWEITERUNG: Zur Vertiefung des Vokabulars können die TN ÜB 1a machen.	
1b TN sprechen darüber, welche Art von Reisen sie schon gemacht haben und welche sie gerne noch machen würden.	
ERWEITERUNG (PA): TN sprechen darüber, welche der fünf Reisearten sie schon ausprobiert haben und erzählen ein Beispiel (z. B.: *Vor zwei Jahren habe ich mit einem Freund eine Fahrradtour am Bodensee gemacht. Wir waren zehn Tage unterwegs …*). Zur Vorbereitung können sie die KV verwenden.	KV
ERWEITERUNG (GA): TN planen eine gemeinsame Reise und diskutieren, welche der Reisearten für die Gruppe am interessantesten wäre.	
1c TN hören und ordnen das passende Foto zu. Sie begründen ihre Entscheidung. **Lösung:** A (Die Pauschalreise). Man kann eine Hotelanlage sehen.	1.41
1d TN hören das Gespräch noch einmal und ergänzen – ggf. in PA – die Sätze. Es gibt mehrere Lösungsmöglichkeiten. **Lösung** (Beispiele): 1. … einfach nur ausruhen; 2. … individuell reisen; 3. … niemanden, der mitfährt; 4. … Radtouren, individuelle Reisen; 5. … eine Hotelanlage auf Kreta; 6. … fahren zum Geburtstag der Mutter von Hannes und vielleicht nach Berlin und an die Ostsee.	1.41
VARIANTE: KL schreibt folgende Informationen an oder auf Kärtchen (dann GA) oder teilt eine Kopie aus: *Sie möchte eine Radtour machen. Sie möchte sich ausruhen. Sie organisiert die Reise alleine. Sie möchte eine Pauschalreise machen. Sie hat niemanden, der mitfährt. Die Reise soll nicht viel kosten. Sie mag Schiffsreisen. Faris empfiehlt eine Hotelanlage auf Kreta. Faris und Hannes fahren zum Geburtstag der Mutter von Hannes. Sie fahren vielleicht nach Berlin und an die Ostsee.* KL kann weitere Aussagen ergänzen, die nicht richtig sind. TN entscheiden nach dem Hören, welche Aussagen richtig sind bzw. was sie gehört haben, und überlegen, mit welchen der Informationen man die Sätze ergänzen könnte (es gibt mehrere Möglichkeiten s. o.).	Kärtchen, Kopien

1e	GA: TN diskutieren über Vor-und Nachteile von Individual- und Pauschalreisen.

ERWEITERUNG: TN sammeln erst im PL typische Redemittel für Diskussionen.
ERWEITERUNG (zwei Gruppen): Die erste Gruppe sammelt Argumente für Individual-, die zweite für Pauschalreisen. Danach Diskussion in GA oder im PL.

Erläuterungen zum Unterricht	Materialien
2a TN lesen und nennen das passende Angebot. **Lösung:** Angebot Stasis	
ERWEITERUNG: TN lesen Neles E-Mail und markieren, was ihr wichtig ist (Mittelmeer, Juni/Juli; ruhiges und nicht zu großes Hotel mit Pool, Kultur, Strandnähe, kein Animationsprogramm). PA: TN sprechen darüber, was ihnen selbst wichtig ist, wenn sie einen Hotelaufenthalt buchen. ERWEITERUNG (GA, 3–5 TN): KL verteilt Reisekataloge (oder gibt jeder Gruppe eine Seite eines Katalogs). TN vergleichen einige Hotels und sprechen darüber, welches ihnen gefallen würde und welches nicht und warum. Alternativ können die TN auch Hotels im Internet vergleichen, z. B. bei www.booking.de.	Reisekataloge
2b TN lesen noch einmal und ordnen zu. **Lösung:** 1. c); 2. b); 3. d); 4. a)	
2c Differenzierungsaufgabe: Entscheiden sich die TN für die erste Variante, können sie darauf zurückgreifen, was sie in der Erweiterung von 2b (sofern gemacht) gesammelt haben. Wenn die TN ein Angebot für einen Pauschalurlaub entwerfen wollen, bietet sich GA an. Die TN können dazu erst Reisekataloge anschauen und dann ein Angebot entwerfen und vorstellen.	
BINNENDIFFERENZIERUNG: Zur Vorbereitung von Variante A können die TN ÜB 2a, schnellere TN auch 2b machen.	

Erläuterungen zum Unterricht	Materialien
3a TN hören zu und fassen im PL zusammen, welches Problem Nele hat. **Lösung:** Sie kann die Reise nicht antreten, weil ihr Vater erkrankt ist.	1.42
3b TN hören noch einmal und markieren die drei richtigen Aussagen. **Lösung:** 2, 3, 5	1.42
3c TN ergänzen den Fokuskasten mit den Aussagen aus 3b. KL erklärt, in welcher Situation der Konjunktiv II angewendet wird, und weist auf die Stellung der einzelnen Satzelemente hin.	
ERWEITERUNG: Bei manchen Gruppen ist es empfehlenswert, vor der Einführung des Konjunktivs II in der Vergangenheit, den Konjunktiv II im Präsens zu wiederholen. Dazu bieten sich ÜB 3b bis 3d an.	
3d TN schreiben Ratschläge mit dem Konjunktiv II in der Vergangenheit. **Mögliche Lösungen:** 2. An ihrer Stelle hätte ich die Geschäftsbedingungen durchgelesen. 3. Sie hätte eine Versicherung abschließen sollen. 4. An ihrer Stelle hätte ich früher mit dem Veranstalter gesprochen. 5. Sie hätte so früh wie möglich stornieren sollen. 6. An ihrer Stelle hätte ich Faris gefragt.	
ERWEITERUNG: Zur Vertiefung können TN ÜB 3e machen.	
3e GA (3–4 TN): Jede/r TN stellt den anderen das „Problem" vor, die anderen machen Vorschläge, was er/sie hätte besser machen können.	
VARIANTE: KL schreibt die angegebenen und weitere „Probleme" auf Kärtchen oder verwendet die Vorschläge der KV, jede/r TN erhält ein Kärtchen. TN machen ▶ **Kursspaziergang**. TN können im PL vorstellen, welcher Ratschlag ihnen am besten gefallen hat. VARIANTE: KL schreibt die angegebenen und weitere „Probleme" auf DIN-A3-Blätter und legt diese im Kursraum aus. TN gehen durch den Raum und schreiben ihre Vorschläge auf die Blätter. Blätter werden im PL gelesen. Es wird besprochen, welcher Vorschlag der beste ist.	Kärtchen KV DIN-A3-Blätter

UND SIE?   KL gibt den TN Zeit, sich zu überlegen, wann sie in ihrem (beruflichen) Leben etwas getan haben, das sie heute anders machen würden (evtl. einige Ideen als Hilfestellung: falsche Berufs-, Studienwahl, falsche Entscheidung für eine Wohnung, …). Wenn den TN nichts einfällt oder sie nicht von sich erzählen möchten, können sie sich eine fiktive Situation ausdenken. TN sprechen im PL oder in GA. Sie können die Situation auch als HA beschreiben.

ALTERNATIVE (GA; z. B. für Gruppen, die nicht gern über Persönliches sprechen): TN wählen eine Situation der KV und diskutieren darüber. GA: TN analysieren, was schiefgelaufen ist, damit   KV
das nächste Fest richtig gut werden kann (z. B.: *Wir hätten vorher klären sollen, wer wann Zeit hat. Wir hätten eine Band organisieren oder Musik abspielen können. …*). TN stellen ihre Ergebnisse und ein Konzept für das nächste Fest im PL vor.

Erläuterungen zum Unterricht	Materialien

4a   KL schreibt *BERUFE AN URLAUBSORTEN* an. TN sammeln im PL, was ihnen dazu einfällt. Ggf. können als Hilfestellung Oberpunkte gesammelt werden, wo Berufe im Tourismus existieren (z. B.: *Hotel, Restaurants, Reisebüro, Reiseleiter, Stadtführungen, Animationsprogramm, Geschäfte* …). KL schreibt Vorschläge an.

ERWEITERUNG: TN beschreiben einen der genannten Berufe, die anderen TN raten, um welchen Beruf es sich handelt.

4b   PA: TN lesen die Texte und beantworten die Fragen. Vergleich mit anderen TN.

VARIANTE (GA, 3 TN): Jede/r TN liest einen Text und fasst ihn zusammen (▶ **kooperatives Lesen**). Dann sprechen sie über die Fragen.
ERWEITERUNG (GA): Je zwei oder drei TN versuchen, die Informationen eines Texte zeichnerisch/grafisch darzustellen. Die Blätter werden mit anderen Gruppen getauscht. Diese versuchen   Blätter
zu erraten, was in den Texten steht. Die Texte werden gelesen und die Fragen beantwortet.

4c   TN wählen zwei grün markierte Wörter/Ausdrücke und erklären sie in PA, GA oder im PL.

VARIANTE: KL schreibt jedes Wort / jeden Ausdruck auf ein Blatt Papier. TN wählen zwei   Blätter
Begriffe, schreiben die Erklärung dazu auf jeweils eine Haftnotiz und kleben sie zum passenden   Klebezettel
Begriff. Dann Vergleich im PL.
ERWEITERUNG: TN vergleichen ihre Definitionen im PL und einigen sich auf die jeweils beste   Plakat
Erklärung. Sie gestalten ein ▶ **Lernplakat**, auf dem sie die Begriffe mit den ausgewählten   Karteikarten
Definitionen festhalten. TN können die Begriffe auch auf die beiden Seiten von Karteikärtchen schreiben und damit den ▶ **Vokabelkarteikasten** erweitern.
ERWEITERUNG (zwei Gruppen): Gruppe A sucht drei weitere Wörter aus dem Text (nur Nomen) und Gruppe B versucht, sie zu erklären.

UND SIE?   GA/PL: TN sprechen, welche Berufe sie sich für sich vorstellen könnten.

ERWEITERUNG: TN können in ÜB 4b einen Text über ihre Arbeit schreiben.

Erläuterungen zum Unterricht	Materialien

5a   KL schreibt *REISELEITER* an und fragt die TN, welche Qualifikationen und Stärken man ihrer Meinung nach für diesen Beruf braucht.

VARIANTE (GA/PL): KL schreibt REISELEITER senkrecht an oder teilt eine Kopie aus, TN finden für jeden Buchstaben eine Assoziation

          fremde Lände**R**
                Fr**E**mdsprachen sprechen
        symphat**I**sch
         organi**S**ieren
            off**E**n für Neues
           vie**L** unterwegs sein
       kontaktfr**E**udig
         flex**I**bel
     Organisa**T**ion
         zuv**E**rlässig
        Imp**R**ovisationstalent

5b	TN lesen die Stellenanzeige und diskutieren im PL darüber, welche Qualifikationen Faris hat und welche ihm vielleicht fehlen.	
5c	KL erklärt, dass Faris bei der Firma stk-travel anruft, um sich zu informieren, bevor er sich bewirbt. KL fragt die TN, was Faris fragen könnte/sollte und schreibt die Vorschläge an. TN hören das Telefongespräch und markieren die beste Lösung. **Lösung:** 1. a); 2. b); 3. b); 4. c), 5. c), 6. a)	1.43
5d	TN hören noch einmal und sprechen im PL über das Telefonat. Welchen Eindruck hat Faris vermutlich hinterlassen? Was war besonders positiv? Welche weiteren Fragen hätte er stellen können?	1.43
UND SIE?	TN suchen in GA Stellenanzeigen im Internet oder in der Zeitung und formulieren mögliche Fragen. Vergleich mit anderen Gruppen oder im PL. ERWEITERUNG: TN spielen anhand der gesammelten Fragen Vorgespräche am Telefon. Einige Gespräche können im PL vorgespielt werden.	Internet, Zeitung

Erläuterungen zum Unterricht	**Materialien**

6a	KL erklärt, dass es sich bei dem Text um eine Satire handelt und fragt, ob TN wissen, was das ist und was typisch dafür ist (Aussagen, die nicht ernst gemeint sind, Ironie, Übertreibung, …). TN lesen den Text und markieren die Stellen, die beschreiben, was einen perfekten Reiseleiter ausmacht. Vergleich im PL. **Lösung:** Reiseleiter/innen können viele Dinge gleichzeitig machen, sprechen viele Fremdsprachen … ERWEITERUNG (GA/PL): TN besprechen, welche Punkte in den Assoziationen von 5a behandelt werden (z. B. zum Punkt „flexibel" steht im Text, dass er Flüge umbuchen muss, wenn Gäste spontan an einem anderen Tag reisen möchten …).	
6b	TN lesen den Text noch einmal und markieren die nicht ernst gemeinten Stellen, anschließend sprechen sie im PL darüber. ERWEITERUNG: KL fragt, ob die TN den Text witzig finden oder nicht. Welcher Teil hat ihnen besonders/nicht gefallen? Warum?	
6c	KL sammelt im PL mit den TN Berufe und schreibt sie an. TN schreiben einen kurzen, satirischen Text für einen der Berufe, ohne den Beruf zu nennen, dazu können sie die vorgegebenen Strukturen verwenden. Die Texte werden vorgelesen, die anderen TN raten, um welchen Beruf es sich handelt.	
6d	TN suchen im Text nach Möglichkeiten, Gründe und Folgen auszudrücken. **Lösung:** deshalb (Z. 1, 14), weil (Z. 4, 56), daher (Z. 7), darum (Z. 10), aus diesem Grund (Z. 21), wegen (Z. 28), da (Z. 32, 57), deswegen (Z. 46), denn (Z. 54)	
6e	TN füllen – ggf. in PA – die Lücken aus. **Mögliche Lösung:** 2. darum, 3. weil, 4. deshalb; 5. denn; 6. wegen; 7. da; 8. wegen ERWEITERUNG: TN machen ÜB 6a. Ggf. ist es notwendig, vorher oder im Anschluss die Satzstellung zu wiederholen (Verb am Ende nach *weil* und *da*, Verb in Position 2 bei *darum, deshalb*, …).	
6f	TN schreiben ca. fünf Sätze wie im Beispiel und vergleichen in PA oder im PL. VARIANTE: TN schreiben auf einen Zettel fünf Dinge, die sie gut können (z. B.: *ich kann gut Kuchen backen, ich bin sehr zuverlässig, ich spreche drei Fremdsprachen*; …). Die Zettel werden mit einem/einer anderen TN getauscht, diese/r schreibt Sätze dazu (z. B.: *Du könntest Geburtstagspartys vorbereiten, denn du kannst gut backen. Du bist sehr zuverlässig, darum könntest du gut als Krankenpfleger arbeiten.* …).	
VORHANG AUF	TN stellen in einer Kurzpräsentation eine Reise vor, die sie gemacht haben oder machen möchten. a) TN haben Zeit, sich vorzubereiten und Notizen zu machen. b) TN lesen die Redemittel, KL klärt ggf. Vokabular. TN überlegen, welche der Redemittel sie in ihrer Präsentation verwenden möchten. c) TN präsentieren vor der Gruppe. Die TN sollen 2–3 Minuten frei sprechen. VARIANTE: TN bereiten die Präsentation zu Hause vor und zeigen zusätzlich Fotos, Bilder, Souvenirs etc. der Reise.	Video

Haltestelle B

1   GA (4 TN): Die Spielregeln werden erklärt. TN spielen das Wiederholungsspiel.   Münze

BSK-Spezial B – Arbeitsverhältnisse

Lernziele/Sprachhandlungen

1   Vor- und Nachteile verschiedener Arbeitsformen benennen; zu- und abraten; Zeitarbeit; schriftlich um Erklärungen bitten

2   Arbeitsabläufe beschreiben; die Geschichte des Containers; einen Beschwerdebrief schreiben

3   Telefongespräche zur Problemlösung führen; effektiv telefonieren; eine Reklamation beantworten

4   über Arbeitsbedingungen verhandeln; Kommunikationsverhalten in Deutschland; eine Gesprächszusammenfassung kommentieren

Einstieg

PA: TN unterhalten sich in Kleingruppen über ihre bisherigen Arbeitserfahrungen

VARIANTE: KL verteilt allen TN je eine Moderationskarte und weist darauf hin, dass die Inhalte nicht besprochen werden sollen, damit später geraten werden kann. TN schreiben in EA je eine Arbeitserfahrung auf (zum Beispiel: *Ich habe in einem Hotel im Zimmerservice gearbeitet* oder *Ich habe im Sommer als Tauchlehrer gearbeitet* etc.). KL sammelt die Moderationskarten ein, mischt sie und verteilt sie neu. TN lesen Moderationskarte im PL vor und alle raten, welche Person das geschrieben haben könnte.   Moderations-karten

1a   PA: Zur Vorbereitung auf diese Aufgabe bietet sich die Übung zur Berufssprache auf Seite 77 a und b an.
TN lesen in PA die sechs Informationstexte zu Arbeitsformen und ordnen sie den Begriffen zu. Nützliche Worterklärungen finden sich in der Vokabelspalte auf Seite 77.
KL erläutert bei Bedarf weitere Begriffe. Die Lösungen werden im PL verglichen.
Lösung: (6) befristeter Vertrag, (2) freiberufliche/selbstständige Tätigkeit, (5) Minijob, (3) Saison-arbeit, (4) Zeitarbeit

1b   TN lesen die drei Stellenanzeigen. Sie lesen noch einmal die Informationen aus 1a und ordnen die Stellenanzeigen den passenden Informationen zu. Sie besprechen die Gründe für die Zuord-nung sowie die Vor- und Nachteile der Angebote. Die Ergebnisse werden im PL diskutiert.
Lösung: Behme Personalvermittlung (4), Hedis Biergarten (3), Kiosk am Bahnhof (5)

VARIANTE: KL hängt eine Kopie von jeweils einer der drei Stellenanzeigen in unterschiedliche Ecken des Kursraumes. TN gehen durch den Raum und diskutieren vor den Stellenanzeigen die Vor- und Nachteile des entsprechenden Angebotes.   Kopien

1c   TN sehen sich das Foto an und beschreiben es. Sie lesen noch einmal die Stellenanzeigen aus 2b, hören das Gespräch zwischen Zunair Arain und seinen Freunden Kevin und George und entschei-den, über welche Anzeige die drei sprechen.   2.02
Lösung: Behme Personalvermittlung

1d   KL fragt im PL, ob TN bereits für Zeitarbeitsagenturen gearbeitet haben oder arbeiten. TN berich-ten ggf. über ihre Erfahrungen.   2.02
TN hören das Gespräch noch einmal. Sie besprechen, welche Meinung Kevin und welche Georg vertritt. KL skizziert die Argumente bei Bedarf an der Tafel bzw. an dem IWB und vergleicht sie mit den Erfahrungen der TN. Die Ergebnisse werden im PL weiterdiskutiert.
Als Vertiefung nach dieser Aufgabe eignet sich die Leseübung auf Seite 77 zum Thema Zeitarbeit.

1e   GA: TN bilden Kleingruppen, überfliegen noch einmal die Arbeitsformen in 1a und diskutieren deren Vor- und Nachteile. Die Ergebnisse werden im PL präsentiert.

VARIANTE: TN bilden sechs Kleingruppen und erstellen jeweils ein Plakat zu einer der Arbeitsformen aus 1a, auf dem sie die Vor- und Nachteile der Arbeitsform notieren. Die Plakate werden
als ▶ **Kursausstellung/Plakatrundgang** präsentiert.

Plakate

BERUF KONKRET: Die Kleingruppen aus TN mit gleichen oder ähnlichen Berufen/Berufszielen
besprechen, welche Arbeitsformen in ihrem Berufsumfeld häufig sind und besprechen die Vor-
und Nachteile.

Die Schreibaufgabe auf Seite 77 bietet sich als Abschluss oder als HA an.

BS a	**Lösung:** Vertrag: Arbeitsvertrag, Tarifvertrag, Kaufvertrag, Vertragsdauer, Vertragsverhandlung; Versicherung: Sozialversicherung, Krankenversicherung, Rentenversicherung, Lebensversicherung, Arbeitslosenversicherung, Autoversicherung, Versicherungsnummer, Versicherungsbeitrag, Versichertenkarte, Versicherungskauffrau
BS b	**Lösung:** das Gehalt, das Einkommen, der Verdienst, die Vergütung, die Einnahmen
LE	**Lösung:** 1. Festangestellte verdienen meistens mehr. 2. Es gibt besondere Tarifverträge. 3. Zeitarbeiter/innen mit einer langjährigen Berufsausbildung oder mit einem abgeschlossenen Studium verdienen mehr. 4. Zeitarbeiter, die mehr als neun Monate im gleichen Betrieb arbeiten, müssen das gleiche verdienen wie vergleichbare fest angestellte Mitarbeiter/innen.

Erläuterungen zum Unterricht	**Materialien**
2a TN sehen sich das Foto an ohne den Text zu lesen und stellen Vermutungen darüber an, wo und in welcher Situation sich Zunair befinden könnte.	2.03

2a TN sehen sich das Foto an ohne den Text zu lesen und stellen Vermutungen darüber an, wo und in welcher Situation sich Zunair befinden könnte.

▶ **Blitzlicht:** KL schreibt *Arbeiten in einer Spedition* an die Tafel bzw. an das IWB und bittet die TN, spontan ihre Ideen dazu in nur einem Satz zu formulieren.

TN lesen die Aussagen 1 bis 8 zum Gespräch zwischen Frau Manz von der Spedition DACH-LOGIS-TIK und Zunair Arain, der dort als Zeitarbeiter zu arbeiten beginnt. TN hören das Gespräch und kreuzen an, ob die Aussagen richtig oder falsch sind. Sie vergleichen die Informationen mit ihren Vermutungen im Vorfeld.

Wichtige Wörter finden sich in der Vokabelspalte auf Seite 79. Die Ergebnisse werden im PL verglichen.

Lösung: 1. R, 2. F, 3. R, 4. F, 5. R, 6. R, 7. F, 8. F

2.03

2b TN lesen die vier nicht richtigen Aussagen aus 2a noch einmal. Sie hören das Gespräch erneut, streichen die fehlerhaften Angaben in den Aussagen durch und verbessern sie. Die Korrekturen werden im PL verglichen.

Lösung: 2. Die Aufträge werden nach Auftragseingang abgearbeitet. **4.** Es gibt eine Schulung für die Software. **7.** Die Software liefert ihm die Informationen. **8.** Es gibt Treffen mit den Stammkunden.

2.03

2c PA: TN sehen sich in PA das abgebildete Plakat an und einigen sich auf die richtige Reihenfolge der Bilder A bis F. Sie ergänzen die passenden Ziffern für die sechs Schritte.

Lösung: F – D – B – E – C – A

VARIANTE A: KL verteilt die einzeln ausgeschnittenen Bilder des Plakates an die Paare. Diese ordnen die Bilder in der richtigen Reihenfolge und ergänzen die Ziffern im Buch entsprechend.

ausgeschnittene
Kopien

VARIANTE B: ▶ **Lebende Sätze** Bei dieser Bewegungsvariante erhalten sechs TN jeweils eines der ausgeschnittenen, größer kopierten Bilder des Plakates. Sie stellen sich vor der Tafel auf und halten ihre Kopie vor dem Oberkörper. TN ordnen sich dann so in einer Reihe an, bis alle in der Kleingruppe mit der Abfolge der Bilder einverstanden sind. Im PL wird besprochen, ob der Vorschlag der Kleingruppe richtig ist und die TN bei Bedarf gebeten, ihre Reihenfolge zu ändern.

Im Anschluss bietet sich die Vokabelübung zur Berufssprache auf Seite 79 an. Als Vertiefung zum Thema Container kann das Leseverstehen auf derselben Seite durchgeführt werden.

2d GA: TN bilden Kleingruppen und wählen ein anderes Produkt aus, zum Beispiel eines der drei abgebildeten. Sie lesen die Verben und entwickeln für ihr Produkt eine vereinfachte logistische Kette ähnlich wie in 2c. Die Ergebnisse werden im PL präsentiert und besprochen.

BERUF KONKRET: Die Kleingruppen aus TN mit gleichen oder ähnlichen Berufen/Berufszielen wählen eine logistische Kette, einen Arbeitsablauf oder eine andere Abfolge aus ihrem Berufsfeld und beschreiben diese.

Die Schreibaufgabe auf Seite 79 eignet sich als Anschlussübung oder als HA.

BS	**Lösung:** A: der Verzehr, B: die Lagerung, C: der Verkauf, D: der Transport, der Import, E: der Einkauf, F: die Ernte
LE	**Lösung:** Revolution: Container revolutionieren Transport; Schiffe im Hafen: früher lange Liegezeiten, heute viel kürzer; Standardisierung: Container genormt, stapelbar; 1956: die ersten Container verladen; 150 Mio.: Container heute

Erläuterungen zum Unterricht		Materialien
3a	TN sehen sich in PA das Foto von Zunair Arain an seinem Arbeitsplatz bei der Spedition DACH-LOGISTIK an und vermuten, um welche Probleme es bei den Telefongesprächen gehen könnte. TN lesen die Probleme a bis e und hören sich die vier Telefongespräche an. KL weist darauf hin, dass ein Problem nicht passt. TN ordnen die Probleme den vier Telefongesprächen zu und ergänzen die passenden Buchstaben. Die Lösungen werden im PL besprochen. TN vergleichen ihre Ergebnisse mit ihren Vermutungen im Vorfeld. Die Übung zur Berufssprache auf Seite 81 kann im Anschluss an diese Aufgabe durchgeführt werden. Nützliche Worterklärungen finden sich in der Vokabelspalte auf derselben Seite rechts. **Lösung:** Telefonat 1: d, Telefonat 2: e, Telefonat 3: b, Telefonat 4: c	2.04–07
3b	TN lesen die Fragen und hören die Telefongespräche noch einmal. KL macht Pausen zwischen den Gesprächen, damit die TN sich Notizen machen können. Die Ergebnisse werden im PL besprochen.	2.04–07
	Im Anschluss an diese Aufgabe bietet sich das Leseverstehen a und b auf Seite 81 an. ERWEITERUNG: TN besprechen in Kleingruppen, was sie von Zunairs Gesprächsführung halten und was ihnen sonst noch bei den Gesprächen auffällt. Sie vergleichen die Gespräche mit den Tipps aus dem Leseverstehen auf Seite 81.	
3c	PA/GA: TN lesen sich die Redemittel im Redemittelkasten durch. TN bilden Lernpaare, lesen die Rollenkarten und spielen die Rollen. Die Rollen werden getauscht. Einige der Rollenspiele können im PL vorgespielt werden.	
	VARIANTE: TN bilden Kleingruppen zu dritt. Die dritte Person hat die Rolle Beobachter/in, hört dem Dialog aufmerksam zu und macht sich Notizen. Nach dem Dialog gibt er/sie Feedback zu inhaltlichen Punkten und den verwendeten Redemitteln und vergleicht das Gespräch mit den Tipps auf Seite 81. KL weist darauf hin, dass man beim Feedbackgeben immer mit positiven Punkten beginnen und Verbesserungsvorschläge freundlich formulieren sollte. Die Rollen werden in der Kleingruppe gewechselt. Die Ergebnisse und Erfahrungen mit der Übung werden im PL verglichen. BERUF KONKRET: Die Kleingruppen aus TN mit gleichen oder ähnlichen Berufen/Berufszielen entwickeln ein Beispiel für ein Rollenspiel, das in ihrem Berufsalltag denkbar wäre, und spielen es. Einige Rollenspiele werden im PL vorgespielt. Die Schreibaufgabe auf Seite 81 eignet sich als HA.	

BS	**Lösung:** 1. Unfall, Schaden, 2. Panne, 3. Defekt, Fehler
LE b	**Lösung:** distanzierte/negative Formulierung: 4, 5, 6, 8, 10, 12; mitfühlende/positive Formulierung: 1, 2, 3, 7, 9, 11

Erläuterungen zum Unterricht		Materialien
4a	KL weist darauf hin, dass Zunair einen befristeten Arbeitsvertrag über eine Zeitarbeitsfirma hat. Er fragt die TN, welche Erfahrungen sie mit befristeten Arbeitsverträgen haben und was sie Zunair raten würden. TN lesen zu zweit Kevins Tipps für Zunairs Gespräch mit dem Abteilungsleiter. Die Lernpaare besprechen, welche Tipps sie am wichtigsten finden und warum und markieren diese. Sie ergänzen bei Bedarf weitere Tipps.	
	▶ **Kursstatistik** KL hängt eine Kopie der Tipps von Kevin an eine Pinnwand und verteilt Moderationskarten und drei Klebepunkte pro Lernpaar. Einige Lernpaare schreiben ihre zusätzlichen Tipps auf Karteikarten und platzieren diese an der Pinnwand. Die Lernpaare einigen sich jeweils auf drei Tipps an der Pinnwand, die sie am wichtigsten finden, und platzieren Klebepunkte neben diesen. KL verkündet das Ergebnis der Kursstatistik und lässt über die Gründe für die Auswahl diskutieren.	Kopie, Moderationskarten, Klebepunkte

4b	TN lesen die drei Aussagen mit den drei Auswahlmöglichkeiten. Sie hören das Gespräch zwischen Zunair und dem Abteilungsleiter Herrn Borsig und kreuzen die jeweils richtige Option an. Die Lösungen werden im PL besprochen. Wichtige Wörter finden sich in der Vokabelspalte auf Seite 83. **Lösung:** 1. c, 2. c, 3. b	2.08
4c	Vor dieser Aufgabe können die Übung zur Berufssprache und die Leseübung auf Seite 83 zur Vorbereitung durchgeführt werden. TN lesen die Aussagen 1 bis 8 und hören das Gespräch noch einmal. Sie ergänzen die passenden Wörter a bis h und ordnen zu, ob die Aussage von Zunair (Z) oder von Herrn Borsig (B) stammt. Die Lösungen werden im PL verglichen. **Lösung:** 1. Z, 3, 2. B, 1, 3. Z, 2, 4. B, 5, 5. B, 8, 6. B, 4, 7. B, 7, 8. Z, 6 ERWEITERUNG: TN vergleichen das Gespräch mit den Hinweisen aus dem Lesetext auf Seite 83.	2.08
4d	TN bilden Lernpaare und markieren zwei Redemittel aus 4c, die sie als Mitarbeiter/in und zwei, die sie als Chef/in verwenden wollen. Sie spielen die Verhandlungen zwischen Mitarbeiter/in und Chef/in und wechseln die Rollen. VARIANTE: Dieses Rollenspiel kann auch als ▶ **Aquarium/Fishbowl** durchgeführt werden. Dazu setzen sich zwei TN vor die Tafel auf zwei Stühle und beginnen mit dem Gespräch. Die restlichen TN hören zu. Wer sich am Gespräch beteiligen möchte, kann eine diskutierende Person ersetzen und deren Rolle übernehmen. Dazu wird der Platz getauscht und das Gespräch auf dem Stuhl vor der Tafel in der jeweiligen Rolle weitergeführt. BERUF KONKRET: Die Kleingruppen aus TN mit gleichen oder ähnlichen Berufen/Berufszielen entwickeln ein Beispiel für ein Rollenspiel, das in ihrem Berufsalltag denkbar wäre, und spielen es. Die Schreibaufgabe auf Seite 83 eignet sich als HA.	
BS	**Lösung:** 1. Nettolohn, 2. zum Punkt, 3. übernommen	
LE a	**Lösung:** 1. Smalltalk zu Beginn eines Gesprächs ist in Deutschland nicht sehr lang. 2. Direktheit findet man in Deutschland ehrlich und effizient. 3. Ein kritisches Feedback wird oft sehr direkt gegeben. 4. Man darf nie vergessen, dass es „die Deutschen" nicht gibt.	

Erläuterungen zum Unterricht	**Materialien**
5a	KL erklärt das Ziel der Prüfungsaufgabe und die Randnotizen. TN lesen die Hinweise und notieren. Danach besprechen sie in PA ihre Anmerkungen und weshalb sie sich für diese entschieden haben.	
5b	TN hören und lesen mit. Sie nennen im PL die Textsorte und besprechen, worum es in der Nachricht geht. **Lösung:** Bestellung/Buchung	2.09
5c	TN lesen noch einmal und markieren wie angegeben in zwei Farben. Anschließend vergleichen sie in PA. **Lösung:** Was ist wichtig: Montagabend 21:30 Uhr nach Düsseldorf, Rückfahrt, Mittwoch, Zug um 17:45 Uhr. Was muss erledigt werden: Hinfahrt und Rückfahrt buchen, heute noch bestätigen	
5d	KL erklärt, dass TN nun eine Telefonnotiz zu einer telefonischen Mitteilung ausfüllen sollen und dass es sich dabei um das Prüfungsformat handelt. KL weist auch darauf hin, dass die TN die Mitteilung wie in der Prüfung nur einmal hören werden. TN hören die Mitteilung. Sie kreuzen den Grund des Anrufs an und füllen die Telefonnotiz aus. Vergleich im PL. Die TN können anschließend darüber sprechen, ob ihnen die Aufgabe schwer gefallen ist, und wenn ja, warum. **Lösung:** 1 b; 2 Frau Sandra Horch; 3 Handynummer 08 15 89 27 55 6; 4 Flug nach Mexiko erst am 26.2. möglich, keine Abholung vom Flughafen, Stadtführerin soll am 28.2., 8 Uhr kommen; 5 Abflugdatum ändern und Bestätigung schicken	2.10

5 Aktiv im Handwerk

Lernziele/Sprachhandlungen

Sprechen	über handwerkliche Berufe sprechen; handwerkliche Tätigkeiten und Werkzeuge beschreiben; Vorgänge und Zustände beschreiben; über erledigte Aufgabe berichten; einen Arbeitsablauf beschreiben; über Probleme am Arbeitsplatz sprechen
Hören	Kurse im Baumarkt; Anruf beim Heimwerkernotdienst
Lesen	Anzeige eines Notdiensts; Anleitung; Artikel zum Thema „Zukunft des Handwerks"
Schreiben	Verbesserungsvorschlag; Notizen

Lerninhalte

Redemittel	Die Maschine ist schon lange ausgeschaltet! | Zuerst muss man den Haupthahn zudrehen. Anschließend … | Ich möchte Sie auf ein Problem hinweisen. | … sollte geändert werden. | Der Vorteil davon wäre, dass …
Wortschatz	Handwerk, handwerkliche Tätigkeiten
Grammatik	Vorgangspassiv Perfekt | Zustandspassiv | untrennbare Verben

	Erläuterungen zum Unterricht	Materialien
1a	KL projiziert die Bilder und fragt TN, ob sie die Berufe der Personen benennen können. KL schreibt die Berufe an die Tafel.	
	VARIANTE/BINNENDIFFERENZIERUNG: KL kopiert die Fotos groß und schreibt die Berufs-bezeichnungen auf Kärtchen (Fliesenleger/in, Schreiner/in, Elektriker/in, Klempner/in, Maurer/in, Tapezierer/in, Dachdecker/in, Maler/in, Schweißer/in). TN ordnen zu.	Kärtchen große Kopien der Bilder
	TN lesen im PL die Ausdrücke, KL klärt ggf. Vokabular. TN sprechen in GA (3–4 TN) darüber, in welchen Berufen man welche Tätigkeit ausführt. Danach suchen sie gemeinsam noch weitere Tätigkeiten.	
	ERWEITERUNG: KL schreibt die Begriffe auf jeweils zwei Kärtchen (Nomen und Verben ge-trennt) oder TN arbeiten mit der KV. TN finden in GA die korrekten Ausdrücke. Alternativ können die TN mit der KV auch Domino spielen. Danach ordnen sie die Tätigkeiten den Berufen zu.	Kärtchen/KV
	ERWEITERUNG: TN spielen das ▶ Fliegenklatschenspiel. KL hängt zwei große Kopien der Bilder an die Wand. TN bilden zwei Gruppen, jede Gruppe bildet eine Schlange vor einem der Bilder. Jeweils der/die erste TN bekommt eine Fliegenklatsche. KL nennt eine Tätigkeit, die TN suchen das Foto mit dem Beruf, zu dem die Tätigkeit passt, und schlagen mit der Fliegenklatsche darauf. Wer den Beruf schneller gefunden hat, übergibt die Fliegenklatsche an den/die nächste/n TN und geht ans Ende der Schlange, der/die andere TN bleibt. Die Schlange, bei der zuerst wieder TN 1 vorne steht, hat gewonnen.	zwei Fliegen-klatschen
	ERWEITERUNG: TN spielen mit ▶ Pantomime einen Begriff vor, die anderen TN raten, um welchen Begriff es sich handelt.	
	ERWEITERUNG: TN machen ÜB 1d.	
1b	TN wählen in PA eine der Tätigkeiten aus 1a aus und notieren, welche Gegenstände dazu not-wendig sind. Ggf. können sie dazu ein Wörterbuch verwenden. Wenn die TN ein Ratespiel ma-chen möchten, lesen sie die Gegenstände vor, die anderen TN raten, um welche Tätigkeit es sich handelt.	Wörterbuch
	VARIANTE: KL schreibt Gegenstände auf Zettel (z. B. *Tapetenkleister, Schraubendreher, Kabel, Nägel,* …). TN überlegen gemeinsam, für welche Tätigkeiten man diese verwenden kann.	Zettel

	Erläuterungen zum Unterricht	Materialien
2a	Einstieg: KL schreibt *IM BAUMARKT* an, fragt, was man im Baumarkt kaufen kann, und schreibt die Vorschläge auf (z. B.: *Schrauben, Holz, Farben,* …). TN besprechen im PL, was die Frau auf dem Foto macht.	

VARIANTE: TN nennen Dinge, die man im Baumarkt kaufen kann, indem sie sich einen Ball zuwerfen (▶ **Ballrunde** oder ▶ **Kettenübung**).

VARIANTE (Spiel: Alle Vögel fliegen hoch): KL nennt Gegenstände, die man im Baumarkt kaufen kann, TN stehen bei jeder Vokabel auf oder heben die Hände. Nennt KL etwas, das man nicht im Baumarkt kaufen kann (z. B.: *Fisch, Ball, Shampoo, …*), bleiben die TN sitzen / lassen die Hände unten. Wer das nicht macht, bekommt einen schwarzen Punkt oder scheidet aus.

2b	TN hören die Radiosendung und kreuzen die richtige Lösung an. **Lösung:** 1. b; 2. a; 3. c; 4. a	2.11

2c   TN lesen den Text und wählen die passende Überschrift aus.
Lösung: B

ERWEITERUNG: TN lesen die drei Überschriften, KL klärt ggf. Vokabular. TN überlegen, welche Informationen sich hinter diesen Überschriften verbergen könnten. Dann lesen sie den Text und ordnen die passende Überschrift zu.

2d   TN ergänzen die Grammatiktabelle mit Beispielen aus dem Text in 2c. Vergleich im PL.
Lösung: gewählt worden

ERWEITERUNG: KL wiederholt mit den TN die wichtigsten Regeln für das Vorgangspassiv im Präsens und Präteritum (Vorgang/Handlung ist wichtig, nicht die Person, die sie ausführt; Bildung werden/wurde + Partizip II usw.) und erklärt die Bildung im Perfekt.

2e   TN schreiben in EA oder PA die Sätze im Passiv Perfekt. Vergleich im PL.
Lösung: Dichtungen sind ausgewechselt worden; Holz ist bearbeitet worden; der Umgang mit Maschinen ist geübt worden; viele Dinge sind ausprobiert worden.

ERWEITERUNG: TN schreiben die Sätze auch im Präsens und im Präteritum.
ERWEITERUNG/BINNENDIFFERENZIERUNG: TN machen ÜB 2b, schnellere TN schreiben die Sätze auch im Präsens und im Präteritum.

UND SIE?   Differenzierungsaufgabe: TN wählen eins der Themen und diskutieren in GA. Anschließend tauschen sie sich mit einer anderen Gruppe zu einem anderen Thema oder in ▶ **Wirbelgruppen** mit den beiden anderen Gruppen aus.

VARIANTE: TN sprechen über die drei Themen im ▶ **Kugellager**.   Blätter
ERWEITERUNG (▶ **Miniprojekt**): TN überlegen in GA ein Thema für eine „Männernacht" und gestalten eine Einladung / ein Programm. Die Einladungen/Programme werden im Kursraum aufgehängt. TN können lesen und die beste/lustigste Idee wählen.

Erläuterungen zum Unterricht	**Materialien**

3a   TN betrachten das Bild und streichen *schon / noch nicht* durch, sodass die Sätze zum Bild passen. KL erklärt, dass es sich bei diesen Sätzen um das Zustandspassiv handelt, das ausdrückt, dass eine Handlung bereits ausgeführt und beendet ist. TN lesen den Fokuskasten. KL weist auf die Bildung mit der konjugierten Form von *sein* und dem Partizip II hin.
Lösung: 2. noch nicht; 3. schon; 4. schon; 5. schon; 6. schon; 7. schon; 8. noch nicht; 9. noch nicht; 10. noch nicht

3b   PA: TN spielen Dialoge wie vorgegeben. Sie überlegen weitere Beispiele.
Lösung: 2. Hast du die Werkstatt schon aufgeräumt? Ja, die Werkstatt ist schon aufgeräumt. 3. Hast du den Transporter schon beladen? Ja, der Transporter ist schon beladen. 4. Hast du die Abfälle entsorgt? Ja, die Abfälle sind entsorgt. 5. Hast du die Chefin informiert? Ja, die Chefin ist informiert. 6. Hast du die Wand tapeziert? Ja, die Wand ist tapeziert. 7. Hast du die Rohre geschweißt? Ja, die Rohre sind geschweißt.

VARIANTE: TN sammeln im PL weitere Ideen. KL verteilt an jede/n TN eine Frage, die diese auf einen Zettel schreiben. Mit den Fragen machen TN einen ▶ **Kursspaziergang**. Die TN können mit   Zettel „ja" oder mit „nein" antworten.
ERWEITERUNG/BINNENDIFFERENZIERUNG: Zur Vertiefung machen die TN ÜB 3a, schnellere TN machen auch 3b

3c   PA: TN sammeln Aktivitäten aus ihrem Arbeitsalltag und schreiben sie auf Zettel oder Kärtchen.   Zettel/Kärtchen
Anschließend spielen sie Dialoge wie im Beispiel.

VARIANTE: TN machen die Übung in GA (4 TN).
ERWEITERUNG (GA. 3–5 TN): KL gibt weitere Themen vor, die im Privatleben stattfinden können (z. B.: *eine Reise vorbereiten, eine Überraschungsparty organisieren, für einige Zeit im Ausland leben, ...*). TN wählen ein Thema und schreiben Sätze über ihre Planung (z. B.: *Die Pässe sind verlängert, die Luftballons sind aufgehängt, eine Wohnung ist gemietet, ...*). Die Gruppen lesen ihre Sätze vor, die anderen überlegen, ob die Planung komplett ist oder ob ihnen noch etwas einfällt, was gemacht werden sollte.

Erläuterungen zum Unterricht	**Materialien**

4a	KL fragt, was sich die TN unter einem *Heimwerkernotdienst* vorstellen. TN lesen den Text und fassen im PL die Leistungen zusammen. **Lösung:** beim Heimwerken helfen, Werkzeuge leihen, bei unverständlichen Montageanleitungen helfen, ...	
4b	TN lesen die Schritte, um eine Dichtung auszuwechseln, KL klärt Vokabular. TN hören das Telefongespräch und erläutern, wo Selma das Problem hat. **Lösung:** Selma schafft es nicht, die Mutter zu öffnen, die die Dichtung hält. ERWEITERUNG: TN sprechen, wann sie einen „Heimwerkernotdienst" benötigt hätten und wie sie das Problem lösen konnten. ERWEITERUNG (GA, ▶ **Miniprojekt**): TN überlegen, für welche anderen Situationen man einen „Notdienst" brauchen könnte (Kindererziehung/-betreuung, Kochen, gutes Aussehen, ...). Sie wählen ein Gebiet aus und schreiben einen Text wie in 4a dazu, in dem sie ihren „Notdienst" vorstellen.	2.12
4c	PA/GA: TN schreiben die Anleitung für das Auswechseln der Dichtung. **Lösung:** 2. Danach werden die Deckel an den Griffen entfernt. 3. Dann werden die Schrauben in den Griffen gelöst und die Griffe abgenommen. 4. Anschließend wird das Ventil aufgeschraubt. 5. Als Nächstes wird das Ventil herausgenommen. 6. Danach wird die Mutter aufgeschraubt, die die Dichtung hält. 7. Dann wird die Ersatzdichtung eingesetzt. 8. Anschließend wird alles wieder zugeschraubt. 9. Zum Schluss wird der Haupthahn wieder aufgedreht.	
UND SIE?	Differenzierungsaufgabe: TN entscheiden, ob sie in GA einen Ablauf aus ihrem Berufsleben beschreiben oder ob sie in einem Spiel die Funktion eines Gerätes beschreiben und die anderen TN raten (Bsp. für Geräte: Handy, Kaffeemaschine, ...).	

Erläuterungen zum Unterricht	**Materialien**

5a	KL fragt die TN, ob sie berühmte Erfinder/innen kennen und schreibt Vorschläge an (Wilhelm Röntgen, Levi Strauss, Alfred Nobel , ...). TN betrachten die Fotos und ordnen die Personen den Sätzen zu. **Lösung:** 1. B, 2. C, 3. A ,4. D	
5b	TN hören die Berichte und erläutern die Probleme. **Lösung:** 1: Die Buchstaben mussten in Holz geritzt werden ...; 2: Zu Fuß gehen war anstrengend, langsam, die Straßen waren schmutzig ...; 3: Auch im abgeschalteten Zustand verbrauchen elektrische Geräte noch Strom ...; 4: Es war schwierig, Termine für gemeinsame Sitzungen zu finden ... BINNENDIFFERENZIERUNG: TN konzentrieren sich auf einen der Texte. VARIANTE: KL schreibt jeweils eine richtige und eine falsche Information zu jedem Hörtext an. TN entscheiden, welche Information stimmt. ERWEITERUNG (▶ **Minipräsentation**, ggf. in PA oder GA): TN informieren sich im Internet über eine wichtige Erfindung, stellen sie vor und erklären, welche Probleme damit gelöst werden konnten.	2.13–16 Internet
5c	TN sammeln in GA mögliche Probleme am Arbeitsplatz. TN können auch in 4 Gruppen arbeiten, jede Gruppe übernimmt eines der Themen Arbeitsmittel, Arbeitsplatz, Arbeitsorganisation oder Soziale Beziehungen. Danach überlegen sie, wie sich das Problem lösen liese. VARIANTE: Die Gruppen stellen ihre „Problem-Liste" im PL vor, die anderen TN geben Ratschläge, wie man die Probleme angehen könnte. Die Probleme können auch auf DIN-A3-Blättern festgehalten werden und dann von Gruppe zu Gruppe wandern.	DIN-A3-Blätter

UND SIE? a) TN lesen die Mail und sprechen über Problem und Lösungsvorschlag. b) Die Ausdrücke werden gelesen, ggf. Vokabular geklärt. TN schreiben (z. B. als HA) über ein Problem, das sie persönlich an ihrem Arbeitsplatz haben (oder über ein fiktives Problem) und machen einen Lösungsvorschlag. c) TN tauschen ihre Texte mit einem Partner / einer Partnerin oder innerhalb einer Gruppe und sprechen darüber. Die Texte können auch eingesammelt und neu verteilt werden und die TN schreiben eine Antwort mit einer möglichen Lösung.

Erläuterungen zum Unterricht	Materialien

6a TN diskutieren, was mit dem Werbeslogan ausgedrückt werden soll.
Lösung: Alle Gegenstände in unserer Welt sind durch handwerkliche Arbeit entstanden, …

6b TN lesen Überschriften und Einleitung, KL klärt ggf. Vokabular. Vier Gruppen: Jede Gruppe liest einen Abschnitt und überlegt, welche Überschrift passt.
Lösung: 1. C; 2. A; 3. D; 4. B

ERWEITERUNG/BINNENDIFFERENZIERUNG: Gruppen, die Schwierigkeiten mit langen Texten haben, und als Vorbereitung auf das Vokabular können die TN ÜB 6a machen, schnellere TN machen auch 6b.

6c TN lesen ihren Textabschnitt noch einmal und überlegen in der Gruppe, welche Stichworte wichtig sind, um den Text möglichst frei zusammenzufassen.

ERWEITERUNG: TN üben in der Gruppe oder mit einem Partner / einer Partnerin, den Text frei wiederzugeben. TN bilden ▶ **Wirbelgruppen** und berichten den TN der anderen Gruppen, was in ihren Texten steht.

6d TN suchen die Stellen, an der die Aussagen 1–4 ausgedrückt werden.
Lösung: 2. Z. 20–23; 3. Z. 27–28; 4. Z. 38–40

6e TN markieren in ihrem Abschnitt die Verben mit den Präfixen und ergänzen im PL die Tabelle. Einige TN übernehmen die Einleitung. KL erklärt, dass es Präfixe gibt, die immer trennbar sind (*ein, ab, fern, …*), Präfixe, die immer untrennbar sind (*be, ge, ver, …*), und Präfixe, die trennbar oder untrennbar sein können. Dabei haben sie jeweils eine andere Bedeutung. KL klärt den Bedeutungsunterschied anhand der Verben in der Tabelle und weist auf die unterschiedliche Betonung hin (trennbare Verben: Präfix, untrennbare: Stamm).
Lösung: *über-:* überlaufen (t), überdenken (u), überzeugen (u); *um-:* umgehen (t), umziehen (t), umgeben (u); *unter-:* unterkommen (t), unternehmen (u); *wider-:* widerspiegeln (t), widerstehen (u); *wieder-:* wiederkommen (t), wiederholen (u)

ERWEITERUNG: Zur Verdeutlichung machen die TN ÜB 6d.

6f TN schreiben – ggf. in PA – Sätze. KL liest zuvor die Verben vor, TN markieren den Akzent und leiten ab, ob das Verb somit trennbar oder untrennbar ist. Vergleich im PL.
Lösung: 2. Weil es regnet, führen wir die Arbeit am Dach nicht durch. 3. Die Kundin unterschreibt den Vertrag. 4. Die Kunden überlegen lange beim Einbau der neuen Heizung. 5. Ich widerspreche meinen Kunden nie. 6. Die Kunden kommen wieder, weil ich sie mit guter Arbeit überzeuge.

ERWEITERUNG: Zur Vertiefung machen die TN ÜB 6e.   KV
ERWEITERUNG: Die TN spielen Schnapp oder Domino mit der KV.

6g TN diskutieren im PL über die vorgegebenen Fragen.

VARIANTEN (▶ **Vier-Ecken-Diskussion**): In jeder Raum-Ecke wird eine der vier Fragen diskutiert: 1: Was halten Sie von den beschriebenen Trends? 2: Kennen Sie andere Trends im Handwerk (z. B. Mode, …)? 3: Welche Erfahrungen haben Sie mit dem Handwerk in Deutschland? 4: Wie sind Ihre Erfahrungen mit dem Handwerk in Ihren Heimatländern?
ERWEITERUNG: TN sammeln Handwerksberufe, KL schreibt die Vorschläge an (*Tischler, Elektriker, Automechaniker, Fliesenleger, Schneider, …*). TN wählen in GA einen Beruf und erarbeiten ein Poster (evtl. auch Vergleich Deutschland-Heimatland). Die Poster werden nach dem ▶ **Marktplatzprinzip** vorgestellt.   Poster

VORHANG AUF Differenzierungsaufgabe: TN entscheiden, ob sie in GA Aktivitäten durch Zeichnen oder ▶ **Pantomime** darstellen, die die anderen TN erraten sollen, oder ob sie sich einen Dialog zum Bild überlegen und diesen spielen.   Video

6 Arbeit in der Metropolregion

Lernziele/Sprachhandlungen

Sprechen	einen Wohnort/Arbeitsplatz vorstellen; über Arbeitsverträge sprechen; einen Betriebsausflug organisieren
Hören	Radiointerview mit Zuwanderern in die Region
Lesen	eine Stellenanzeige verstehen; einen Arbeitsvertrag verstehen (duales Studium); ein Bewerbungsschreiben verstehen; eine Zeitungsreportage verstehen
Schreiben	ein Anschreiben verfassen
Beruf	Anschreiben; Arbeitsvertrag (duales Studium)

Lerninhalte

Redemittel	Ich würde zwei Fotos von Jena zeigen. Ein Bild von … | Mit großem Interesse habe ich … | An Ihrem Unternehmen reizt mich besonders … | Ich bin überzeugt, dass … | Aufgrund meiner Ausbildung … | In meinem Vortrag geht es um … | Als Nächstes möchte ich über … sprechen. | Zum Schluss möchte ich noch erwähnen, dass …
Wortschatz	Informationen über Städte/ Lebenslauf
Grammatik	Nomen-Verb-Verbindungen

	Erläuterungen zum Unterricht	Materialien
1a	KL zeigt eine Deutschlandkarte und bittet die TN, zuerst den Rhein und dann den Neckar zu suchen. Er/Sie zeigt die Region, die als Rhein-Neckar bezeichnet wird, und fordert die TN dazu auf, Städte zu nennen, die sich dort befinden. KL fragt, ob die TN schon einmal in dieser Region waren und welche Orte sie besucht haben. TN beschreiben die Bilder in GA oder im PL und überlegen, was die Region attraktiv machen könnte.	Deutschlandkarte
	VARIANTE (GA, 3 TN): KL kopiert und zerschneidet die Fotos für jede Gruppe. Jede/r TN erhält drei Fotos, beschreibt diese den anderen TN und überlegt, was das über die Region aussagt.	Kopien der Fotos
1b	TN hören das Interview und überlegen, welche Fotos dazu passen und warum. **Lösung:** Bild B (es geht um diese Region); Bild D (Herr Jelimo möchte an der DHBW studieren) Bild G (Für Frau Lin sind die Transportmittel, z. B. die Bahn, wichtig.)	2.24
	ERWEITERUNG: KL gibt bei Interesse der TN Informationen über die anderen Fotos, z. B. über Pop-Akademie oder die Rhein-Neckar-Arena.	
1c	TN hören noch einmal und markieren, ob die Aussagen richtig oder falsch sind. **Lösung:** 1. F; 2. F; 3. R; 4. R; 5. F	2.24
	ERWEITERUNG: TN korrigieren die falschen Aussagen. BINNENDIFFERENZIERUNG: TN konzentrieren sich nur auf die Aussagen einer der beiden Personen.	
1d	TN entscheiden sich für eine Stadt oder Region und erklären im PL, durch welche zwei oder drei Fotos sich diese gut repräsentieren lässt.	
	ALTERNATIVE: TN drucken zwei oder drei Fotos der von ihnen gewählten Stadt/Region aus dem Internet aus, zeigen sie den anderen TN und erklären im PL oder in Kleingruppen, warum sie diese ausgewählt haben. ERWEITERUNG/INTERKULTURELLE PERSPEKTIVE (GA, 3–5 TN): TN einigen sich auf eine Stadt/Region, kleben die Fotos auf ein Plakat und schreiben Texte dazu. Die Plakate werden im Kursraum aufgehängt. Ggf. als HA können die TN auch Texte (mit Fotos) zu ihren Heimatstädten oder zu einer anderen Stadt/Region in ihrem Heimatland verfassen und im Kurs vorstellen.	Fotos, Plakate

Erläuterungen zum Unterricht	Materialien

2a TN fassen im PL zusammen, was sie in 1a–d über die Metropolregion Rhein-Neckar erfahren haben. TN lesen den Text und schreiben in EA oder PA drei neue Informationen auf. Vergleich im PL.
Mögliche Lösung: Der Region geht es wirtschaftlich sehr gut; die einheimische Bevölkerung schrumpft, der Fachkräftemangel steigt; in Heidelberg sind die Mieten hoch ...

VARIANTE (PA): KL kopiert den Text für jedes Paar und schneidet jede Spalte senkrecht in der Mitte auseinander. TN A bekommt die linke Hälfte, TN B die rechte Hälfte. Jede/r TN liest eine Hälfte und überlegt, welche neue Informationen der Text über die Region bereit hält. Danach stellen die TN ihre Vermutungen dem Partner / der Partnerin vor. Diese/r korrigiert, bestätigt und/oder ergänzt (▶ **Zerschnittene/Halbe Texte lesen**). Vergleich im PL.
(Materialien: Kopien der Texte)

2b TN lesen den Text noch einmal und kreuzen die richtige Antwort an.
Lösung: 1. b; 2. c; 3. c; 4. b

ERWEITERUNG (PA): TN schreiben 3–5 Aussagen zum Text, eine anderes Paar entscheidet, ob die Aussagen richtig oder falsch sind und korrigiert ggf.

2c TN lesen ein weiteres Mal und suchen die passenden grünen Ausdrücke
Lösung: 2. die Kosten tragen; 3. Gespräche führen; 4. Hilfe leisten; 5. Einfluss nehmen; 6. in Kauf nehmen; 7. nicht in Frage kommen.

ERWEITERUNG (GA, 3–5 TN): Jede Gruppe schreibt die Nomen der Nomen-Verb-Verbindungen auf die Kärtchen einer Farbe, die Verben auf die Kärtchen mit der anderen Farbe. Alternativ können auch auf eine Farbe die kompletten Verbindungen, auf die andere Farbe die passenden Ausdrücke aus 2c geschrieben werden. TN spielen mit den Kärtchen ▶ **Memory**.
(Materialien: Kärtchen in zwei Farben)

2d TN schreiben in EA oder PA die Sätze mit den Ausdrücken aus 2c neu. Vergleich im PL.
Lösung: 2. ..., die Integration zu bezahlen; 3. ... viel mit ihm und für ihn gesprochen; 4. ... indem sie kleineren Firmen dabei hilft, ...; 5. ... die Entwicklung des Arbeitsmarkts zu beeinflussen; 6. Die Fahrzeit akzeptiert er gerne.; 7. Seine Traumstadt Heidelberg war ... nicht möglich.

ERWEITERUNG (PA): TN schreiben die Lösungssätze auf je ein Kärtchen und auf die Rückseite den Satz, wie er mit Nomen-Verb-Verbindung im Text steht. Danach üben sie die beiden Varianten, indem sie eine Version lesen, umformen und mit der Rückseite kontrollieren.
(Materialien: Kärtchen)
ERWEITERUNG/BINNENDIFFERENZIERUNG: Zur Vertiefung des Themas machen die TN ÜB 2b und 2c. Schnellere TN können noch eigene Sätze mit den Nomen-Verb-Verbindungen schreiben.

2e TN wählen drei Nomen-Verb-Verbindungen aus 2d (wenn die Erweiterung im ÜB gemacht wurde, können auch daraus Verbindungen gewählt werden) und schreiben Aussagen über sich selbst. Anschließend können sie die Sätze in PA oder GA vorlesen oder bei kleinen Gruppen im PL vergleichen.

VARIANTE: TN schreiben zwei wahre und eine falsche Aussage über sich. Sie lesen die Sätze in PA oder GA vor, die anderen TN raten, welche Aussage nicht stimmt.
ERWEITERUNG: TN entwerfen in GA Fragen für ein Interview mit Nomen-Verb-Verbindungen oder sie verwenden die KV. Die Fragen stellen sie den anderen TN.
(Materialien: KV)

UND SIE? a) TN betrachten die Fotos und lesen die Aufgabe. Sie besprechen im PL, was man zu den beiden Aufgaben berichten könnte, KL notiert Stichpunkte.
b) Die TN entscheiden sich für ein Thema und erarbeiten es in EA oder in PA/GA (mit TN, die dasselbe Thema gewählt haben). Wie in Punkt 1–4 vorgegeben, bereiten sie einen zwei-minütigen Vortrag zum Thema vor.
c) Die TN halten ihren Vortrag, die anderen TN geben Rückmeldung und stellen Fragen.
(Materialien: Blätter)

ERWEITERUNG: TN erarbeiten im PL eine ▶ **Mindmap** zu den beiden Themen.
ERWEITERUNG: KL wiederholt mit den TN die wichtigsten Regeln für eine gelungene Präsentation (Einleitung und Schluss, frei sprechen, klar und verständlich, nicht zu schnell sprechen, Augenkontakt halten, ...).

3a   PA: TN lesen die Anzeige, stellen sich gegenseitig Fragen und beantworten diese.

VARIANTE (PA/GA, 3–5 TN): KL schreibt die folgenden (oder ähnliche) Fragen je auf ein Kärtchen   Kärtchen
und gibt jeder Gruppe einen Satz: *Wie lange dauert die Ausbildung? Wo findet die Ausbildung
statt? Was müssen die Interessenten mitbringen? Was bietet die Ausbildung den Interessenten an?
Wo kann man sich über die Ausbildung informieren?* Die TN lesen die Anzeige, dann ziehen sie
abwechselnd eine Frage und stellen sie dem Partner / der Partnerin oder den anderen TN der
Gruppe, diese beantworten die Frage.
ERWEITERUNG/BINNENDIFFERENZIERUNG: Wenn Vokabelprobleme zu erwarten sind,
können die TN vor dem Lesen ÜB 3a machen. Schnellere TN können auch Beispielsätze mit den
Ausdrücken schreiben.

3b   TN lesen noch einmal und überlegen dann im PL mögliche Fragen, die Haki Jelimo vor dem
Abschicken seiner Bewerbung stellen könnte.
Mögliche Lösung: Wie sind die genauen Arbeitszeiten? Wie hoch ist der Verdienst? Gibt es Hilfe
bei der Wohnungssuche? Wie lange muss ich vorher schon gearbeitet haben? …

ERWEITERUNG: TN spielen in PA kleine Rollenspiele am Telefon, in denen sich Herr Jelimo über
die Ausbildung informiert.

3c   TN lesen zuerst die Punkte a–f und setzen sie dann in EA oder PA in das Anschreiben ein.
Lösung: a) 2; b) 6; c) 4; d) 5; e) 1; f) 3

3d   TN ordnen die Punkte so, wie sie im Anschreiben vorkommen und vergleichen im PL.
Lösung: 4, 3, 2, 6, 5, 1

3e   TN lesen das Anschreiben. KL fragt, was ihnen auffällt (es enthält viele umgangssprachliche
Ausdrücke). TN lesen noch einmal und markieren alles, was sie für Umgangssprache halten, z. B.
gerade, superinteressant, hoffentlich, brauch, find, klasse, … Im PL überlegen sie, wie man die
umgangssprachlichen Ausdrücke für den Zweck angemessen umformulieren könnte.

3f   TN lesen gemeinsam die Ausdrücke, KL klärt ggf. Vokabular. In PA schreiben die TN das Anschreiben neu. Vergleich mit einer anderen Gruppe.

UND SIE?   PA: TN suchen im Internet eine Stellenausschreibung, die sie interessiert, und verfassen ein
Anschreiben dazu.

ALTERNATIVE: TN schreiben in EA ein Anschreiben, ggf. als HA. KL korrigiert die Texte.

4a   KL schreibt *ARBEITSVERTRAG* an, TN sammeln im PL, was in einem Arbeitsvertrag festgehalten
werden sollte.

VARIANTE (GA, 3–5 TN): Jede Gruppe bekommt ein Blatt, auf dem senkrecht *ARBEITSVERTRAG*   Blätter
steht. Die TN versuchen, zu jedem Buchstaben einen Begriff zu schreiben, wobei der Buchstabe
auch in der Mitte des Wortes stehen kann, z. B.: **A**rbeitszeiten, Ve**R**dienst, Urlau**B**, Prob**E**zeit, …

4b   Die TN lesen den Arbeitsvertrag und notieren in PA, in welchem Abschnitt sie die Antworten auf
die Fragen finden.
Lösung: 1.: 3; 2.: 5; 3.: 6; 4.: 1; 5.: 2; 6.: 4; 7.: 7; 8.: 8

4c   PA: Die TN stellen sich gegenseitig die Fragen aus 4b und beantworten diese möglichst mit
eigenen Worten.
Mögliche Antworten: 1. Der Vertrag beginnt am 1. Oktober und endet am Ende des Monats, in
dem die Studierenden ihre Prüfungen machen. Normalerweise muss man 6 Monate studieren
um den Abschluss zu bekommen. 2. Es gibt eine Probezeit von drei Monaten, in der der Studie-
rende oder die Firma kündigen und den Vertrag zwei Wochen später beenden können. Nach
dieser Zeit gelten die normalen Zeiten für die Kündigung. 3. Die Studierenden verdienen im
ersten Jahr 900 Euro, … usw. (vgl. KV).

	VARIANTE: TN schreiben in PA die Antworten zu den Fragen möglichst einfach mit ihren eigenen Worten auf Kärtchen und vergleichen dann im PL.	Kärtchen
	Die TN einer anderen Gruppe können die Kärtchen mit den vereinfachten Antworten den Punkten im Vertrag zuordnen.	
	BINNENDIFFERENZIERUNG: KL gibt die vereinfachten Sätze vor (vgl. KV), TN ordnen sie den Punkten zu.	KV
	Anschließend fragen sie sich gegenseitig und versuchen frei zu antworten.	
4d	TN schreiben in PA weitere Fragen zum Vertrag (Wortschatz und/oder Inhalt) und klären sie im PL.	
	VARIANTE: Jede/r TN schreibt drei Fragen auf jeweils einen Zettel. Die Zettel werden zusammengefaltet und eingesammelt. Die TN ziehen abwechselnd eine Frage und versuchen sie zu beantworten.	Zettel
	ERWEITERUNG/BINNENDIFFERENZIERUNG: Zur Vertiefung machen die TN ÜB 4a, schnellere TN machen auch 4b.	
UND SIE?	TN sprechen im PL über ihre eigenen Erfahrungen mit Arbeitsverträgen.	

	Erläuterungen zum Unterricht	Materialien
5a	TN betrachten die Fotos und suchen die Städte gemeinsam auf einer Deutschlandkarte. KL fragt die TN, ob sie schon einmal in diesen Städten waren, was sie darüber wissen und was es dort zu sehen gibt. TN hören die vier Gespräche, markieren die Fotos, die dazu passen und erklären im PL, warum.	Deutschlandkarte
	Lösung: Gespräch 1: Foto C: Haki möchte Frau Lin in Ladenburg zum Essen einladen. Gespräch 2: Fotos B/D: Sie möchten eine Fahrradtour nach Speyer machen. Gespräch 3: Fotos A/B/C/D/F: Vorgeschlagene Stationen der Fahrradtour.	2.25–28
	ERWEITERUNG: TN wählen in GA eine der Städte auf den Fotos, suchen Informationen im Internet und stellen sie im PL vor. ▶ **Minipräsentation.**	
5b	TN hören die Gespräche noch einmal und markieren die Antworten. **Lösung:** 1. R; 2. c; 3. R; 4. b; 5. F; 6. a; 7. R, 8. c	2.25–28
5c	GA: TN schreiben zehn Fragen auf zehn Zettel über die Stadt/Region, in der sie leben. TN lesen die Fragen vor, die TN der anderen Gruppen nennen die Antwort. Jede korrekte Antwort gibt einen Punkt.	Zettel
	VARIANTE: TN wählen in Gruppen eine der Städte von 5a und erstellen ein Quiz zu der Stadt (die Aktivität bietet sich besonders an, wenn die Städte in Minipräsentationen vorgestellt wurden). Die anderen Gruppen lösen das Quiz.	
VORHANG AUF	Differenzierungsaufgabe (GA): TN entscheiden sich für einen Vorschlag. Sie arbeiten entweder einen Betriebsausflug oder einen Ausflug mit Senioren, Jugendlichen o. Ä. aus und stellen ihre Planung dann im PL vor. Die TN, die sich für die gleiche Aufgabe entschieden haben, arbeiten zusammen.	Poster; DIN-A-3-Blätter
	Die wichtigsten Punkte werden vor der Präsentation auf einem Poster oder einem DIN-A3-Blatt festgehalten.	Video

Testtraining A

Sprachbausteine Teil 1 – Rückfragen zu Bewerbungen stellen

In diesem Prüfungsteil sollen TN zeigen, dass sie ein Bewerbungsschreiben verstehen und die Textlogik herstellen können, indem sie Lücken im Text füllen. KL liest mit den TN die Erklärung zur Aufgabe und die Tipps. TN markieren, was sie für besonders wichtig halten. TN lesen die Arbeitsanweisung, lösen die Aufgabe und markieren die Lösungen auf dem abgedruckten Ausschnitt aus dem Antwortbogen. KL kontrolliert die Arbeitszeit, indem er/sie den offiziellen Beginn der Arbeitszeit bekannt gibt und ankündigt, wenn die 10 Minuten vorbei sind. Gerade bei den ersten Trainings kann die Arbeitszeit um einige Minuten verlängert werden, die TN sollen sich aber daran gewöhnen, im angegebenen Zeitraum zu Ende zu kommen.
Bei den ersten Trainings können die TN ihre Lösungen in PA vergleichen und Unsicherheiten diskutieren.
Lösung: 1b; 2a; 3j; 4g; 5d; 6e
KL liest mit den TN die kommentierte Lösung und klärt Fragen.

Lesen Teil 1 – Informationen zum Arbeitsmarkt suchen

In diesem Prüfungsteil lesen TN kurze Ankündigungstexte von Artikeln und entscheiden, ob die Artikel für bestimmte Personen interessant sind. KL erklärt das Aufgabenformat anhand des Tipp-Kastens und klärt ggf. Fragen. TN lösen die Aufgaben und notieren die Antworten auf dem Antwortbogen. Dann korrigieren sie und vergleichen im Anschluss mit der kommentierten Lösung.
Lösung: 1b; 2d; 3a; 4g; 5f

Sprechen Teil 2 – Mit Kolleginnen und Kollegen sprechen

2.30-2.31

In diesem Prüfungsteil sollen die TN zeigen, dass sie sich mit anderen wie in einem Pausengespräch spontan über alltägliche Dinge unterhalten können. KL liest mit den TN die Erklärung der Aufgabe. TN lesen die Fragen und sammeln im PL, wie sie ihre Frage mit eigenen Worten in ein Gespräch einbringen können. Die TN üben das Gespräch in PA. Danach hören sie zwei Beispiele. Sie besprechen im PL, welche Gemeinsamkeiten und Unterschiede sie zu ihrem eigenen Gespräch feststellen konnten und welche Aspekte sie evtl. noch verbessern können.

ERWEITERUNG: TN nehmen ihr eigenes Gespräch auf und vergleichen es mit den Beispielen.

Sprechen Teil 1 – Über ein Thema sprechen

2.32-33

In diesem Prüfungsteil zeigen die TN, dass sie über ein bekanntes berufliches Thema sprechen und Fragen dazu beantworten können. KL liest mit den TN den Tipp-Kasten und klärt ggf. Fragen. TN arbeiten in PA, jede/r TN entscheidet sich für eines der beiden Themen. Eventuell kann ein/e dritte/r TN die Rolle des/der Prüfenden übernehmen. TN spielen das Prüfungsgespräch. Danach hören sie zwei Beispiele und vergleichen mit ihrem eigenen Gespräch.

WEITERER HINWEIS: Trainieren Sie diesen Teil mehrfach im Kurs mit allen 8 möglichen Themen.

Hören Teil 1 – Arbeitsabläufe, Probleme und Vorschläge verstehen

2.34-2.36

In diesem Teil zeigen die TN, dass sie Gespräche aus dem Arbeitsalltag im Detail verstehen können. TN lesen den Tipp-Kasten und unterstreichen wichtige Informationen, KL klärt ggf. Fragen. TN lösen die Aufgabe und markieren die Lösung auf dem Antwortbogen. Dann vergleichen sie mit der kommentierten Lösung.
Lösung: 1f; 2a; 3r; 4a; 5f; 6b

Hören Teil 4 – Anliegen und Bitten erfassen

2.37-41

In diesem Prüfungsteil sollen TN telefonische Mitteilungen aus der Arbeitswelt detailliert hören und das jeweilige Anliegen erfassen können. KL liest mit den TN den Tipp-Kasten. TN hören und lösen die Aufgabe. Sie markieren auf dem Antwortbogen und vergleichen mit der kommentierten Lösung.
Lösung: 1c; 2c; 3c; 4a; 5a

7 Berufe im Gesundheitswesen

Lernziele/Sprachhandlungen

Sprechen	über Meinungen zum Thema „Gesundheit" diskutieren; widersprechen; Probleme im Arbeitsablauf melden und Lösungsvorschläge machen; um Rat/Vorschläge/Instruktionen bitten
Hören	Interview mit einem Krankenpfleger
Lesen	einen Arbeitsplan verstehen; einen Pflegebericht verstehen; einen Artikel zur Vereinfachung des eigenen Lebens verstehen
Schreiben	einen Bericht schreiben
Beruf	Probleme im Arbeitsablauf melden; einen Bericht schreiben

Lerninhalte

Redemittel	In meiner Sprache sagt man: … | Gesundheit heißt für mich, dass … | Es ist eine Herausforderung, sich dauernd weiterzubilden. | Was würden Sie mir in der Situation empfehlen? | Das Wichtigste ist, dass Sie … | Man hat es einfacher, wenn man …
Wortschatz	Krankheit und Gesundheit
Grammatik	Infinitiv mit *zu* | Ausdrücke mit *es*

Erläuterungen zum Unterricht	Materialien
1a Einstieg: KL schreibt *GESUNDHEIT* in einem Wortigel an. TN nennen Wörter, die ihnen dazu einfallen (z. B. Arzt, Entspannung, Medizin, …). TN überlegen, welches der Fotos am besten zum Thema Gesundheit passt und warum.	
VARIANTE (GA 6 TN): KL kopiert die Fotos für jede Gruppe und verteilt sie an die TN. TN beschreiben ihr Foto so genau wie möglich und begründen, was es der eigenen Meinung nach mit Gesundheit zu tun hat.	Kopien der Fotos
ERWEITERUNG: KL schreibt folgende Stichpunkte an: *Krankheiten vorbeugen; Gesundheit am Arbeitsplatz; Kontrolluntersuchungen; Sport und Fitness; Entspannung.* TN ordnen die Begriffe zu und kommentieren die Fotos (z. B. *Regelmäßige Entspannung ist wichtig für die Gesundheit, man kann Yoga machen, aber es gibt auch andere Möglichkeiten …*). Alternativ dazu können die Fotos jeweils auf ein DIN-A3-Blatt geklebt werden und die TN schreiben den Titel und ihre Kommentare dazu.	DIN-A3-Blätter
1b TN lesen die Zitate. Sie sprechen – ggf. in PA oder GA – darüber, was damit gemeint ist und begründen, welches Zitat ihnen am besten gefällt.	
VARIANTE/ERWEITERUNG: KL schreibt nur die Anfänge der Zitate an: *Gesundheit ist mehr als …; Gesundheit ist nicht alles, aber …; Lieber arm und gesund, als …; In der Jugend läuft man mit der Gesundheit dem Geld hinterher, im Alter …* TN überlegen im PL, wie die Zitate enden könnten, und vergleichen dann mit dem KB. Weiter wie oben.	
1c TN nennen Zitate zum Thema Gesundheit in ihren Muttersprachen. Sie übersetzen sie, erklären die Bedeutung und sprechen darüber. Wenn den TN keine Zitate einfallen, recherchieren sie im Internet.	Internet/Handy

Erläuterungen zum Unterricht	Materialien
2a TN lesen im PL die Überschriften 1–4 und klären ggf. Vokabular. TN lesen die Texte und ordnen zu, welcher zur jeweiligen Überschrift passt. **Lösung:** A2; B1; C4; D3	
2b TN hören die Interviews und notieren, welches Angebot jeweils passt. **Lösung:** 1. D; 2. A; 3. B, 4. C	2.42–45
ERWEITERUNG: TN hören noch einmal und fassen im PL zusammen, welchen Beruf die Personen haben, welche gesundheitlichen Probleme sie ansprechen und was sie sonst noch über sich und ihr Leben erzählen.	
2c GA (3–5 TN): TN zeichnen drei Ringe wie im Foto auf ein DIN-A3-Papier und schreiben nach Wichtigkeit in die Ringe, was man für die Gesundheit tun kann.	DIN-A3-Blätter

	VARIANTE: TN sammeln im PL, was man für die Gesundheit tun kann. KL schreibt die Vorschläge an. GA: TN überlegen in Gruppen, wie wichtig die Vorschläge ihrer Meinung nach sind, und ordnen sie in die Ringe ein.
2d	KL liest mit den TN die Redemittel im Kasten. Die Gruppen stellen ihre Ergebnisse vor und verwenden dabei die Redemittel. Nach der Präsentation sollte sich eine Diskussion mit den Zuhörern ergeben.
UND SIE?	TN sprechen in GA darüber, was sie selbst für ihre Gesundheit tun.
	ALTERNATIVE: TN entwerfen in PA, GA oder im PL einen Fragenkatalog zu einem gesunden Leben. Beispiele: *Treiben Sie regelmäßig Sport? Wie oft essen Sie Obst und Gemüse? Rauchen Sie?* etc. Danach befragen sie sich gegenseitig oder in der Gruppe und sprechen über ihre Gewohnheiten.
	ERWEITERUNG: Die TN gehen im Kursraum herum und interviewen mithilfe der KV andere TN.

Erläuterungen zum Unterricht	Materialien

3a	**PA:** TN übernehmen entweder A oder B. Sie klären mithilfe eines Wörterbuchs unbekannte Wörter und überlegen, wie sie ihre Vokabeln am besten erklären können (zeichnen, umschreiben, Pantomime). Danach erklären sie sich gegenseitig ihre Wörter. Sie können die Wörter in einer anderen Reihenfolge als im KB erklären und erraten, um welches Wort es sich handelt.	Wörterbuch
	ERWEITERUNG (▶ Fliegenklatschenspiel): KL schreibt alle Wörter durcheinander an und liest Definitionen vor, TN spielen in zwei Gruppen und schlagen möglichst schnell auf das passende Wort.	Fliegenklatschen
3b	TN hören das Interview und beantworten die Fragen. **Lösung:** Er hat seinen Beruf in einer Klinik gelernt; heute arbeitet er bei einem ambulanten Pflegedienst.	2.46
3c	TN hören noch einmal und kreuzen die richtigen Antworten an. **Lösung:** 1. b; 2. a; 3. a; 4. b	2.46
3d	TN lesen die Sätze von 3c noch einmal und markieren die Verben in den Infinitivsätzen. Dann ergänzen sie die Tabelle. KL wiederholt, was die TN über Infinitivsätze mit *zu* wissen (gleiches Subjekt in HS und NS etc.) und fasst zusammen, wie die Sätze bei trennbaren Verben, mit Modalverben und im Passiv gebildet werden. **Lösung:** aufzupassen; diskutieren zu müssen; gerufen zu werden	
3e	TN lesen die Ausdrücke, die mit Infinitiven mit *zu* erweitert werden, und überlegen für jede Gruppe weitere Ausdrücke. ▶ **Kettenübung:** TN stellen sich im Kreis auf und nennen einen Satzanfang, der/die nächste TN ergänzt den Satz und nennt den nächsten Satzanfang usw. Bei großen Kursen als GA.	
	VARIANTE: KL schreibt die Ausdrücke auf Zettel und die Obergruppen auf DIN-A3-Blätter. TN ordnen die Ausdrücke zu, kleben sie auf und hängen die Blätter auf. Die Aktivität kann auch als ▶ **Ballrunde** durchgeführt werden.	Zettel, DIN-A3-Blätter, Klebstoff
	ERWEITERUNG (▶ Wahrheit oder Lüge): TN schreiben jeweils sechs Sätze mit unterschiedlichen Ausdrücken aus der Tabelle über sich selbst. Dabei sollen vier Sätze wahr und zwei Sätze falsch sein. GA (3–4 TN): TN lesen jeweils ihre Sätze vor. Die anderen TN raten, welche Aussagen richtig und welche falsch sind. Für jede richtige Vermutung gibt es einen Punkt. Gewonnen hat, wer am Ende die meisten Punkte hat.	
	ERWEITERUNG: Die TN formulieren mithilfe der KV Infinitivsätze oder spielen ▶ **Schnapp.**	KV
	ERWEITERUNG: Zur Vertiefung der Infinitivsätze machen die TN ÜB 3b–d.	

Erläuterungen zum Unterricht	Materialien

4a	TN lesen den Text und überlegen, um welche Textsorte es sich handelt. **Lösung:** 3
	ERWEITERUNG: TN lesen noch einmal und fassen zusammen, was bei jedem Patienten wichtig ist und gemacht werden soll. KL klärt ggf. Vokabular.

| 4b | TN hören das Telefongespräch und fassen zusammen, was passiert ist. | 2.47 |
| | **Lösung:** Herr Petzl ist aus dem Bett gefallen. | |

| 4c | TN hören noch einmal und fassen Probleme und Lösungsvorschläge zusammen. | 2.47 |

VARIANTE: KL schreibt verschiedene Aussagen an (z. B. *Wanda soll Herrn Petzl nicht zurück ins Bett bringen. Herr Petzl klagt über Schmerzen in der Hand. …*). TN überlegen erst in PA, dann im PL, ob die Aussagen richtig oder falsch sind.

4d TN lesen die Probleme und ordnen die passende Lösung zu. KL weist darauf hin, dass eine Lösung zu keinem Problem passt.
Lösung: Problem 1: D; Problem 2: C, Problem 3: B

ERWEITERUNG: TN sprechen im PL darüber, ob es andere oder evtl. bessere Möglichkeiten gibt, auf die Probleme zu reagieren.
TN können auch darüber sprechen, welche weiteren Probleme Pflegepersonal mit Patienten haben kann und wie man diese Probleme am besten löst.

4e TN lesen die Redemittel, KL klärt ggf. Vokabular. PA: TN wählen eines der Probleme aus 4d (es kann auch ein Problem sein, das im PL ergänzt wurde) und spielen die Situation zwischen Pflegekraft und Pflegedienstleitung.

ERWEITERUNG: TN spielen ihre Situation im PL vor, die anderen TN sprechen darüber, ob das Problem von der Pflegedienstleistung gut gelöst wurde oder ob sie noch andere Vorschläge haben.

| **Erläuterungen zum Unterricht** | **Materialien** |

5a KL fragt, was beim Schreiben eines Pflegeberichts wichtig sein könnte, und notiert die Vorschläge an der Tafel. Die TN lesen die Tipps. Sie lesen dann den Bericht und notieren, wo sie Beispiele für die Tipps finden.
Lösung: 5, 3, 1, 4, 2

5b TN lesen den Fall von Frau Schubert und unterstreichen die wichtigen Informationen. Danach schreiben sie – ggf. in PA – einen Pflegebericht nach dem Beispiel von 5a und vergleichen mit einer anderen Gruppe.

ERWEITERUNG (PA): TN formulieren Problem 1 oder 3 aus 4d schriftlich aus oder überlegen sich einen anderen Fall, eine andere Gruppe schreibt einen Pflegebericht dazu.
ERWEITERUNG: Zur Vertiefung können die TN ÜB 5a und b machen.

| **UND SIE?** | Differenzierungsaufgabe: Die TN entscheiden sich für ein Thema und finden sich in Gruppen zusammen. Die erste Gruppe sammelt Berufe, in denen die Arbeit dokumentiert werden muss, und spricht darüber. Die zweite Gruppe spricht über ihre eigenen Berufe, welche Probleme darin vorkommen können und wie man diese ggf. lösen kann. Am Ende kann ein/e Sprecher/in die Ergebnisse für die andere Gruppe zusammenfassen. | DIN-A3-Blätter |

| **Erläuterungen zum Unterricht** | **Materialien** |

6a KL malt einen Wortigel an, für Wortschatz zu *STRESS im Beruf*. KL sammelt, was den TN zu den Themen einfällt. TN diskutieren über die Themen im PL.

VARIANTE: TN überlegen, in welchen Situationen sie in ihrem Beruf Stress empfinden. Sie bilden zwei Gruppen und tauschen sich aus. Anschließend tauschen sie die Ergebnisse im PL aus und diskutieren.

6b TN lesen den Text schnell (z. B. in zwei Minuten) und nennen dann zwei Informationen, die ihnen wichtig erscheinen.

ERWEITERUNG: Danach machen die TN eine ▶ **Kettenübung** oder ▶ **Ballrunde**. Sie nennen, wenn sie an der Reihe sind, einen wichtigen Punkt des Textes.

6c	TN lesen den Text noch einmal und ordnen die Aussagen zu. Vergleich im PL. **Lösung:** 2. f); 3. a); 4. e); 5. b); 6. c)	

6d TN fassen die einzelnen Abschnitte mit ihren eigenen Worten zusammen.

VARIANTE (6 Gruppen): Jede Gruppe fasst einen Abschnitt zusammen und schreibt die Zusam- Blätter
menfassung auf ein Blatt. Die Gruppen lesen ihre Zusammenfassung vor, die anderen Gruppen
überlegen, ob das Wesentliche festgehalten wurde oder etwas ergänzt werden muss.
ERWEITERUNG: TN diskutieren über die einzelnen Punkte.
Mit welchen sind sie einverstanden, mit welchen nicht? Womit haben sie persönliche
Erfahrungen gemacht?
Wenn die Variante gemacht wurde, kann auch eine ▶ **Vier-Ecken-Diskussion / Dynamische
Diskussion** gemacht werden.

6e TN diktieren KL die grünen Ausdrücke, KL schreibt sie an (*das herrliche Gefühl genießen; Klarheit
gewinnen; zur Verfügung haben; sich drehen um; sich auffressen lassen von; Schluss machen mit; in
den Alltag integrieren*). TN erklären die Ausdrücke. Ggf. gibt KL Erklärungshilfen vor (*etwas sehr
angenehm finden; sich bewusst über etwas werden; etwas besitzen; wichtig sein; Energie wegneh-
men; etwas beenden; etwas im täglichen Leben regelmäßig ausüben*). KL kann die Definitionen
auch anschreiben und die TN ordnen zu. TN schreiben mit den Ausdrücken Sätze über sich selbst.

VARIANTE: KL gibt die Satzanfänge/-strukturen vor oder schreibt Beispielsätze über sich selbst Blätter
an: *Ich möchte einmal das herrliche Gefühl genießen, (eine Woche am Strand in der Sonne zu liegen);
Ich würde gerne mehr Klarheit (über meine berufliche Zukunft) gewinnen; (Um Sport zu treiben,)
habe ich (jede Woche zwei Stunden) zur Verfügung; (In meiner Familie) dreht sich zur Zeit alles um
(den 80. Geburtstag unseres Opas); Ich will mich nicht (von der vielen Arbeit im Haushalt) auffressen
lassen; Ich möchte Schluss damit machen, (immer so viele Überstunden zu machen); Ich möchte in
meinen Alltag integrieren, (jeden Tag 10 Minuten Yoga zu machen).* Anschließend schreiben die TN
eigene Sätze.
VARIANTE: TN wählen drei Ausdrücke und schreiben damit einen Satz über sich selbst auf ein Blätter
Blatt. Sie machen mit den Blättern eine ▶ **Schneeballschlacht** und suchen die Person, die die
Sätze geschrieben hat.

6f GA: TN suchen im Text Ausdrücke mit *es* und vergleichen im PL.
Lösung: es sich im Alltag leichter zu machen; sind es über 10.000 Gegenstände; Dann geht es
weiter; wobei es keine Trennung zwischen gibt; es geht nicht nur um …; es nicht so weit kommen
lassen; geht es schließlich; vgl. auch Grammatikanhang.

ERWEITERUNG: Zur Vertiefung des Themas machen die TN ÜB 6b und c.

6g KL schreibt *DAS LEBEN VEREINFACHEN* an. TN sprechen im PL darüber. Geht das? Hilft das tatsächlich, um glücklicher zu sein? Was denken die TN über die Tipps im Text, haben sie andere/
bessere Vorschläge?

ERWEITERUNG (GA): TN schreiben drei bis fünf weitere Tipps, um sich das Leben einfacher zu
machen.

VORHANG AUF Differenzierungsaufgabe: TN entscheiden sich für einen Vorschlag. Die TN, die sich für das Rollenspiel entscheiden, überlegen ein konkretes Problem, das man auf der Arbeit oder im Privatleben haben kann, und Lösungsmöglichkeiten dazu. Sie bereiten das Rollenspiel in PA oder GA vor
und spielen es im PL.
Die TN, die sich für die Podiumsdiskussion entscheiden, übernehmen eine der Rollen, bereiten
sich vor und spielen dann die Diskussion. Video

8 In der Gastronomie

Lernziele/Sprachhandlungen

Sprechen	Waren annehmen und reklamieren; über berufsspezifische Kompetenzen sprechen; über Essgewohnheiten sprechen; die Zubereitung eines Gerichts beschreiben
Hören	Interview mit einem Koch; Text zu Warenbestellung und Anlieferung verstehen
Lesen	eine Bestellung verstehen; eine Stellenanzeige verstehen; Restaurantanzeigen verstehen; Tipps zum erfolgreichen Verhandeln verstehen
Schreiben	eine Restaurantbewertung schreiben; auf eine Anfrage antworten
Beruf	Koch; berufsspezifische Kompetenzen; Waren annehmen und reklamieren

Lerninhalte

Redemittel	Zum Rühren nehme ich einen Kochlöffel │ Ein Koch muss mit Stress umgehen können, weil … │ Für meinen Beruf ist es sehr wichtig, dass man … │ Ich bringe Ihre Lieferung. │ Das war anders vereinbart. Ich hatte … bestellt.
Wortschatz	Küchengeräte, Tätigkeiten in der Küche
Grammatik	Adjektivdeklination (Wiederholung) │ Zweck und Ziel ausdrücken mit *damit, um + zu* + Infinitiv und *zum* + substantivierter Infinitiv

Erläuterungen zum Unterricht	Materialien
1a PA: TN betrachten die Fotos, wählen eines aus und sprechen darüber.	
VARIANTE (GA, 4 TN): Jede/r TN beschreibt eines der vier Fotos so genau wie möglich, die anderen TN ergänzen, was ihnen noch dazu einfällt.	
ERWEITERUNG: KL kopiert die Fotos für jede Gruppe oder verwendet die KV. TN schreiben in GA Sprechblasen zu den abgebildeten Personen und überlegen kleine Dialoge. Vergleich mit anderen Gruppen oder im PL.	Kopien der Fotos, KV
1b TN hören das Gespräch und überlegen im PL, welche Fotos dazu passen und welche Pläne die Personen haben	3.02
Lösung: Fotos A, C und E, die Personen möchten zusammen essen gehen und sprechen über einen Kochkurs.	
ERWEITERUNG: KL schreibt verschiedene Küchen an die Tafel / das IWB: z. B. *griechische, vegetarische, vegane, asiatische, deutsche, italienische, französische, spanische, brasilianische, chinesische, afrikanisch-orientalische, indische, japanische Küche*. TN hören noch einmal und sprechen darüber, welche Küchen erwähnt werden. Wohin wollen die Personen am Ende gehen?	
ERWEITERUNG: KL legt Blätter zu jeweils einer Küche im Kursraum aus. Die TN gehen durch den Raum und notieren zu jeder „Küche" typische Speisen, z. B.: *spanische Küche: Paella, Sangría, Tapas, …*	DIN-A4-Blätter
1c TN sprechen darüber, welche Küche sie kennen und was ihnen schmeckt. Sie können erst in Gruppen sprechen und dann im PL zusammenfassen. Danach machen sie eine ▶ **Kursstatistik** über die Beliebtheit der einzelnen Küchen.	

Erläuterungen zum Unterricht	Materialien
2a TN lesen im PL die Situationen und Texte und ordnen zu. KL weist darauf hin, dass die TN ein X schreiben, wenn es keinen passenden Text gibt.	
Lösung: 1. B; 2. C; 3. F; 4. X; 5. D; 6. E	
2b TN lesen die Texte noch einmal. Sie markieren die genannten Adjektive in den Texten. Anschließend überlegen sie in GA, was die Adjektive bedeuten können. Sie überprüfen ihre Vermutungen mit einem Wörterbuch.	Wörterbuch
ERWEITERUNG (PA/GA): TN schreiben drei Umschreibungen für die Adjektive und geben sie an eine andere Gruppe weiter, die überlegt, um welches Adjektiv es sich handelt (z. B: *teuer und gepflegt = gehoben; mit vielen verschiedenen Varianten = umfangreich; das Gegenteil von scharf = mild*)	

2c	GA: Die TN sprechen über die Texte. Für wen wäre das interessant? Warum? Warum nicht?	
2d	KL erinnert daran, dass Adjektive vor Nomen dekliniert werden und dass die Deklination davon abhängt, ob das Nomen einen bestimmten, einen unbestimmten oder keinen Artikel hat. Die TN suchen alle Adjektive aus den Texten, ordnen sie zu und markieren die Endungen.	
	VARIANTE (3 Gruppen): Jede Gruppe notiert die Beispiele einer Adjektivklasse auf einem DIN-A3-Papier. Blätter werden im Kursraum aufgehängt.	DIN-A3-Blätter
	ERWEITERUNG (3 Gruppen): Jede Gruppe informiert sich über die Endungen/Deklinationen einer Gruppe (z. B. im Grammatikteil), erstellt dazu ein ▶ **Lernplakat** und erklärt die Adjektivklasse möglichst anschaulich im PL.	Plakate
2e	PA/GA: TN schreiben Sätze und wiederholen damit die Adjektivdeklination nach dem bestimmten Artikel.	
	ERWEITERUNG: Zur Vertiefung machen die TN ÜB 2b.	
2f	GA (3–4 TN): TN machen Kettensätze wie im Beispiel und wiederholen so die Adjektivdeklination nach dem unbestimmten Artikel.	
	ERWEITERUNG: Zur Vertiefung machen die TN ÜB 2c.	
2g	TN ergänzen – ggf. in PA – die Adjektive im Text und wiederholen so die Adjektivendung ohne Artikel. **Lösung:** Frischer; gutes; leckeren; frischen; günstigen; nette; freundlicher	
	ERWEITERUNG: Zur Vertiefung machen die TN ÜB 2d.	
UND SIE?	GA: TN sprechen darüber, was ihnen bei einem guten Restaurant wichtig ist, und machen Notizen. EA/PA: Sie schreiben eine Bewertung für ihr Lieblingsrestaurant. Die Bewertungen können gesammelt und zu einem Kurs-Restaurantführer gebunden werden.	
	ERWEITERUNG: TN schreiben einen Text darüber, wie ein gutes Restaurant sein sollte oder beschreiben ein Restaurant, das sie kennen. Dabei verwenden sie möglichst viele Adjektive. Sie können die Texte ohne Endungen schreiben und an eine andere Gruppe weitergeben, die die Endungen ergänzt. VARIANTE: Die TN schreiben einen Text über ein Restaurant ohne Adjektive, eine andere Gruppe erweitert den Text mit Adjektiven. ERWEITERUNG: Zur Vertiefung können die TN ÜB 2e machen.	

Erläuterungen zum Unterricht		**Materialien**
3a	TN betrachten die Bilder und sprechen darüber, was sie in ihrer Küche haben und welche Utensilien und Lebensmittel sonst noch in ihrer Küche sind.	
	ERWEITERUNG: Die TN machen die Zuordnungsübung oder spielen ▶ **Memory** mit der KV. ERWEITERUNG: Damit sie sich die Wörter besser merken, können die TN ein ▶ **Wortschatzspiel** machen.	KV
3b	TN hören das Gespräch im Kochkurs. Sie markieren in 3a die Gegenstände, die zum Kochen gebraucht werden, und nennen im PL, was die Gruppe kocht. **Lösung:** Die Gruppe kocht heute einen Risotto. Sie verwenden Brettchen, Küchenmesser, Topf, Kochlöffel, Küchenreibe, Pfeffermühle.	3.03
3c	TN hören noch einmal und kreuzen an, ob die Aussagen richtig oder falsch sind. TN korrigieren danach die falschen Aussagen. **Lösung:** 1. f; 2. r; 3. f; 4. f; 5. f; 6. r	3.03
3d	TN lesen die Sätze von 3c noch einmal und ergänzen die Tabelle. KL thematisiert die verschiedenen Möglichkeiten, um einen Zweck / ein Ziel auszudrücken. KL wiederholt mit den TN den Unterschied zwischen *um … zu* und *damit*. Bei *um … zu* müssen die Subjekte in beiden Satzteilen gleich sein, *damit* ist bei unterschiedlichen Subjekten möglich. **Lösung:** damit die Teilnehmer die Mengenangaben haben; Um einen guten Risotto zu machen, Zum Einkaufen	

3e TN lesen die Verben, ggf. klären sie die Bedeutung mithilfe von Beschreibung oder Pantomime. Sie sprechen darüber, welche Küchenutensilien sie benötigen, um diese Tätigkeiten durchzuführen und verwenden dabei die Möglichkeiten der Tabelle aus 3d.

ERWEITERUNG/BINNENDIFFERENZIERUNG: Als Vorentlastung können die TN vor der Aufgabe ÜB 3a und/oder 3b machen.
VARIANTE (PA/GA): Die TN schreiben Sätze mit den Möglichkeiten aus 3b und ersetzen die Tätigkeit durch einen Strich (z. B. *Eine Pfanne nehme ich, um mir ein Ei zu _____; Die Pfeffermühle benutzen wir, damit wir unser Steak _____ können* usw.). Eine andere Gruppe ergänzt die Verben.

3f TN schreiben in GA Fragen mit *wozu* und *warum*, eine andere Gruppe antwortet mit *damit, um ... zu* oder *zum*.

UND SIE? Differenzierungsaufgabe: KL hängt in eine Ecke ein Blatt Papier mit der Aussage: *Ich koche gern*, in die entgegengesetzte Ecke ein Blatt mit *Ich koche nicht gern*. Die TN gehen in die Ecke, mit deren Aussage sie sich besser identifizieren können. TN sprechen in ihren Gruppen darüber, was sie gerne kochen und wie sie das Gericht zubereiten oder was sie tun können, um möglichst nicht kochen zu müssen.

ERWEITERUNG: Je nach Gruppe schreiben die TN entweder ein Rezept oder Tipps, wie man sich ernähren kann, ohne kochen zu müssen, auf ein DIN-A3-Blatt. Wenn sich die TN für das Rezept entscheiden, gestalten sie das Blatt möglichst attraktiv, notieren die Zutaten und schreiben die Kochanleitung. Sie können auch Zeichnungen machen. Die Blätter werden im Kursraum aufgehängt. Die Rezepte können auch auf DIN-A4-Blätter geschrieben und zu einem Kurs-Kochbuch gebunden werden, ggf. dann in PA/EA, damit genügend Rezepte zusammenkommen. Wenn sich die TN für die Tipps entscheiden, überlegen sie humorvolle, nicht unbedingt ernst gemeinte Tipps, um ohne zu Kochen zu regelmäßigem Essen zu kommen (z. B. *Ich besuche meine Oma. Ich besuche meine Freunde überraschend, wenn sie beim Mittagessen sitzen. Ich besorge mir die Telefonnummer von jedem Pizza-Service der Stadt. ...*). | DIN-A3-Blätter

Erläuterungen zum Unterricht	**Materialien**

4a KL schreibt *BERUFE RUND UMS ESSEN* an. TN überlegen, welche Berufe ihnen dazu einfallen. KL schreibt die Vorschläge an.

ERWEITERUNG: KL liest eine Liste mit Berufen vor. Bei jedem Beruf, der mit Essen/Nahrungsmitteln zu tun hat, stehen die TN auf. Wenn sich die TN nicht einig sind, begründen die TN, die aufgestanden sind, ihre Meinung.

4b TN lesen die Eigenschaften, KL klärt ggf. Vokabular. TN kreuzen zuerst in EA an und diskutieren dann in GA über ihre Meinung.

4c TN machen während des Hörens Notizen. Danach sprechen sie zuerst in PA darüber, was sie verstanden haben, dann vergleichen sie im PL. | 3.04

4d TN hören noch einmal und ordnen dann zu.
Lösung: 1. c); 2. h); 3. e); 4. i); 5. b); 6. g); 7. a); 8. d); 9. f) | 3.04

VARIANTE: TN ordnen zu und hören noch einmal zur Kontrolle. KL kann die einzelnen Teile für jede Gruppe auch auf Kärtchen schreiben und die TN ordnen in GA vor, beim oder nach dem Hören zu. | Kärtchen

4e TN fassen im PL zusammen, was die Aufgaben eines Kochs / einer Köchin sind und welche Kompetenzen er/sie besitzen muss.

VARIANTE (GA): TN schreiben ein Berufsprofil für einen Koch / eine Köchin.
ERWEITERUNG: TN überlegen sich in GA einen Beruf und schreiben ein Profil dazu, ohne den Beruf zu erwähnen. Sie stellen das Profil vor, die anderen TN raten, um welchen Beruf es sich handelt.

UND SIE? TN machen Notizen zu ihrem eigenen Beruf oder zu einem Beruf, den sie gerne ausüben würden, dann stellen sie den Beruf in GA oder im PL vor.

Erläuterungen zum Unterricht	Materialien

5a TN hören und beantworten die Fragen im PL.
Lösung: Fabio Bustioni ruft die Firma Gastrofood an. Am nächsten Vormittag, 10 Uhr, sollen die Lebensmittel geliefert werden.

3.05

5b TN hören noch einmal und markieren/korrigieren, wo die Händlerin etwas nicht oder falsch notiert hat.
Lösung: 30 Lachsfilets; sie hat die Sahne vergessen, er hat Strauchtomaten bestellt.

3.05

5c TN hören und fassen zusammen, welche Probleme es gibt.
Lösung: Die Lieferung kommt zu spät; Rotbarsch statt Lachs; grüne statt roter Tomaten; Sahne steht nicht auf dem Lieferschein.

3.06

5d TN lesen die Aussagen und entscheiden, ob Händler oder Koch die Sätze sagen. Sie hören das Gespräch noch einmal und korrigieren, wenn nötig.
Lösung: links: H, K, H, K, H, K, H; rechts: H, K, H, K, H, H, H

5e Differenzierungsaufgabe (PA): TN entscheiden sich für eine der Situationen. Sie erarbeiten schriftlich einen Dialog und spielen ihn dann möglichst frei. Nach Möglichkeit verwenden sie auch Ausdrücke aus 5d.

Erläuterungen zum Unterricht	Materialien

6a Bei geschlossenem KB: KL fragt die TN, in welchen privaten oder beruflichen Situationen Menschen miteinander verhandeln (z. B. *Angestellter möchte mehr Gehalt, Jugendliche/r möchte später nach Hause kommen, jemand möchte im Geschäft ein Kleid billiger haben, weil es einen kleinen Fehler hat, …*). KL hält die Vorschläge an der Tafel fest. KL fragt die TN nach ihrer Meinung dazu, was man beachten sollte, wenn man etwas verhandelt. TN öffnen KB und lesen die Begriffe. Sie überlegen im PL, was diese mit erfolgreichem Verhandeln zu tun haben könnten.

6b TN lesen die Texte und formulieren – ggf. in PA – eine Überschrift.

VARIANTE GA (4 TN): Jede/r TN liest einen Text und fasst ihn für die anderen TN zusammen, die Gruppe diskutiert eine passende Überschrift ▶ **kooperatives Lesen**.
ERWEITERUNG/BINNENDIFFERENZIERUNG: Um die Lesetexte vorzuentlasten, können die TN ÜB 6a und c machen, schnellere TN machen auch b und d.
Mögliche Lösungen: Strategie 2: Stellen Sie Fragen!; Strategie 3: Machen Sie Pausen; Strategie 4: Seien Sie offen und interessiert

6c TN lesen den Text ggf. noch einmal und überlegen, welche Strategie zu den Situationen passt.
Lösung: A4; B1; C2; D3

EWEITERUNG/VARIANTE (GA, 4 TN): Jede/r TN beschreibt eine Situation mit eigenen Worten, die anderen TN reagieren, geben Ratschläge und verweisen auf die Strategien von 6b.

6d TN sprechen darüber, wie sie die vorgeschlagenen Strategien persönlich finden und ergänzen ggf. mit eigenen Ideen.

INTERKULTURELLE PERSPEKTIVE: TN sprechen über folgende Ideen: *Wie würde man das in den Heimatländern der TN machen? Würden die Strategien dort auch gut ankommen oder würde man damit anstoßen? Gibt es in den Heimatländern etwas, das bei Verhandlungen tabu ist? …*
ERWEITERUNG: TN machen Rollenspiele zum Thema Verhandeln, entweder im beruflichen oder im privaten Bereich (z. B. eines der Themen von 6a), und versuchen, die von ihnen als gut befundenen Strategien anzuwenden. Evtl. können die anderen TN anmerken, was sie gut gemacht haben und was man besser machen könnte.

VORHANG AUF Differenzierungsaufgabe (PA/GA): Die TN entscheiden sich für ein Thema, erarbeiten eine Situation und spielen sie in der Gruppe oder im PL vor.

Video

Haltestelle C

Erläuterungen zum Unterricht	Materialien

1   Differenzierungsaufgabe: KL erklärt den TN, dass mit den folgenden Aktivitäten Wortschatz zum Thema Berufe wiederholt wird und dass dazu drei Übungsformen angeboten werden. KL liest mit den TN die verschiedenen Arbeitsvorschläge und die dazugehörigen Beispiele. TN entscheiden sich für eine Arbeitsform und finden sich in Gruppen zusammen. Anschließend stellen sie ihre Ergebnisse im PL vor.

BSK-Spezial C – Bewerbung

Lernziele/Sprachhandlungen

1   eine Stelle in der Jobsuche der Arbeitsagentur finden; Jobbörsen und Jobmessen; Interesse an einer Jobmesse schriftlich begründen

2   in Stellenanzeigen verlangte Eigenschaften erkennen; Muss- und Wunsch-Kriterien unterscheiden; eigene Kompetenzen formulieren

3   den Aufbau eines Anschreibens verstehen; eigene Qualifikationen formulieren; ein Anschreiben schreiben

4   die Phasen des Bewerbungsgesprächs; ein Bewerbungsgespräch führen; Motivation, Qualifikation und Interessenlage erläutern

Einstieg

▶ **Wimmelübung mit Musik**: KL lässt Musik laufen. TN bewegen sich frei im Raum. KL stoppt die Musik und ruft ein Stichwort in den Raum, zum Beispiel: Bewerbung, Arbeitsagentur, Stellenanzeige, Kompetenz, Motivation, Bewerbungsgespräch. TN sprechen zu zweit über dieses Stichwort, bis die Musik wieder losgeht und alle weitergehen.

Erläuterungen zum Unterricht	Materialien

1a   TN sehen sich das Foto an und lesen die drei Möglichkeiten, wie Manuel Sanchez herausgefunden haben könnte, wie sein Beruf auf Deutsch heißt.

     TN hören, was Manuel erzählt, und wählen die passende Möglichkeit aus. Die Lösungen werden im PL verglichen.

     KL lässt sich Manuels genaue Berufsbezeichnung an die Tafel bzw. das IWB diktieren. TN sprechen im PL über Berufsbezeichnungen.

     Wichtige Wörter befinden sich in der Vokabelspalte auf Seite 149 rechts. Nach dieser Aufgabe kann die Übung zur Berufssprache auf derselben Seite durchgeführt werden.

     Lösung: 3.

(Materialien: 3.09)

1b   PA: TN tauschen sich zu zweit über ihre Erfahrungen mit der Jobbörse der Arbeitsagentur und anderen online-Stellenbörsen aus.

     TN lesen die Tabelle, in der Manuel nach Stellenanzeigen in Darmstadt sucht. Sie lesen die Fragen 1 bis 4 und beantworten diese. Die Antworten werden im PL verglichen.

     Nach dieser Übung eignet sich die Übung zum Leseverstehen a und b auf Seite 149 zur Vertiefung.

     Lösung: 1. Das Stellenangebot von ÖsGeTek Personal Recruiting ist am aktuellsten, das von der Firma Otto A. Tratsch & Söhne GmbH am ältesten. 2. Den Recruit Team und Elektro Rahl liegen am nächsten zum gewünschten Arbeitsort, die Firma Otto A. Tratsch liegt am weitesten entfernt. 3. Manuel kann bei Elektro Rahl, Yannowi Electronics und ÖsGeTek Personal Recruiting sofort anfangen, bei zeitjobpartner am spätesten. 4. Vermutlich sind Den Recruit Team, zeitjobpartner und ÖsGeTek Personal Recruiting Zeitarbeitsfirmen und Elektro Rahl, Yannowi Electronics und die Firma Otto A. Tratsch haben die Anzeige selbst eingestellt.

1c   TN lesen das Beispiel in der Sprechblase und den Tipp zu den Videos. TN suchen dann in EA oder PA auf www.berufenet.arbeitsagentur.de nach der deutschen Bezeichnung für ihren Beruf oder Wunschberuf. Sie suchen unter den Rubriken „Berufsfelder", „Tätigkeitsfelder" oder „Studienfelder" und sehen sich evtl. noch die Videos zu ihren Berufen an. Die recherchierten Berufsbezeichnungen werden im PL besprochen.

	VARIANTE: KL schreibt *Berufe* auf ein Plakat. TN schreiben die Bezeichnung für ihren Beruf oder ihren Wunschberuf auf das Plakat. Das Plakat wird im Kursraum aufgehängt.	Plakate

BERUF KONKRET: TN mit gleichen oder ähnlichen Berufen/Berufszielen bilden Lernpaare oder Kleingruppen. Sie suchen gemeinsam nach Berufsbezeichnungen für Berufe in ihrem Bereich und sammeln diese auf einem Plakat.

1d   PA: TN recherchieren in der *Jobsuche* nach Stellenanzeigen für ihren Beruf oder Wunschberuf und entscheiden sich für eine, die sie interessant finden. TN lesen die Redemittel im Redemittelkasten und präsentieren ihre Stellenanzeige einer anderen Person im Kurs.

BERUF KONKRET: TN mit gleichen oder ähnlichen Berufen/Berufszielen stellen sich gegenseitig interessante Stellenanzeigen zu Berufen aus ihrem Bereich vor.
Die Schreibübung auf Seite 149 bietet sich als Abschluss oder als HA an.

BS   **Lösung:** 1. eine Stelle finden, 2. einen Überblick bekommen, 3. im Stellenteil recherchieren, 4. seinen Lebenslauf online stellen, 5. Kontakt herstellen, 6. ins Gespräch kommen

LE a   **Lösung:** 1. b, 2. c

LE b   **Lösung:** 1. c), 2. d), 3. b), 4. e), 5. a)

Erläuterungen zum Unterricht	**Materialien**

2a   Als Vorbereitung auf die Aufgabe kann die Übung zur Berufssprache auf Seite 151 durchgeführt werden.
TN lesen die Stellenanzeige der Firma Elektro Rahl GmbH, die Manuel ausgewählt hat. Sie ordnen die Überschriften A bis G den passenden Abschnitten zu und ergänzen die entsprechenden Buchstaben. Die Lösungen werden im PL verglichen.
Lösung: E, B, G, C, D, A, F

2b   PA: KL klärt den Unterschied zwischen Muss- und Wunsch-Kriterien. TN lesen zu zweit das Beispiel und die Formulierungen 2 bis 15. Sie entscheiden, ob die jeweilige Wendung zu einem Muss- (M) oder Wunsch-Kriterium (W) passt und ergänzen den entsprechenden Buchstaben. Die Lösungen werden im PL verglichen.
Lösung: Muss-Kriterien: 1, 4, 5, 6, 7, 8, 9, 12, 13, Wunsch-Kriterien: 2, 3, 10, 11, 14, 15

	VARIANTE: KL verteilt die Wendungen als einzeln zerschnittene Kopien an die Lernpaare. TN sortieren die Ausschnitte in zwei Spalten, eine für Muss- und eine für Wunsch-Kriterien, und kleben sie ggf. auf ein Blatt Papier.	zerschnittene Kopien

2c   Die Leseübung zu Schlüsselqualifikationen auf Seite 151 bietet sich als Vorbereitung an.
TN lesen die Informationen auf Seite 151 sowie erneut die Anzeige in 2a. Sie analysieren die Anzeige und markieren die Muss- und Wunsch-Kriterien mit zwei unterschiedlichen Farben. Die Ergebnisse werden im PL besprochen.

ERWEITERUNG: TN diskutieren, welche Schlüsselqualifikationen und weitere Besonderheiten ihnen in der Stellenanzeige auffallen.
BERUF KONKRET: TN mit gleichen oder ähnlichen Berufen/Berufszielen bilden Lernpaare oder Kleingruppen. Sie diskutieren anschließend, welche Muss- und Wunsch-Kriterien für ihr Berufsfeld typisch sind und sammeln Formulierungen. Die Ergebnisse werden im PL präsentiert.

2d   PA: TN besprechen zu zweit, welche Informationen noch in der Anzeige fehlen. Sie lassen sich von der Beispielfrage inspirieren und bilden weitere indirekte Fragen. Die Fragen werden im PL verglichen.

ERWEITERUNG: Jedes Lernpaar spielt ein Telefongespräch zwischen Manuel und einem Mitarbeiter / einer Mitarbeiterin von der Firma Elektro Rahl GmbH, bei dem Manuel die Fragen nach den fehlenden Informationen stellt. Der Mitarbeiter / die Mitarbeiterin denkt sich passende Antworten aus. Tipps zum effektiven Telefonieren befinden sich auf Seite 151.

2e   PA: TN wählen zu zweit eine interessante Stellenanzeige und analysieren sie nach Muss- und Wunsch-Kriterien. Die Ergebnisse der Analyse werden im PL präsentiert.

BERUF KONKRET: TN mit gleichen oder ähnlichen Berufen/Berufszielen bilden Lernpaare und analysieren eine für ihr Berufsfeld passende Stellenanzeige.
Die Schreibübung auf Seite 151 bietet sich als HA an.

BS	**Lösung:** 2. die Fachkraft, die Elektro(technik) – eine Person, die im Fach Elektrotechnik ausgebildet ist, 3. die Anlage, der Blitz, der Schutz – eine Anlage, die vor Blitzen schützt, 4. die Höhe, die Tauglichkeit – Jemand kann in großer Höhe arbeiten., 5. die Phase, die Einarbeitung – die Zeit, in der jemand eingearbeitet wird, 6. die Sicherheit, der Standard – Sicherheitsbestimmungen, die für alle gelten, 7. der Wunsch, das Kriterium – eine Eigenschaft, die der Arbeitgeber sich wünscht
LE	**Lösung:** 1. b, g, 2. f, m, 3. i, o, 4. a, p, 5. k, n, 6. c, e, 7. h, l, 8. d, j

Erläuterungen zum Unterricht Materialien

3a PA: TN versetzen sich in die Lage von Vorgesetzten, die Anschreiben von Bewerbungen lesen müssen. Sie sammeln zu zweit Informationen oder Inhalte, die sie an einem Anschreiben wichtig finden würden, und erstellen daraus eine ▶ **Mindmap**.
Die Mindmaps werden im PL verglichen und besprochen.

ERWEITERUNG: TN überlegen, worauf sie als Vorgesetzte mit wenig Zeit bei Anschreiben außerdem noch achten würden (zum Beispiel Lesbarkeit, Übersichtlichkeit, gebotene Kürze etc.) und ergänzen diese.

3b TN lesen die Tipps zum Anschreiben im roten Hinweiskasten und das Anschreiben, das Manuel Sanchez zur Stellenanzeige auf Seite 150 geschrieben hat. Sie ordnen die Punkte 1 bis 7 den Textteilen zu und ergänzen die passenden Ziffern. Die Lösungen werden im PL verglichen.
Lösung: Reihenfolge von oben: 2, 5, 3, 7, 1, 4, 6

ERWEITERUNG: TN besprechen, welche Informationen aus Manuels Anschreiben für die Vorgesetzten der Firma Elektro Rahl wichtig sind und was an Manuels Anschreiben unter Berücksichtigung der Tipps gelungen ist.
Nützliche Worterklärungen befinden sich in der Vokabelspalte auf Seite 153. Zur Vertiefung bietet sich die Übung zur Berufssprache auf derselben Seite an.

3c TN lesen Manuels Anschreiben aus 3b noch einmal und markieren in EA alle Formulierungen, die sie für ein eigenes Anschreiben benutzen könnten. Sie erstellen damit eine Vorlage mit Formulierungen und Redemitteln für ein eigenes Anschreiben.

Die Übung zum Leseverstehen auf Seite 153 a und b kann im Anschluss durchgeführt werden und bietet noch weitere Beispielformulierungen für ein Anschreiben.

3d GA: TN bilden Kleingruppen. Sie lesen die Redemittel im Kasten und das Beispiel in der Sprechblase und ergänzen die Satzanfänge in EA. Dann vergleichen sie die unterschiedlichen Sätze in der Kleingruppe und üben diese mündlich.

BERUF KONKRET: Kleingruppen aus TN mit gleichen oder ähnlichen Berufen/Berufszielen beenden die Satzanfänge mit Kompetenzen und Erfahrungen, die sich konkret auf ihr Berufsfeld beziehen. Sie diskutieren, welche Kompetenzen für ihr Berufsfeld besonders wichtig sind und üben Formulierungen.
Die Schreibübung auf Seite 153 eignet sich als Abschluss oder als HA.

BS **Lösung:** 2. ich bin mit … vertraut, 3. bin ich daher gewohnt, 4. Ich lege Wert auf, 5 bewiesen, 6 ist es für mich selbstverständlich, 7 verfüge über

LE a **Lösung:** Reihenfolge von oben: 2, 4, 5, 1, 7, 3, 6

Erläuterungen zum Unterricht Materialien

4a TN sehen sich das Foto an und vermuten, welche der Personen sich auf welche Arbeit bewerben könnte.
TN lesen den Beispielsatz und tauschen sich darüber aus, ob sie schon einmal an einem Bewerbungsgespräch teilgenommen haben und wenn ja, welche Erfahrungen sie dabei gemacht haben.
Die Erfahrungen werden im PL besprochen. KL ergänzt bei Bedarf grundsätzliche Informationen zu Bewerbungsgesprächen in Deutschland.

VARIANTE: Bei der Sprechübung ▶ Kugellager bilden jeweils gleich viele TN einen Innen- und einen Außenkreis. Jeweils zwei TN stehen sich gegenüber und tauschen sich über ihre Erfahrungen aus. Auf das Signal des/der KL wechselt der Außenkreis im Uhrzeigersinn, sodass alle TN neue Gesprächspartner haben.

4b	TN lesen die sieben Phasen des Bewerbungsgesprächs. Sie hören das Gespräch zwischen Manuel Sanchez und Jürgen Phillips von der Firma Elektro Rahl GmbH. Sie notieren die Reihenfolge, in der die Phasen aufeinander folgen und ergänzen die passenden Ziffern. Die Lösungen werden im PL verglichen. **Lösung:** 1, 6, 2, 4, 7, 3, 5 ERWEITERUNG: TN besprechen zu zweit, was sie an dem Gespräch so ähnlich erwartet haben und was sie überrascht hat. Sie diskutieren, ob sie Manuel für gut vorbereitet halten und ob sie glauben, dass er die Stelle bekommen wird oder nicht. Als Nachbereitung zu dieser Aufgabe kann das Lesetraining auf Seite 155 verwendet werden. Wichtige Wörter finden sich in der Vokabelliste rechts.	3.10–16
4c	TN lesen die Antworten a bis h von Manuel und die Fragen und Aussagen 1 bis 8 von Jürgen Phillips. Sie ordnen die Antworten den passenden Fragen zu und ergänzen die entsprechenden Ziffern. TN hören dann das Gespräch noch einmal zur Kontrolle. Nach dieser Aufgabe bietet sich die Übung zur Berufssprache auf Seite 155 an. **Lösung:** 1. e, 2. h, 3. a, 4. c, 5. g, 6. d, 7. b, 8. f	3.10–16
4d	PA: TN wählen zu zweit eine der drei Situationen und spielen Bewerbungsgespräche. Die Rollen werden getauscht. BERUF KONKRET: Die Lernpaare werden jeweils aus TN mit gleichen oder ähnlichen Berufen/Berufszielen gebildet. Für den Dialog „Ihre Idee" entwickeln die Paare konkrete Beispiele aus ihrem Berufsumfeld und spielen die Bewerbungsgespräche. Die Schreibaufgabe auf Seite 155 bietet sich als HA an.	
BS	**Lösung:** 1. d, 2. e, 3. a, 4. b, 5. f, 6. c	
LE	**Lösung:** 1. R, 2. F, 3. R, 4. R, 5. R, 6. F	

Erläuterungen zum Unterricht	**Materialien**
5a TN betrachten das Foto und beschreiben, was sie darauf erkennen können und wo diese Situation sich abspielen könnte. KL erklärt, dass es hier um einen Kochkurs geht und die TN gleich eine Beschwerde-E-Mail lesen werden. KL fragt TN, worüber sich Teilnehmer/innen eines Kochkurses beschweren könnten. TN lesen die E-Mail und markieren die Gründe. **Lösung:** 20 Personen statt 10; in dem Raum viel zu eng; nicht die Rezepte bekommen; Salat welk und Zucchini schimmelig	
5b TN ordnen in PA Probleme, Gründe und Lösungen zu. **Lösung:** 1 b C, 2 c B, 3 a A	
5c TN überlegen in PA, welche Angebote zur Versöhnung zur E-Mail passen. **Lösung:** 1, 3, 4, 6 ERWEITERUNG: TN sprechen in GA, wie sie die Angebote finden und welches davon ihnen am passendsten erscheint. Die TN können auch noch weitere Möglichkeiten sammeln, um unzufriedene Kunden zu besänftigen.	
5d TN schreiben – ggf. in PA – die E-Mail.	
5e TN tauschen die geschriebenen E-Mails mit einer anderen Gruppe und korrigieren sich gegenseitig. ERWEITERUNG: TN wählen weitere Probleme und schreiben eine Beschwerde-E-Mail, eine andere Gruppe schreibt die Antwort.	

9 Handel international

Lernziele/Sprachhandlungen

Sprechen	über Webdesign sprechen; ein Unternehmen vorstellen
Hören	ein dienstliches Gespräch verstehen; ein Beratungsgespräch verstehen
Lesen	einen Text über kultursensibles Webdesign verstehen; geschäftliche Reklamation verstehen
Schreiben	einen Beschwerdebrief schreiben
Beruf	einen Beschwerdebrief schreiben

Lerninhalte

Redemittel	Man könnte die Seite interessanter machen, indem … | Man findet sich auf der Seite gut zurecht. | Der Text muss immer auf die Seite passen, ohne dass … | Die Homepage hat nach wie vor große Mängel. | Wir fordern Sie auf, dafür zu sorgen … | Das Unternehmen bietet Dienstleistungen im Bereich … an.
Wortschatz	Handel
Grammatik	Art und Weise ausdrücken mit *indem*, *ohne zu* und *ohne dass* | Partizip I und Partizip II als Adjektive | *…einander*

Erläuterungen zum Unterricht	Materialien
1a Einstieg: KL schreibt *HANDEL FRÜHER UND HEUTE* an. TN sprechen darüber, wie Handel heute funktioniert und welche Unterschiede es zu früher gibt. TN können auch zuerst in GA Ideen sammeln und sie im Kurs vorstellen oder eine Gruppe notiert Ideen zu „Handel heute", eine andere zu „Handel früher". Vergleich im PL. TN betrachten die Fotos, wählen die aus, die sie interessant finden, und sammeln Ausdrücke dazu. KL notiert die Ausdrücke an der Tafel. VARIANTE: (GA, 5 TN): Jede/r TN beschreibt ein Foto so genau wie möglich und begründet, was das Foto mit dem Thema Handel zu tun hat.	
1b PA: TN wählen abwechselnd zwei Wörter und erklären, was sie miteinander zu tun haben. Wenn die Vokabeln nicht klar sind, benutzen sie ein Wörterbuch.	Wörterbuch
VARIANTE/ERWEITERUNG (GA 3–5 TN): TN schreiben die Vokabeln auf Kärtchen und legen sie verdeckt auf den Tisch. TN ziehen abwechselnd zwei Karten und bringen sie in einen Zusammenhang. Ist der Zusammenhang logisch, behalten sie die Karten, wenn ihnen nichts einfällt, legen sie sie zurück. Der/Die TN mit den meisten Karten am Ende hat gewonnen. ERWEITERUNG: TN definieren einen Begriff und die anderen TN raten, um welchen Begriff es sich handelt. ERWEITERUNG (Vokabelarbeit/Mnemotechnik): TN schreiben die Vokabeln in PA in alphabetischer Reihenfolge ab, danach decken sie die Wörter ab und versuchen sich an möglichst viele zu erinnern.	Kärtchen
1c TN schreiben Sätze über ihre eigenen Erfahrungen und verwenden dafür die Wörter aus 1b. Danach lesen sie einige der Sätze im PL vor. VARIANTE (PA): TN schreiben Sätze, ersetzen die Wörter aber durch eine Linie. Sie tauschen die Sätze aus, die Partner ergänzen die Wörter aus 1b.	
1d KL liest mit den TN die Fragen. TN hören das Gespräch und antworten. **Lösung:** Herr Müller möchte seine Homepage für die Kunden in Afrika und Asien anpassen. Frau Dumitru übernimmt die interne Organisation für die Überarbeitung. Sie soll mit den Autoren des Artikels Kontakt aufnehmen. ERWEITERUNG: TN hören noch einmal und notieren, was sie sonst noch verstehen, Austausch erst in PA, dann im PL.	3.17

Erläuterungen zum Unterricht	Materialien
2a TN sprechen in GA oder im PL darüber, warum die genannten Aspekte für internationale Webseiten wichtig sind.	

VARIANTE (6 Gruppen): Jede Gruppe übernimmt einen Aspekt und überlegt, was bei diesem wichtig ist und worauf man achten sollte (z. B. Farbe: *Die Farben sollten weder sehr hell noch sehr dunkel sein; die Farben sollten gut zusammenpassen, die Farben sollten zum Logo der Firma passen* …). Anschließend Vergleich in ▶ **Wirbelgruppen** und dann im PL.

2b	TN lesen den Text und sprechen anschließend darüber, welche ihrer Ideen bestätigt wurden und was sie Neues zu den Aspekten erfahren haben.
	VARIANTE (GA, 6 TN): Jede/r TN liest den Text zu einem der Aspekte und fasst ihn in der Gruppe zusammen. Die TN sprechen darüber, was (nicht) bestätigt wurde und was sie Neues erfahren haben (▶ **kooperatives Lesen**).
2c	TN lesen den Text noch einmal und kreuzen die richtige Lösung an. **Lösung:** 1. b; 2. c; 3. a; 4. c; 5. a; 6. b
2d	TN suchen für 1–9 die passenden grünen Ausdrücke im Text. **Lösung:** 2. flexibel; 3. Emotion; 4. geschätzt; 5. vertikal; 6. provozieren; 7. Effekt; 8. potenziell; 9. zuschneiden ERWEITERUNG (PA): Ein/e TN nennt ein Wort, der/die andere TN das Synonym dazu. Evtl. als Wettspiel (GA, 4– 6 TN): Ein/e TN als Spielleiter/in nennt die Begriffe. Wer zuerst das Synonym nennt, bekommt einen Punkt. ERWEITERUNG: TN schreiben eigene Sätze mit den Wörtern.
2e	TN ergänzen in PA die Sätze im Fokuskasten. Vergleich im PL. KL im PL analysiert die Wortstellung (*indem, ohne dass:* Verb am Ende; *ohne zu* + Infinitiv). **Lösung:** 1. indem; 2. ohne dass; 3. ohne zu; 4. indem
2f	TN schreiben in PA Sätze. KL weist darauf hin, dass es verschiedene Möglichkeiten gibt. Vergleich im PL.

2f	ERWEITERUNG: TN machen ÜB 2d. ERWEITERUNG (GA): KL verteilt DIN-A3-Blätter mit Satzanfängen (z. B. *Ich möchte reich werden* …; *Ich möchte abnehmen* …; *Ich möchte perfekt Deutsch sprechen* …; *Ich möchte berühmt werden* …). TN ergänzen die Sätze mit *indem, ohne dass, ohne zu* (z. B.: *Ich möchte reich werden, indem ich eine Firma gründe. Ich möchte reich werden, ohne dass ich keine Zeit mehr hätte. Ich möchte reich werden, ohne sehr viel arbeiten zu müssen.* …).	DIN-A3-Blätter
UND SIE?	Differenzierungsaufgabe (GA): TN entscheiden sich für ein Thema.	
	VARIANTE (GA): TN betrachten die Seiten einiger Firmen im Internet und sprechen darüber, ob die Kriterien von 2b gut umgesetzt wurden, und/oder sie bewerten die Webseiten mithilfe der KV. Ggf. kann der/die KL einige geeignete Seiten angeben.	Internet, KV

Erläuterungen zum Unterricht		**Materialien**
3a	TN überlegen in GA / im PL, welche Fragen Eleni dem Webdesigner beim ersten Gespräch stellen könnte/sollte.	
3b	TN hören das Telefonat und notieren die Fragen, die Eleni stellt. **Lösung:** Wie sollen wir vorgehen?; Was verstehen Sie darunter? (unter einem Aufgabenbuch); Wie viel Zeit veranschlagen Sie für diese Sitzung?; Können Sie sich vorstellen, dass die Seite bis zum 1. April online gehen kann? BINNENDIFFERENZIERUNG: Jede/r TN konzentriert sich auf eine oder zwei Fragen, danach Vergleich/Austausch im PL.	3.18
3c	TN hören noch einmal und kreuzen richtig oder falsch an. **Lösung:** 1. R, 2. F, 3. R, 4. R, 5. F ERWEITERUNG/BINNENDIFFERENZIERUNG: TN denken sich in PA eine fiktive Firma aus und spielen ähnliche Telefongespräche. Wenn die TN noch mehr Vorbereitung benötigen, bearbeiten sie vorher ÜB 3a.	3.18
3d	TN erarbeiten in GA eine To-do-Liste für Eleni. Vergleich im PL.	

Erläuterungen zum Unterricht	Materialien

4a TN lesen das Schreiben und markieren Elenis Kritikpunkte an der Arbeit von Herrn Dronske.
Lösung: Mängel bezüglich Benutzerfreundlichkeit und Lesbarkeit; weitere Probleme in der Erprobungsphase

4b TN ordnen in PA den Aufbau des Briefes.
Lösung: 1. Anrede; 2. Benennung des Problems; 3. Beschreibung der anfänglichen Vereinbarung; 4. Beschreibung des Projektverlaufs; 5. Konsequenzen der Probleme; 6. Aufforderung zum Handeln; 7. Gruß

ERWEITERUNG/BINNENDIFFERENZIERUNG: Zur Festigung des Themas machen die TN ÜB 4a. Wenn es für die TN relevant ist, selbst Beschwerdebriefe zu verfassen, machen sie zur Vorbereitung ÜB 4b und suchen sich dann einen Schreibanlass in 4c aus. Sie können die Briefe auch in PA schreiben und dann mit anderen Gruppen (und anderen Themen) vergleichen.

4c TN besprechen erst in GA, dann im PL, was sie vom Partizip I und Partizip II in der Verwendung als Adjektiv erinnern, und vergleichen dann mit dem Fokuskasten. Sie lesen die Verben und klären ggf. die Bedeutung. Danach suchen sie die Verben im Partizip I oder II im Text und markieren sie.
Lösung: installierte; erstellten; bestehenden; beschriebenen; verwendeten; geltenden

ERWEITERUNG: TN besprechen im PL, ob es sich um Partizip I oder II handelt und weshalb die Partizipien diese Endungen haben (z. B. *den geltenden Plan* ist Partizip I und hat die Endung *-en*, weil es im Akkusativ steht). Ggf. ist es sinnvoll, die Adjektivdeklinationen zu wiederholen. Dazu bilden die TN Gruppen und erstellen für die drei Adjektivdeklinationen ▶ **Lernplakate**. | Plakate |

ERWEITERUNG/BINNENDIFFERENZIERUNG: TN machen ÜB 4d–f je nach Bedarf ganz oder teilweise. Bei 4d kann KL zuerst im PL klären, in welchem Kasus die Partizipien stehen müssen (z. B. „Der bestehende Mangel …" ist das Subjekt im Satz und muss darum im Nominativ stehen).

4d TN ergänzen die Tabelle. KL analysiert mit den TN die Klammerstruktur und erklärt, dass zwischen Artikel und Partizip viele Informationen stehen können, die sich auf das Verb beziehen. KL weist darauf hin, dass Sätze mit erweiterten Partizipien oft scherzhaft als „Beamtendeutsch" bezeichnet werden, weil sie oft in Formularen o. Ä. verwendet werden.
Lösung: … von Ihnen am 23.2. dieses Jahres …; von Anfang an …

4e TN lesen den Beispielsatz und markieren Artikel und Partizip + Nomen. KL schreibt den Satz an: *Die Bearbeitung **meines vorgelegten Antrags** …* KL erklärt, dass mit der zusätzlichen Information das Partizip erweitert wird. TN schreiben anhand des Beispielsatzes die Sätze 1–5.
Lösung: 2. Die von uns seit Jahren geplante Werkstattrenovierung wird sehr teuer. 3. Die von Anfang an bestehenden Mängel müssen behoben werden. 4. Der von mir gestern sorgfältig korrigierte Vertrag liegt auf ihrem Schreibtisch. 5. Für Nachbesserungen ist die vor Ort ausführende Firma zuständig.

ERWEITERUNG (PA): TN schreiben eine einfache Partizipialkonstruktion aus Artikel, Partizip und Nomen auf ein Blatt (z. B. *mein gekauftes Auto*). Sie geben das Blatt an die nächste Gruppe weiter, diese erweitert das Partizip (*mein in Berlin gekauftes Auto*). Ggf. kann das Blatt an eine weitere Gruppe weitergegeben und noch um ein Element erweitert werden (*mein in Berlin für teures Geld gekauftes Auto*). | Blätter |
BINNENDIFFERENZIERUNG: Bei starken Gruppen kann die Erweiterungsübung auch mündlich als ▶ **Kettenübung** oder ▶ **Ballrunde** durchgeführt werden.
ERWEITERUNG: Eine KV regt das Verfassen von Gedichten mithilfe erweiterter Partizipien an. | KV |

UND SIE? a) KL schreibt *BESCHWERDE* an, TN sammeln typische Orte/Situationen, an/bei denen es zu Beschwerden kommen kann (im Restaurant, bei Bestellungen im Internet etc.). TN sprechen im PL darüber, ob und in welchen Situationen sie sich in Deutschland oder in ihren Heimatländern schon einmal beschwert haben und ob das schriftlich oder mündlich geschehen ist.
b) TN wählen eine der Situationen oder schreiben aufgrund einer eigenen Erfahrung – ggf. als HA – einen Beschwerdebrief. KL korrigiert den Brief.

VARIANTE: TN schreiben in EA zwei kleine Texte über jeweils eine Situation, in der sie sich beschwert haben, dabei soll eine Situation der Wahrheit entsprechen, die andere Situation gelogen sein. TN lesen ihre Texte einem Partner / einer Partnerin, einer Gruppe oder im PL vor, der/die andere/n raten, welche Situation wahr, welche erfunden ist (▸ **Wahrheit oder Lüge**)

Erläuterungen zum Unterricht	Materialien

5a
TN lesen den Text schnell (KL kann eine Zeit vorgeben, z. B. eine Minute) und entscheiden, um welche Art Text es sich handelt.
Lösung: B

5b
KL liest mit den TN die Fragen und klärt ggf. Vokabular. TN lesen die Fragen und notieren – ggf. in PA – die Antworten. Vergleich im PL.
Lösung: 2. Firmenstandort ist München, aber die Firma beliefert Märkte in 50 Ländern der Welt; 3. im Export; 4. Sie verspricht, kompetent und flexibel zu sein. 5. Die Firma arbeitet nach höchsten Umweltstandards, d. h. möglichst niedriger Energieverbrauch und möglichst lange Haltbarkeit.

ERWEITERUNG: TN schreiben in GA drei weitere Fragen zum Text, eine andere Gruppe beantwortet die Fragen.
ERWEITERUNG (GA): TN fragen sich gegenseitig: Was bedeutet es, dass das Unternehmen flexibel/sozial/familiär … arbeitet. Die anderen TN geben die Information mit ihren eigenen Worten wieder.

5c
TN ergänzen den Fokuskasten und vergleichen dann im PL. KL erklärt die Bedeutung von …*einander* in Kombination mit verschiedenen Präpositionen.
Lösung: miteinander; ineinander; füreinander

5d
TN markieren in PA das richtige Wort und vergleichen dann im PL.
Lösung: 2. gegeneinander; 3. aufeinander; 4. nacheinander; 5. aneinander

ERWEITERUNG: Zur Vertiefung machen die TN ÜB 5b.

5e
TN hören einmal zur Orientierung und fassen im PL zusammen, wer wo aus welchem Grund diese Rede hält. TN sprechen auch darüber, was sie beim ersten Hören verstanden haben. TN lesen die Satzanfänge. Sie hören noch einmal und ergänzen die Sätze. Vergleich im PL.
Lösung: … etwa 1000 unterschiedliche Bauteile; … in neun Ländern verkauft; … vier Kontinenten vertreten; … in Johannesburg, Südafrika eröffnet; … in den letzten zehn Jahren auf etwa 100 Millionen Euro jährlich mehr als verdoppelt worden; … heißt Automatisierung

3.19

BINNENDIFFERENZIERUNG: TN konzentrieren sich nur auf zwei oder drei Aussagen und tauschen sich dann im PL aus.
VARIANTE/BINNENDIFFERENZIERUNG (4 Gruppen): Jede Gruppe übernimmt eines der Themen (Produktion, Kunden, Umsatz oder Herausforderung für die Zukunft) und macht Notizen dazu. Austausch in ▸ **Wirbelgruppen**.

VORHANG AUF
Differenzierungsaufgabe: Die TN stellen in GA ein Unternehmen vor. Dabei entscheiden sie, ob sie eines der vorgeschlagenen Großunternehmen vorstellen oder eine Firma wählen, die sie kennen (z. B. ein Familienunternehmen, ein Geschäft in ihrer Stadt, …). Die TN informieren sich im Internet und vervollständigen die Sätze auf einem DIN-A3-Blatt/Plakat. Es können auch weitere interessante Informationen ergänzt werden. Danach stellen sie das Unternehmen im Kurs vor. Das kann z. B. nach dem ▸ **Marktplatzprinzip** geschehen. Wenn sich die TN für die zweite Variante entscheiden, können sie in der Gruppe einen Fragebogen für das Unternehmen entwerfen und – wenn möglich – Mitarbeiter der Firma befragen. Sie gestalten ein Blatt/Plakat zu den Ergebnissen und präsentieren die Firma im Kurs.

DIN-A3-Blätter/
Plakate

Internet

ERWEITERUNG (Projekt, GA): TN „gründen" eine fiktive Firma. Sie überlegen, was sie produzieren/anbieten, wie viele Mitarbeiter sie haben, welchen Umsatz sie machen etc. Sie erstellen ein Plakat und stellen ihre Firma im PL vor. Bei Interesse kann eine Internetseite für ihre Firma erarbeitet werden.

Video

10 Rechte und Pflichten

Lernziele/Sprachhandlungen

Sprechen	über Arbeitsbedingungen sprechen; einen Arbeitsvertrag verstehen und Nachfragen stellen; mit Vorgesetzten über Probleme am Arbeitsplatz sprechen; über Kündigungsgründe sprechen; über Sicherheit am Arbeitsplatz sprechen; über Arbeitsverträge in verschiedenen Ländern sprechen
Hören	Gespräche mit Vorgesetzten
Lesen	Arbeitsvertrag; Informationen über Rechte und Pflichten am Arbeitsplatz; Informationen über Kündigungsrecht
Schreiben	einen Arbeitsvertrag entwerfen; Fragen an die Personalabteilung

Lerninhalte

Redemittel	Gibt es Gleitzeit? | Wie viel verdiene ich brutto? | Wann ist mein erster Arbeitstag? | Was bedeutet „Verschwiegenheitsgebot"? | Sie müssen pünktlich zur Arbeit erscheinen. | Ich muss pünktlich gehen. | Da müssen Sie im Team gemeinsam eine Lösung finden.
Wortschatz	Rechte und Pflichten
Grammatik	Wortbildung | Präpositionen mit Genitiv

Erläuterungen zum Unterricht	Materialien
1a KL schreibt *EINE NEUE ARBEITSSTELLE* an und fragt die TN, was ihnen dazu einfällt und welche Fragen sie dazu hätten, KL macht Notizen zu den Vorschlägen. KL zeigt die Fotos ohne Unterschriften, ggf. auf Kopien. TN beschreiben die Fotos und überlegen, für welche Themen des Arbeitsalltags die Bilder stehen könnten. KL zeigt die Fotos mit Unterschriften oder schreibt die Themen auf Kärtchen oder an die Tafel / das IWB und lässt sie zuordnen. TN ordnen in PA die Fragen den Fotos zu.	Kopien der Fotos Kärtchen
Lösung: Arbeitszeit: Wie lang ist die wöchentliche Arbeitszeit? Gibt es Gleitzeit? Von wann bis wann ist die Kernarbeitszeit? Kinder: Kann ich im Notfall mein Kind zur Arbeit mitbringen? Urlaub: Kann ich meine Urlaubszeit frei wählen? Wie viele Tage Urlaub habe ich im Jahr? Gehalt: Wie viel verdiene ich brutto? Was bleibt von meinem Gehalt netto übrig? Arbeitsort: Gibt es die Möglichkeit, im Homeoffice zu arbeiten? Krankheit: Was muss ich tun, wenn ich krank bin?	
VARIANTE: KL kopiert jedes Foto vergrößert auf ein DIN-A4 oder DIN-A3-Papier. Dann wird jedes Blatt mit dem Bild nach außen zu einer Kugel zerknüllt, sodass Teile des Fotos auf der Außenseite sichtbar sind. Bei großen Gruppen können die Fotos mehrmals kopiert werden. Die TN werfen sich die Kugeln zu oder geben sie sich gegenseitig in die Hand, beschreiben, was sie erkennen können, spekulieren über unklare Bilder und überlegen, welche Aspekte einer neuen Arbeitsstelle hier dargestellt werden. ▶ **Kugel-Interpretation**, dann weiter wie oben.	Kopien der Fotos auf DIN-A4 oder DIN-A3-Papier
1b TN sprechen über die Themen aus 1a und die konkreten Fragen. KL lässt im PL Begriffe wie *Gleitzeit, Kernarbeitszeit, brutto, netto, Homeoffice, ...* klären. TN tragen ihr Vorwissen im PL zusammen. KL notiert Stichworte.	
1c TN sammeln im PL weitere Fragen, die man zu einer neuen Arbeitsstelle haben könnte, KL notiert an der Tafel. Wenn die KV verwendet wird, können die TN die weiteren Fragen direkt auf der KV notieren und andere TN zu konkreten Arbeitsstellen befragen.	
ERWEITERUNG: TN machen ein Interview in PA oder sie interviewen drei unterschiedliche TN mit der KV. Bei Zeitmangel können auch weniger TN befragt werden, oder es wechseln nur die TN den Partner / die Partnerin, die besonders schnell arbeiten. Wenn TN berufstätig sind, können sie über ihre reale Situation sprechen, sie können aber ebenso über vergangene Arbeitsstellen sprechen oder komplett fiktiv antworten.	KV
VARIANTE: Die TN sprechen darüber, wie die ideale Berufstätigkeit für sie aussehen würde.	

Erläuterungen zum Unterricht	Materialien
2a TN sprechen im Kurs darüber, welche Informationen in einem Arbeitsvertrag stehen. Dann lesen sie Davi Fendelas Arbeitsvertrag und ordnen die Überschriften zu. Vergleich im PL.	
Lösung: §1 B; §2 C; §3 D; §4 F; §5 A, §6 E	

2b	TN lesen den Vertrag noch einmal und ordnen die Erklärungen zu. **Lösung:** 1. abzustimmen; 2. Probezeit; 3. Vorkenntnissen; 4. Bruttovergütung; 5. ohne die Berücksichtigung; 6. Arbeitsverhältnis
UND SIE?	TN sprechen in GA darüber, wie Arbeitsverträge in ihren Heimatländern oder in anderen Ländern, die sie kennen, aussehen. Welche Unterschiede gibt es ggf. zu den deutschsprachigen Ländern?

Erläuterungen zum Unterricht	Materialien

3a	KL liest die Begriffe vor und klärt die Bedeutung im PL. Die TN können die Wörter auch im (ggf. einsprachigen) Wörterbuch suchen und sich gegenseitig erklären. TN lesen den Text und setzen in PA die Begriffe an der richtigen Stelle ein. Vergleich im PL. **Lösung:** 4; 1; 2; 5	
	ERWEITERUNG: PA. Die TN lesen sich den kurzen Text gegenseitig vor, der/die Partner/in versucht, ohne den Text vor Augen zu haben, den passenden Begriff an der richtigen Stelle einzusetzen. Bei der ersten Leserunde dürfen die TN die Begriffe (ohne Text) noch sehen, bei der zweiten Leserunde sollen sie sich schon allein an die Vokabeln erinnern können.	
3b	TN ordnen in PA zu und vergleichen im PL. **Lösung:** 2. J; 3. D; 4. C; 5. E; 6. K; 7. B; 8. H; 9. A; 10. G; 11. F	
	VARIANTE: GA (3–4 TN). KL schreibt die Begriffe und Formulierungen aus Arbeitsverträgen für jede Gruppe auf Kärtchen. TN legen die passenden Kärtchen zusammen.	
3c	TN entwerfen in PA Fragen, die sie der Personalabteilung zu einer neuen Arbeit stellen würden, sie können sich dabei an den Punkten von 3b orientieren. KL schreibt die Vorschläge an die Tafel.	
	ERWEITERUNG: TN spielen in PA Rollenspiele zu fiktiven Arbeitsstellen. Ein/e TN spielt die Person in der Personalabteilung, der/die andere den/die Arbeitnehmer/in. Die TN können am Anfang festlegen, um welche Arbeitsstelle es sich handelt (*Verkäufer/in, Elektriker/in, Gärtner/in* …). Sie orientieren sich an den gesammelten Fragen an der Tafel. Danach tauschen sie die Rollen.	
3d	TN sprechen darüber, wie die perfekte Arbeitsstelle für sie aussehen würde und welche Wünsche und Träume sie dazu haben. TN entwerfen dann in GA ihren „Traum-Arbeitsvertrag". Dazu schreiben sie Texte zu den fünf Paragrafen auf ein DIN-A3-Papier.	DIN-A3-Blätter
3e	Die TN stellen sich ihren „Traum-Arbeitsvertrag" gegenseitig vor, z. B. mit dem ▶ **Marktplatzprinzip**. TN können darüber sprechen, welcher Vertrag sie am meisten überzeugt und welche Arbeitsstelle sie annehmen würden. TN sprechen im Anschluss auch darüber, welche Punkte eines Arbeitsvertrages für sie besonders und welche nicht so wichtig sind.	
	VARIANTE: KL schreibt jeden Paragrafen auf jeweils ein DIN-A4-Blatt und verteilt die Blätter auf dem Boden des Kursraumes. Die TN laufen durch den Raum. Auf ein Zeichen des/der KL gehen sie zu einem der Blätter und finden sich dort zu Kleingruppen zusammen. Sie sprechen über den Paragrafen, welche Punkte er beinhaltet und ob das für sie persönlich wichtig oder eher unwichtig ist. KL beendet das Gespräch nach einigen Minuten, TN gehen weiter durch den Raum und danach zu einem anderen Thema usw.	DIN-A4-Blätter

Erläuterungen zum Unterricht	Materialien

4a	KL fragt TN, welche Probleme man am Arbeitsplatz haben kann und schreibt die Vorschläge an die Tafel. TN hören das Gespräch und notieren, welche Äußerungen von der Chefin und welche von Davi sind. **Lösung:** Chefin: A, C, E, F; Davi: B, D	3.26
4b	TN hören den Dialog noch einmal und markieren die richtigen Lösungen. **Lösung:** Richtig; b	3.26
4c	TN lesen die Aussagen und überlegen, ob diese stimmen oder nicht. Sie sprechen in PA und dann im PL.	DIN-A3-Blätter

VARIANTE: KL schreibt jede Aussage auf ein DIN-A3-Blatt. TN diskutieren im ▶ **Kugellager**. KL hält ein Blatt mit einer Aussage hoch oder hängt es an einen Platz, wo es alle gut sehen können. TN diskutieren den Punkt 2–3 Minuten mit dem Partner / der Partnerin, danach bewegen sie sich nach Angabe des/der KL nach rechts oder links und diskutieren über die nächste Aussage. Die TN können stattdessen auch einen ▶ **Kursspaziergang** machen.

4d TN lesen die Rechte und Pflichten und ordnen die Aussagen aus 4c zu.
Lösung: 2. C; 3. E; 4. A; 5. F; 6. G; 7. B

ERWEITERUNG: TN fassen in GA die Rechte und Pflichten mit ihren eigenen Worten zusammen. Sie sprechen darüber, ob sie die Aussagen nachvollziehen können, damit einverstanden sind und wie es in ihren Heimatländern bezüglich dieser Rechte und Pflichten in der Arbeitswelt aussieht.

4e TN lesen noch einmal und ordnen die grünen Ausdrücke aus 4d zu.
Lösung: 1. statt der Alltagskleidung; 2. innerhalb des Betriebs; 3. während der Arbeitszeit; 4. außerhalb der Arbeitszeit; 5. trotz der Unterschiede; 6. aufgrund der Auftragslage; 7. wegen Gewissenskonflikten

4f TN lesen im PL den Fokuskasten mit den Präpositionen mit Genitiv. KL weist darauf hin, dass die mit einem Stern gekennzeichneten Präpositionen beim Sprechen oft auch mit Dativ verwendet werden. TN lesen noch einmal die Aussagen in 4d mit Präpositionen und dem Artikel im Genitiv. Ggf. wiederholt KL mit den TN die Genitivformen. TN ergänzen in PA die Sätze und vergleichen dann mit einer anderen Gruppe.

VARIANTE: KL schreibt jeweils einen Satzanfang auf ein DIN-A3-Blatt und legt die Blätter im Kursraum aus. TN gehen durch den Raum und ergänzen die Sätze. Die Sätze werden vorgelesen, ggf. korrigiert und im Kursraum aufgehängt. | DIN-A3-Blätter

VARIANTE: KL schreibt die Satzanfänge auf Kärtchen und verteilt sie an die TN, TN machen mit den Kärtchen einen ▶ **Kursspaziergang**. | Kärtchen
ERWEITERUNG: TN üben die Präpositionen mit Genitiv mithilfe der KV. | KV

Erläuterungen zum Unterricht	**Materialien**

5a KL schreibt die vier Themen an die Tafel. TN spekulieren darüber, welche Probleme es hier geben könnte. TN hören die zwei Gespräche und markieren, worum es darin geht. | 3.27-28
Lösung: Pünktlichkeit; Gehalt

5b Die TN hören noch einmal und markieren die richtige Aussage. | 3.27-28
Lösung: 1. c; 2. b

5c TN lesen die Redemittel im Kasten, KL klärt ggf. Vokabular. Dann machen die TN Rollenspiele zwischen Angestellten und Vorgesetzen.

VARIANTE: KL schreibt die Redemittel auf Zettel und die Themen und Personen auf ein DIN-A3-Blatt oder ein großes Plakat. TN ordnen die Redemittel den Themen und Sprecher/innen zu und kleben sie auf das Blatt/Plakat. Die Plakate mit den Redemitteln werden als Hilfe für die Gespräche im Kursraum aufgehängt. | Redemittel, DIN-A3-Blätter, Plakate, Klebstoff
ERWEITERUNG: TN erweitern den Redemittelkasten um weitere Sätze, die der/die Vorgesetzte oder Arbeitgeber/in sagen könnten.

UND SIE? KL gibt TN fünf Minuten Zeit, um zu überlegen, welche Gespräche er/sie in der letzten Zeit mit Vorgesetzen hatte und Notizen dazu zu machen. Zu welchem Thema haben diese Gespräche stattgefunden? Wie war die Stimmung? Gab es Konflikte und konnten diese gelöst werden? Waren die TN mit dem Gespräch zufrieden oder hätten Sie sich einen anderen Verlauf gewünscht? Wenn die TN in der letzten Zeit kein Gespräch mit Vorgesetzen hatten oder nicht über tatsächliche Gespräche sprechen möchten, können sie sich eine fiktive Situation ausdenken. Danach sprechen sie in PA oder GA über ihre Notizen.

Erläuterungen zum Unterricht	**Materialien**
6a KL schreibt KÜNDIGUNG an die Tafel. TN betrachten die Bilder mit möglichen Kündigungsgründen und beschreiben sie. TN hören und wählen das passende Bild aus. **Lösung:** D	3.29
6b TN sammeln im Kurs weitere Gründe dafür, ein Arbeitsverhältnis zu beenden. VARIANTE/ERWEITERUNG: TN arbeiten in zwei Gruppen. Eine Gruppe sammelt auf einem DIN-A3-Blatt Gründe, warum einem die Firma kündigen kann, die andere Gruppe sammelt Gründe, aus denen ein/e Arbeitnehmer/in kündigen könnte. Die Gruppen stellen sich gegenseitig ihre Ergebnisse vor und sprechen darüber. Hat jemand selbst schon einmal aus einem dieser Gründe gekündigt? Kennen die TN Situationen aus ihrem Arbeitsumfeld, in denen Personen aus bestimmten Gründen gekündigt wurde?	DIN-A3-Blätter
6c TN lesen die Aussagen, KL klärt ggf. Vokabular. TN notieren die passenden Textzeilen. **Lösung:** 1: Z. 5–7, 2: Z. 15–17, 3: Z. 17–19, 4: Z. 7–9 VARIANTE: Je 4 TN arbeiten zusammen. Jede/r TN sucht eine der Aussagen im Text und notiert die Zeilen.	

Erläuterungen zum Unterricht	**Materialien**
7a KL projiziert die Fotos. TN sprechen über die Fotos: Welche Berufe werden dargestellt? Wo arbeiten die Menschen und unter welchen Bedingungen? Die TN sammeln, welche gesundheitlichen Probleme/Risiken bei den einzelnen Berufsgruppen auftreten können. VARIANTE: Bereiten Sie Kärtchen/Blätter mit gesundheitlichen Risiken vor (z. B. Kontakt mit giftigen Stoffen, herunterfallende Gegenstände, Augenprobleme durch Computernutzung, Verkehrsunfälle, Rückenschmerzen, Heiserkeit, …), TN überlegen, auf welche der Berufsgruppen (oder weitere Berufe) diese zutreffen könnten. ERWEITERUNG: TN sammeln in GA weitere gesundheitliche Gefahren und überlegen, für welche Berufsgruppen diese relevant sein könnten. Präsentation im PL. Anschließend wählen die TN in PA oder GA eine Berufsgruppe und schreiben Ratschläge zur Vermeidung gesundheitlicher Probleme (z. B. *Lehrer/in: Trinken Sie viel und sprechen Sie nicht zu laut, um die Stimme zu schonen! Sitzen Sie aufrecht am Computer, der Bildschirm sollte auf Augenhöhe sein, …*). TN können ihre Ratschläge auch vorlesen und raten lassen, um welche Berufsgruppe es sich handelt.	Kärtchen mit gesundheitlichen Risiken
7b TN lesen und ordnen die Aussagen den Personen aus 7a zu. **Lösung:** 1 B; 2 F; 3 A; 4 D; 5 E; 6 C	
7c GA: Jede Gruppe wählt eines der grünen Stichwörter. Sie informiert sich im Internet und gestaltet ein Plakat mit den wichtigsten Informationen dazu. Die Plakate werden im Kurs vorgestellt und kommentiert, evtl. mit der ▶ **Marktplatzmethode.**	Plakat
VORHANG AUF KL gibt TN fünf Minuten Zeit, um Notizen zu machen, danach sprechen sie in GA über die Arbeitsbedingungen in einem Land, das sie gut kennen und vergleichen ggf. mit Deutschland.	

Testtraining B

Erläuterungen zum Testtraining	Materialien

Hören Teil 3 – Betriebsbezogene Informationen nachvollziehen
3.39

In diesem Prüfungsteil sollen TN zeigen, dass sie die wichtigsten Informationen einer berufsbezogenen Präsentation mit Zwischenfragen verstehen können. KL liest mit den TN die Erklärung zur Aufgabe und die Tipps. TN markieren, was sie für besonders wichtig halten. TN lesen die Arbeitsanweisung. KL weist darauf hin, dass die TN die Präsentation nur einmal hören werden. Sie lösen die Aufgabe und markieren die Lösungen auf dem abgedruckten Ausschnitt aus dem Antwortbogen.
Lösung: 1b; 2c; 3a; 4a
KL liest mit den TN die kommentierte Lösung und klärt Fragen.

Hören Teil 2 – Argumentationen nachvollziehen
3.40-43

In diesem Prüfungsteil hören die TN global und zeigen, dass sie Meinungen und Haltungen verstehen können. KL erklärt das Aufgabenformat anhand des Tipp-Kastens und klärt ggf. Fragen. Die TN hören einmal, ordnen die Aussagen zu und notieren die Lösung auf dem Antwortbogen. Dann korrigieren sie und vergleichen im Anschluss mit der kommentierten Lösung.
Lösung: 1d; 2b; 3f; 4a

Lesen Teil 2 – Einweisungen und Unterweisungen verstehen

In diesem Prüfungsteil sollen die TN zeigen, dass sie Texten zur Einführung in wichtige Themen und Regeln am Arbeitsplatz Detailinformationen entnehmen können. KL liest mit den TN die Erklärung der Aufgabe und die Tipps dazu. TN lesen die Texte und die Aufgaben. Sie entscheiden, ob die Aussage richtig oder falsch ist und welche der drei Antworten am besten passt. Dann markieren sie die Lösungen auf dem Antwortbogen. Im Anschluss vergleichen sie mit der kommentierten Lösung.
Lösung: 1f; 2a; 3f; 4c

Lesen Teil 3 – Rahmenbedingungen der Arbeit verstehen

In diesem Prüfungsteil sollen die TN zeigen, dass sie Fragen und Antworten zu berufsbezogenen Themen verstehen und zuordnen können. Sie wenden dabei selektive Lesestrategien an. KL liest mit den TN den Tipp-Kasten und klärt ggf. Fragen. TN lösen die Aufgabe und markieren die Lösung auf dem Antwortbogen. Danach vergleichen sie mit der kommentierten Lösung.
Lösung: 1e; 2f; 3x; 4b

WEITERER HINWEIS: Oft haben die TN Schwierigkeiten mit der x-Option, weil sie fürchten, irgendetwas Wichtiges überlesen zu haben. KL kann TN darauf hinweisen, dass sie zuerst die Antworten zuordnen sollen, bei denen sie sich sicher sind, und erst danach sollen sie die x-Option überprüfen.

Lesen und Schreiben Teil 1 – Beschwerden und Anweisungen verstehen

Im Prüfungsteil Lesen und Schreiben sollen die TN zeigen, dass sie eine berufsbezogene E-Mail sowohl verstehen als auch adäquat darauf reagieren können. TN lesen den Tipp-Kasten und unterstreichen wichtige Informationen, KL klärt ggf. Fragen. TN lesen im ersten Schritt die E-Mails, lösen die Aufgabe und markieren die Lösung auf dem Antwortbogen. Dann vergleichen sie mit der kommentierten Lösung.
Lösung: 1a; 2c

Lesen und Schreiben Teil 2 – auf Beschwerden reagieren und eine Klärung ermöglichen

Im zweiten Schritt beantworten TN die E-Mail. KL liest mit den TN den Tipp-Kasten. TN schreiben die Antwort und vergleichen mit dem Lösungsbeispiel.
ERWEITERUNG: TN tauschen ihre E-Mails mit einem Partner / einer Partnerin und überlegen gemeinsam, was man besser machen könnte.

11 Arbeit und neue Medien

Lernziele/Sprachhandlungen

Sprechen	über Mediennutzung in Alltag und Beruf sprechen; eine Grafik beschreiben; über Arbeitssuche mithilfe von *Social Media* sprechen; über Soziale Netzwerke sprechen
Hören	ein Gespräch über Verzicht auf Medien verstehen; eine telefonische Reklamation verstehen
Lesen	Diagramme/Grafiken verstehen; eine schriftliche Reklamation verstehen; Text zur Jobsuche mit *Social Media* verstehen
Schreiben	eine Reklamation beantworten; einen Kommentar schreiben
Beruf	eine Reklamation beantworten; Jobsuche mithilfe von *Social Media*

Lerninhalte

Redemittel	Je öfter ich das Handy ausschalte, desto entspannter lebe ich. | Die Grafik zeigt, … | Weniger als die Hälfte der Befragten … | Die Ideen, die die Autorin präsentiert, finde ich … | Ich habe die Erfahrung gemacht, dass …
Wortschatz	Mediennutzung; Reklamationen
Grammatik	*je* und *desto/umso* + Komparativ | Nomen-Verb-Verbindungen

Erläuterungen zum Unterricht	Materialien
1a KL schreibt *MEDIEN* an. TN betrachten die Fotos, beschreiben sie kurz und benennen die auf den Fotos verwendeten Geräte und Medien: Handy, Drucker, Laptop, Tablet App, Website, Smartphone-Kamera, Videotelefonie (Skype). TN sprechen in GA darüber, ob sie ähnliche Situationen kennen bzw. schon selbst erlebt haben, wie auf den Fotos dargestellt. Danach geben die TN die Infos in ▶ **Wirbelgruppen** weiter oder jede Gruppe erzählt über die eigenen Erfahrungen zu jeweils einem der Fotos im PL.	
1b TN wählen in PA oder GA ein Foto aus, sammeln Vokabular und schreiben eine Geschichte dazu. Sie können die Geschichte einer anderen Gruppe oder im PL vorlesen. VARIANTE: Statt einer Geschichte schreiben die die TN eine kleine Theaterszene / einen Dialog und spielen sie/ihn im PL vor.	

Erläuterungen zum Unterricht	Materialien
2a TN betrachten die Fotos und beschreiben, was sie darauf sehen. Sie stellen Vermutungen an, was mit den beiden Fotos ausgedrückt werden soll. VARIANTE (PA): KL kopiert die Fotos für jede Gruppe, jede/r TN erhält eines der Fotos. Die TN beschreiben sich gegenseitig ihre Fotos und sprechen darüber, welche Unterschiede es gibt.	Kopien der Fotos
2b TN hören das Telefongespräch und sprechen im PL darüber, was Fabian gemacht hat und was das mit den beiden Fotos zu tun hat. **Lösung:** Fabian hat einen Monat lang auf alle digitalen Medien verzichtet. Bei der Arbeit war das nicht möglich, aber in seiner Freizeit war er so viel entspannter und hatte mehr Zeit für andere Dinge.	3.44
2c TN hören noch einmal und machen Notizen zu den fünf Fragen. **Lösung:** 1. Er hatte im Beruf viel Stress und sein altes Handy ist kaputt gegangen, da hat er gemerkt, wie abhängig er davon ist. 2. Er konnte nicht schnell mal eine Bahnverbindung heraussuchen oder nach dem Kinoprogramm sehen und er wusste nicht, was seine Freunde posten. 3. Über das Festnetztelefon, spontane Besuche und eine Postkarte. 4. Er hatte mehr Zeit und war entspannter. 5. Er ist einen Tag pro Woche offline und schaltet den Ton für eingehende Nachrichten aus. Wenn er mit Freunden zusammen ist, schaltet er das Handy auf stumm.	3.44

BINNENDIFFERENZIERUNG: TN konzentrieren sich auf eine Frage und besprechen die anderen im PL; oder TN arbeiten in Kleingruppen, jede/r konzentriert sich auf eine Frage, Austausch in der Gruppe, dann Kontrolle im PL.

ERWEITERUNG: TN sprechen darüber, wie sie Fabians Experiment finden. Könnten sie sich so ein Experiment für sich selbst auch vorstellen? Was würde ihnen vermutlich schwerfallen? Womit hätten sie keine Probleme?

ERWEITERUNG: TN lesen den Text im ÜB 2a, markieren richtig und falsch und diskutieren über den Text.

2d	PA/GA: TN sprechen über die Aussagen und überlegen, welche zu Fabian passen und welche nicht, und begründen ihre Entscheidung. Vergleich im PL. **Lösung:** 1 und 4 passen zu Fabian.
2e	Die TN lesen die Sätze aus 2d noch einmal, ergänzen den Fokuskasten und vergleichen im PL. TN erläutern die Struktur, KL klärt ggf. die Bedeutung und gibt weitere einfache Beispiele. **Lösung:** öfter, entspannter; mehr … bekomme, besser fühle
2f	TN ergänzen die Satzanfänge mit eigenen Ideen und vergleichen dann mit einem Partner / einer Partnerin und dann im PL. ERWEITERUNG/BINNENDIFFERENZIERUNG: TN machen zur Vertiefung ÜB 2e, schnellere TN machen auch 2f. ERWEITERUNG: TN machen eine ▶ **Kettenübung** oder ▶ **Ballrunde**: TN 1 beginnt einen Satz mit *Je …* (z. B. *Je mehr ich esse …*), TN 2 ergänzt den Satz und beginnt mit dem Ende einen neuen Satz (z. B. *… umso mehr nehme ich zu. Je mehr ich zunehme, …*), TN 3 macht weiter (z. B. *…desto weniger Kleider passen mir.*) usw. Wenn einem/einer TN nichts mehr einfällt, beginnt er/sie einen neuen Satz. ERWEITERUNG: Die TN üben mit der KV.

Erläuterungen zum Unterricht	Materialien

3a	TN betrachten die Grafik 1 in 3b, lesen die Aussagen und kreuzen – ggf. in PA – an, welche Aussagen zur Grafik passen. **Lösung:** 1., 2., 4., 5., 7.	
3b	TN schreiben – ggf. in PA – zwei weitere Aussagen zur Grafik 1. VARIANTE: TN schreiben in PA oder GA drei Aussagen zur Grafik, die richtig oder falsch sein können, eine andere Gruppe markiert die richtigen Aussagen und korrigiert die falschen Aussagen.	
3c	TN schreiben in PA Aussagen über Grafik 2 und verwenden dabei die markierten Redemittel aus 3a. VARIANTE: TN beschreiben in GA oder im PL mündlich Grafik 2 mit den Redemitteln aus 3a.	
3d	TN sprechen in PA über die beiden Statistiken und benennen Unterschiede und Gemeinsamkeiten. ERWEITERUNG: Zur Vorentlastung oder Vertiefung können die TN vorher oder im Anschluss ÜB 3a und 3b machen.	
3e	TN sprechen in GA oder im PL darüber, wie die Statistiken in anderen Ländern bzw. in zehn Jahren aussehen könnten. ERWEITERUNG: TN erstellen im Kurs eine ▶ **Kursstatistik**. Dazu schreiben sie die möglichen Funktionen eines Smartphones *(Telefonieren, Kamera, Musik, …)* auf ein Plakat. KL verteilt Klebepunkte an die TN, TN kleben einen Punkt zu jeder Funktion, die sie auf dem Smartphone verwenden. Anschließend erstellen die TN die Statistik und sprechen über das Ergebnis. ERWEITERUNG (▶ **Miniprojekt**): TN überlegen sich in GA eine neue, bisher noch nicht existierende – gerne auch absurde – Funktion für das Smartphone (z. B. Benutzung als 3D-Drucker für kleine Büroartikel: *Wenn man eine Büroklammer, einen Radiergummi, Spitzer o. Ä. benötigt, kann man das im Handy eingeben, das Smartphone druckt mit der 3D-Drucker-Funktion das Objekt sofort aus.*). TN gestalten ein Werbeplakat zu ihrer Smartphone-Funktion und stellen es im Kurs vor. Das kann mit unterschiedlichen Präsentationstechniken, z. B. im ▶ **Marktplatzprinzip**, stattfinden.	Plakat, Klebepunkte Plakat

Spalte: KV (bei 2f)

UND SIE?	TN erstellen eine Liste aller Medien die sie kennen und benutzen und sprechen darüber, welche sie benutzen, was sie damit machen, auf welche sie verzichten könnten und warum. Danach können die TN ihre Ergebnisse in ▶ **Wirbelgruppen** austauschen.	
	ERWEITERUNG: Die TN verwenden die KV, um ihren Umgang mit Medien zu reflektieren, und sprechen mit den anderen TN darüber.	KV

Erläuterungen zum Unterricht		**Materialien**
4a	TN hören das Telefongespräch und fassen im PL zusammen, wo Dana anruft und aus welchem Grund sie das tut. **Lösung:** Sie ruft beim Kundenservice der Firma Media-Star an, weil der dort gekaufte Drucker nicht funktioniert.	3.45
4b	TN hören das Gespräch noch einmal und machen Notizen zu den verschiedenen Fragen. **Lösung:** 1. Sie muss die Originalrechnung vorlegen; 2. kostenlos; 3. die Überprüfung kostet 36 Euro, für die mögliche Reparatur gibt es einen Kostenvoranschlag; 4. Originalrechnung und ein Reklamationsschreiben mit einer genauen Beschreibung des Fehlers beilegen; 5. ein bis zwei Wochen	3.45
	BINNENDIFFERENZIERUNG: TN konzentrieren sich auf einen oder zwei Punkte.	
4c	TN sprechen in PA darüber, was Danas schriftliche Reklamation enthalten muss, und vergleichen dann im PL. Sie können auch darüber sprechen, warum eine Information evtl. wichtig ist und eine andere nicht. **Lösung:** Betreff; Ort und Datum des Kaufs; Fehlerbeschreibung; Typenbezeichnung; Produktbezeichnung.	
4d	TN lesen und entscheiden, welches Wort am besten passt. Vergleich im PL. **Lösung:** 1. g); 2. h); 3. e); 4. i); 5. b); 6. c); 7. j); 8. f)	
4e	TN lesen noch einmal und ergänzen die Verben. **Lösung:** in Erfahrung bringen; in Anspruch nehmen; einen Auftrag erteilen; sich mit jemandem in Verbindung setzen; in Betracht ziehen	
	ERWEITERUNG (PA): TN üben mit einem Partner / einer Partnerin. Ein/e TN nennt die Nomen, der Partner / die Partnerin nennt möglichst schnell – und ohne im KB nachzusehen – das passende Verb.	Kärtchen
4f	PA/GA: TN schreiben zehn Kärtchen wie im Beispiel und geben sie an eine andere Gruppe weiter. Die Gruppe schreibt Beispielsätze.	
	VARIANTE (PA/GA): TN arbeiten mit der Liste auf Seite XLIV in Linie 1 B2.2. Sie schreiben zehn Beispielsätze, ersetzen das Verb aber durch Punkte. Sie geben die Sätze an ein/e andere/s Gruppe/Paar weiter, die/das die Verben ergänzt. BINNENDIFFERENZIERUNG: Bei schwächeren Gruppen werden die Verben, die in die Lücken passen, gemischt unten auf das Blatt geschrieben. Die Sätze werden an eine andere Gruppe weitergegeben, diese ergänzt die Sätze mit den korrekten Verben und kontrolliert mit der Liste. ERWEITERUNG/BINNENDIFFERENZIERUNG: TN machen ÜB 4c, schnellere TN machen auch 4d.	
4g	TN lesen die Situation und ordnen das Antwortschreiben. KL weist darauf hin, dass mehrere Lösungen möglich sind. **Mögliche Lösung:** F; C; A; E; G; B; D	
	ERWEITERUNG (GA): TN schreiben die Reklamation von Herrn Ramírez. ERWEITERUNG: Wenn die TN das Thema Reklamation/Antwort auf eine Reklamation weiter üben möchten, können sie im ÜB 4a und b machen.	
UND SIE?	Differenzierungsaufgabe: TN entscheiden, ob sie über eine Reklamation, die sie selbst verfasst oder über eine Reklamation, die sie erhalten haben, sprechen. Sie sprechen in Gruppen und fassen die wichtigsten Ergebnisse anschließend im PL zusammen.	

Erläuterungen zum Unterricht	Materialien

5a KL schreibt *SOCIAL MEDIA* an und fragt die TN, wie sie diesen Ausdruck definieren würden. Danach lesen die TN die Erklärung im KB. TN sprechen in GA darüber, ob und wie sie die digitalen Medien benutzen und tauschen sich anschließend in ▶ **Wirbelgruppen** aus.

5b TN klären in GA (3–4 TN) die Vokabeln als Vorbereitung für den zu lesenden Text.

VARIANTE (GA, 5 TN): Jede/r TN übernimmt zwei Ausdrücke und sucht eine Erklärung dazu im einsprachigen Wörterbuch. Danach erklärt er/sie die Ausdrücke in der Gruppe möglichst mit eigenen Worten.

Einsprachiges Wörterbuch

ERWEITERUNG (GA): TN wählen einen Ausdruck und überlegen, ob sie ihn durch Zeichnen, Pantomime oder Umschreiben (▶ **Wortschatzspiele**) darstellen möchten. Die anderen TN raten, um welchen Ausdruck es sich handelt.

ERWEITERUNG: TN schreiben in PA Sätze mit den Vokabeln.

5c TN lesen die Sätze 1–9. Anschließend lesen sie den Artikel und kreuzen an, welche Informationen nicht enthalten sind.
Lösung: 2.; 4.; 7.

ERWEITERUNG (GA): TN schreiben fünf Fragen zum Text, eine andere Gruppe beantwortet die Fragen.

5d TN sprechen über eigene Erfahrungen, die sie mit Arbeitssuche mit *Social Media* gemacht haben, oder sie sprechen über Erfahrungen von Bekannten, Kollegen etc.
TN können auch darüber sprechen, welche anderen Möglichkeiten der Arbeitssuche es gibt (Zeitungen, Empfehlungen von Freunden/Bekannten, Aushänge usw.). Sie benutzen die Redemittel aus dem Kasten.

ERWEITERUNG (GA): TN erstellen Plakate mit Regeln/Empfehlungen für eine effektive Stellensuche mithilfe der sozialen Medien. Danach stellen sie ihr Plakat im Kurs vor und diskutieren mit den anderen TN darüber, ob sie die Vorschläge sinnvoll finden oder nicht.

Plakat

VORHANG AUF Differenzierungsaufgabe: TN entscheiden sich für eine der beiden Arbeitsvorschläge.
Wenn sie sich für die erste Variante entscheiden, finden sie sich mit einem Partner / einer Partnerin zusammen und entscheiden, wer auf die digitalen Medien verzichten möchte und wer dagegen argumentiert. Ggf. überlegen sich beide zuerst Argumente für die Diskussion. Danach diskutieren die TN mit dem Partner / der Partnerin, einige Rollenspiele können im PL vorgespielt werden.
Die anderen TN entscheiden, wer die besten Argumente hatte, um den Partner / die Partnerin von seinem/ihrem Plan abzubringen.
Entscheiden sich die TN für den zweiten Vorschlag, bilden sie Gruppen (4–6 TN) und diskutieren über Vor-und Nachteile der sozialen Medien. Ggf. können die TN auch hier vorher entscheiden, wer die Vorteile und wer die Nachteile vertritt.

12 Global arbeiten und leben

Lernziele/Sprachhandlungen

Sprechen	über interkulturelle Erfahrungen sprechen; bei einem neuen Job über Kommunikationsprobleme sprechen; ein Problem schildern; um Erklärungen bitten; sich entschuldigen; Diskussion über Fernbeziehungen
Hören	Aussagen zur Arbeitswelt in Deutschland verstehen; Telefonate im Betrieb verstehen
Lesen	innerbetriebliche Kommunikation verstehen; einen Text zu globalen Beziehungen verstehen
Schreiben	einen Leserbrief schreiben
Beruf	innerbetriebliche Kommunikation verstehen

Lerninhalte

Redemittel	Was hier ganz anders ist als zu Hause … | Womit ich gar nicht zurechtkomme ist, dass … | An deutsches Essen habe ich mich schnell gewöhnt. | Ich bin der Überzeugung, dass … | Da muss ich widersprechen.
Wortschatz	Arbeitswelt, Kommunikation in einer globalisierten Welt
Grammatik	Folgen ausdrücken mit *folglich*, *infolgedessen*, *deshalb* und *sodass* | Ausdrücke mit Präpositionen

Erläuterungen zum Unterricht	**Materialien**
1a Die TN betrachten die Fotos und überlegen im PL, was sie über Herrn Tabari erfahren, der aus dem Irak zur Firma WTC kommt.	
VARIANTE (4 Gruppen): KL kopiert die vier Fotos und klebt je ein Foto auf ein DIN-A3-Blatt. Jede Gruppe arbeitet mit einem Foto und schreibt Begriffe, die dazu passen, auf. Die TN machen ▶ **Wirbelgruppen**, beschreiben sich ihre Fotos und sprechen gemeinsam darüber, was sie damit über Herrn Tabari, sein Leben und seine Arbeit erfahren.	Kopien der Fotos DIN-A3-Blätter
1b GA (3–4 TN): TN betrachten das Wortbild und klären – ggf. mithilfe eines einsprachigen Wörterbuchs – die Vokabeln, die sie nicht kennen.	
VARIANTE: TN schreiben die Ausdrücke auf Zettel und legen sie verdeckt auf den Tisch. Sie ziehen abwechselnd ein Wort und beschreiben es, die anderen TN raten, um welchen Begriff es sich handelt. Zieht ein TN ein Wort, das er/sie nicht kennt, wird der Zettel zur Seite gelegt und am Ende gemeinsam – ggf. mithilfe eines Wörterbuchs – geklärt.	Zettel
ERWEITERUNG: Wenn die TN einen ▶ **Vokabelkarteikasten** führen, können sie drei – ihnen neue – Vokabeln auswählen, eine Definition dazu schreiben und damit die Vokabelkartei ergänzen.	
1c GA (3–5 TN): TN besprechen, welche Aspekte des Themas Globalisierung für sie persönlich wichtig sind, und wählen dazu einige Begriffe aus dem Kasten.	
VARIANTE: TN 1 nennt ein Wort aus dem Kasten, die anderen TN versuchen zu begründen, was dieser Begriff mit dem Thema Globalisierung zu tun hat, danach nennt TN 2 den nächsten Begriff usw.	
ERWEITERUNG (GA): TN diskutieren, welche der Begriffe für sie am meisten mit Globalisierung in Verbindung stehen, und entscheiden sich für fünf Ausdrücke. Sie gestalten ein Plakat zum Thema, in dem sie die gewählten Begriffe verwenden und ihre Bedeutung für die Globalisierung ausdrücken.	DIN-A3-Blätter oder Plakate

Erläuterungen zum Unterricht	**Materialien**
2a KL schreibt *NEU IN EINER FIRMA IM AUSLAND* an. Die TN stellen sich vor, sie wären in dieser Situation. GA: TN sprechen über die Situation und machen Notizen, was sie an ihrem ersten Arbeitstag erwarten würde. Welche Informationen und Materialien sollten sie erhalten? Vergleich im PL.	
2b TN lesen den Brief und ergänzen die Sätze. Vergleich im PL. **Lösung:** 1. … die Wasserfilteranlagen kurz vor der weltweiten Markteinführung stehen; 2. … er sich sowohl in der Firma als auch in der Region schnell und problemlos zurechtfinden; 3. … Arbeitszeit und Umweltschutz; 4. … seinen Mentor, Herrn Peters kontaktieren.	
ERWEITERUNG (PA): TN schreiben eine Frage zum Brief, eine andere Gruppe oder der Kurs im PL beantworten die Fragen.	

2c	TN lesen den Text noch einmal und markieren in einer Farbe die Konnektoren, in einer anderen Farbe die Verben.

TN ergänzen die Tabelle und betrachten, an welcher Stelle das Verb jeweils steht. (Bei *sodass* steht das Verb am Ende, bei den restlichen Konnektoren in Position 2.)

Lösung: 1. sodass; 2. folglich, infolgedessen, deshalb

2d	TN ergänzen die Satzanfänge und achten auf die korrekte Verbstellung. Vergleich im PL.	

VARIANTE (4 Gruppen): KL schreibt jeden Satzanfang auf ein DIN-A3-Blatt. Jede Gruppe ergänzt einen Satzanfang mit einem Konnektor und einem freien Ende und gibt das Blatt dann an die nächste Gruppe weiter. Diese schreibt den Satz mit einem anderen Konnektor zu Ende, gibt das Blatt wieder weiter usw.
Am Ende werden alle Sätze vorgelesen oder aufgehängt.   `DIN-A3-Blätter`

ERWEITERUNG/BINNENDIFFERENZIERUNG: Zur Vertiefung machen TN ÜB 2a und 2b, schnellere TN machen auch 2c.

UND SIE?	Differenzierungsaufgabe: TN entscheiden, ob sie in GA eine Willkommensmappe für eine Firma oder für eine Stadt planen möchte. Sie sprechen über die möglichen Inhalte und erstellen eine ▸ **Mindmap**.	Blätter

ERWEITERUNG/PROJEKT: Wenn sich die Gruppe für die Willkommensmappe einer Firma entscheidet, kann sie ein Unternehmen wählen, das sie kennt oder in dem eine/r der TN arbeitet, oder sie erfindet ein Unternehmen.
Die Gruppe überlegt, was ein neuer Angestellter über die Firma wissen muss, und notiert die Punkte in einer ▸ **Mindmap** (Arbeitszeiten, Abteilungen, wer ist wofür verantwortlich, …).
In Untergruppen erstellen die TN Dokumente zu Punkten, die in der Willkommensmappe präsentiert werden sollen.
Entscheidet sich die Gruppe für eine Willkommensmappe einer Stadt, gehen die TN ähnlich vor. Sie einigen sich auf eine reale Stadt oder überlegen eine fiktive Stadt, für die sie einen Namen erfinden.
Die Gruppe erstellt eine ▸ **Mindmap** zu den Punkten, die Besucher / neue Einwohner wissen sollten (Ämter, Freizeitangebote, Schulen usw.), und erstellt die Dokumente.

Erläuterungen zum Unterricht		**Materialien**
3a	Die TN lesen den Text und fassen im PL zusammen, welche Punkte des deutschen Arbeitsalltags angesprochen werden. Sie sammeln weitere Punkte, die ihnen im Arbeitsalltag in Deutschland vielleicht selbst schon aufgefallen sind oder von denen ihnen berichtet wurde und sprechen darüber.	
3b	TN lesen die verschiedenen Aspekte und überlegen, was neuen Mitarbeitern in Deutschland dazu auffallen könnte. TN hören die Aussagen und notieren, wer über welche Themen spricht. Vergleich im PL.	4.02–05

Lösung: Nina Sorokin: Sprache, Bürokleidung, Anredeformen; Alberto Tozzi: Arbeitsbedingungen, Bürokratie, Körpersprache, Work-Life-Balance, Urlaubsplanung, Direktheit; Vera López: Urlaubsplanung, Feiern im Büro; Mahmoud Tabari: Arbeitsbedingungen, Bürokratie, Bürokleidung, Arbeitskleidung

VARIANTE: KL schreibt jeden Aspekt auf ein DIN-A4-Papier und verteilt die Blätter. TN hören die vier Aussagen und stehen auf, wenn über „ihren" Aspekt gesprochen wird.   `DIN-A4-Blätter`

3c	Die TN hören die Aussagen noch einmal und korrigieren – ggf. in PA – die Sätze. Ggf. hören die TN danach noch einmal und kontrollieren die korrigierten Sätze. Vergleich im PL.	4.02–05

Lösung: 1. Sie hatte keine Zeit, einen Deutschkurs zu besuchen; 2. … dass man sich in Deutschland mit dem Familiennamen anspricht; 3. … wie viel fest geregelt ist; 4. … hat sich noch nicht daran gewöhnt, …; 5. … wundert sich, dass sie schon so früh den Jahresurlaub planen muss; 6. … ist überrascht, dass die Geburtstage nicht von den Kollegen organisiert werden, sondern dass man selbst einladen muss; 7. … sehr nützlich ist; 8. … dass die Arbeitszeiten so flexibel sind.

UND SIE?	TN sprechen in GA oder im PL über eigene Erfahrungen und darüber, was sie von anderen Personen in dieser Situation erfahren haben. Ggf. kann KL noch einmal auf die einzelnen Aspekte von 3b hinweisen.

VARIANTE: KL schreibt die einzelnen Satzanfänge des Redemittelkastens auf jeweils ein DIN-A3-Blatt und legt die Blätter im Kursraum aus. TN gehen durch den Raum und ergänzen die Sätze ohne zu sprechen (▶ **Stiller Dialog**). Danach werden die Sätze vorgelesen und im PL besprochen.

DIN-A3-Blätter

Erläuterungen zum Unterricht	**Materialien**

4a KL lesen die E-Mails und ordnen die passende Betreffzeile zu. KL weist darauf hin, dass zwei Betreffzeilen nicht passen.
Lösung: A3; B6; C5; D2; E4

4b TN lesen die E-Mails noch einmal, dann besprechen sie in GA, welche Kommunikationsprobleme es in der Firma gegeben hat und wie man sie möglicherweise lösen könnte.
Lösung: Sandra Moll ist nicht über den Termin für die Fortbildung informiert worden. Beppo ist mit dem Termin der Fortbildung nicht einverstanden, weil die Dokumentation noch nicht fertig ist.

4c TN hören die Telefonate und sprechen im PL darüber, wie die Probleme gelöst wurden. Vergleich erst mit einer anderen Gruppe und dann im PL.
Lösung: Herr Kranz erbittet sich Zeit, um zu klären, was bei der innerbetrieblichen Kommunikation schiefgelaufen ist. Markus und Beppo sprechen miteinander und klären das Missverständnis.

4.06–08

ERWEITERUNG: TN sprechen darüber, wie sie die Lösung der Probleme finden. Sind die Personen respektvoll und konstruktiv miteinander umgegangen? Was hätte man vielleicht noch besser machen können?
ERWEITERUNG: TN machen ÜB 4c und sprechen im Anschluss darüber, wie die Kommunikation abgelaufen ist.

4d TN lesen die E-Mails noch einmal und markieren Nomen, Adjektive und Verben, die mit einer festen Präposition vorkommen, z. B. *zuständig sein für ...* . Die TN verwenden dafür ggf. drei verschiedene Farben.

ERWEITERUNG: TN erstellen drei ▶ **Lernposter** zu den Themen Nomen/Adjektive und Verben mit festen Präpositionen.

Plakate, dicke Stifte

4e TN ergänzen die Tabelle und markieren die Präpositionen. Danach schreiben sie in GA oder PA Beispielsätze. Vergleich im PL.
Lösung:

sich vorbereiten auf + A.	die Vorbereitung auf + A.	vorbereitet auf + A.
sprechen über + A.	das Gespräch über + A.	–
sprechen mit + D.	das Gespräch mit + D.	–
sich ärgern über + A.	der Ärger über + A.	geärgert über + A.
danken für + A.	der Dank für + A.	dankbar für + A.
sich informieren über + A.	die Information über + A.	informiert über + A.

ERWEITERUNG: TN überlegen im PL, welche der markierten Formen aus 4d sich ebenfalls in Verben, Nomen und/oder Adjektive umwandeln lassen, z. B. *zuständig sein für* + A – *die Zuständigkeit für* + A
ERWEITERUNG: TN machen ÜB 4d.
ERWEITERUNG (GA): KL kopiert die KV für jede Gruppe auf Karton und schneidet die Dreiecke aus. Die Gruppe legt die Dreiecke so zusammen, dass Verben/Nomen und Präpositionen an den Rändern zusammenpassen. Die Gruppe, die zuerst die richtige Lösung findet, hat gewonnen.

KV

4f TN lesen Rollenkarten und Redemittelkasten. PA: Die TN wählen eine der drei Situationen, schreiben einen Dialog dazu und spielen die Situation im Kurs vor. Die anderen TN sprechen darüber, ob das Problem respektvoll und konstruktiv geklärt/gelöst wurde.

Zettel mit Redemitteln

UND SIE? TN sprechen in Gruppen über Kommunikationsprobleme, die sie selbst erlebt haben.

INTERKULTURELLE PERSPEKTIVE: TN sprechen darüber, wie in ihren Heimatländern Kommunikationsprobleme gelöst werden. Gibt es große Unterschiede gegenüber Deutschland? Was ist gleich?

| **Erläuterungen zum Unterricht** | **Materialien** |

5a KL schreibt die Überschrift des Textes an und fragt die TN, was sie unter dieser Überschrift verstehen und was in einem Artikel mit diesem Titel stehen könnte.

ERWEITERUNG (GA): TN spielen Redaktionsteams und notieren, über welche Aspekte sie schreiben würden. Vergleich im PL.

5b TN lesen die Stichwörter, KL hilft ggf., die Bedeutung zu klären. TN lesen den Artikel und machen Notizen zu den Stichpunkten. Vergleich im PL.

VARIANTE/BINNENDIFFERENZIERUNG: TN konzentrieren sich entweder auf Carla und Georg, auf Adil oder auf Grace und Jens und notieren die wichtigsten Informationen über deren Situation. Anschließend finden sie sich in ▶ **Wirbelgruppen** zusammen und berichten über die Personen.
ERWEITERUNG: KL erklärt den TN, dass sie Journalisten sind, die eine der Personen aus dem Text für ihre Zeitung interviewen möchten. TN entwerfen ca. zehn Fragen für ein Interview. Sie wählen eine/n TN, die/der in die Rolle der Person schlüpft, stellen ihr/ihm die Fragen, die/der TN gibt die Antworten.

5c TN lesen noch einmal und kreuzen an. KL macht darauf aufmerksam, dass es sich bei dieser Übung um ein Prüfungsformat handelt.
Lösung: 1. a; 2. b; 3. a; 4. b; 5. c

5d TN schreiben (ggf. als HA) einen Leserbrief und gehen dabei auf die angegebenen Punkte ein.

VARIANTE/BINNENDIFFERENZIERUNG (PA/GA): TN schreiben den Leserbrief im Unterricht in PA oder GA.
ERWEITERUNG: Hier bieten sich verschiedene, handlungsorientierte Möglichkeiten an, um mit   KV
dem Lesetext weiterzuarbeiten. Die TN können in GA/PA Szenen zwischen den einzelnen Paaren schreiben und vorspielen, sich Telefongespräche über den Alltag oder Gespräche am Wochenende überlegen oder sie arbeiten mit der KV.

VORHANG AUF Differenzierungsaufgabe: TN entscheiden sich für eine der beiden Aufgaben. Die TN, die sich für die Diskussion über Fernbeziehungen entscheiden, sammeln in PA Argumente und diskutieren dann in der Gruppe. Ggf. kann der/die KL eine/n Diskussionsleiter/in bestimmen, der/die darauf achtet, dass alle zu Wort kommen und die Beiträge zusammenfasst oder kommentiert.
Die TN, die sich für die Illustration entscheiden, sprechen in der Gruppe darüber, was in dieser zu   Video
sehen ist. Dann entscheiden sie sich in PA für eine konkrete Situation und schreiben einen Dialog dazu oder spielen die Szene.

Haltestelle D

	Erläuterungen zum Unterricht	Materialien
1a	TN betrachten die Fotos und überlegen im PL, was die Gegenstände darstellen und was man damit anfangen könnte.	
	VARIANTE: TN arbeiten in drei Gruppen. Jede Gruppe übernimmt ein Foto und schreibt auf ein DIN-A3-Blatt einen Werbetext darüber. TN geben dem Objekt einen Namen, beschreiben das Aussehen und was man damit machen kann und präsentieren ihren Gegenstand dann im PL.	DIN-AA-Blätter
1b	Die TN lesen und ergänzen die Tabelle.	
	VARIANTE: Wenn die TN die Variante in 1a gemacht haben, können sie die Tabelle mit den Angaben in ihren Texten vergleichen. Diskussion im PL: Was ist origineller? Die „echten" Texte oder die Produktinformation der TN?	
1c	TN hören, warum die Personen die Produkte gekauft haben und machen Notizen. Sie können auch die Tabelle in 1b ergänzen. **Lösung:** Bernd hat die Putzhausschuhe gekauft, weil er nicht gerne putzt und die Böden so nebenbei sauber werden. Die Frauen finden das Produkt sehr praktisch, weil man es zu jeder Kleidung passend machen kann, die normalen Brillenketten finden sie oft hässlich und langweilig. Die Gäste empfehlen das Produkt, weil keine Insekten in die Flasche fallen können und man durch die unterschiedlichen Farben auch noch weiß, wem die Flasche gehört.	4.15–17
1d	PA: TN entscheiden, ob sie versuchen, ihrem Partner / ihrer Partnerin eines der Produkte aus 1a oder ein anderes witziges Objekt zu verkaufen. Dazu verwenden sie möglichst auch die Redemittel aus dem Kasten.	
	VARIANTE: KL bringt verschiedene (möglichst sinnlose, originelle, kuriose, …) Gegenstände mit. TN wählen einen Gegenstand aus und machen in ca. fünf Minuten Notizen dazu (*Was ist es? Was macht man damit? Wozu ist es gut? Was ist das Besondere daran? Was kann es, was andere Objekte nicht können?* …). PA/GA: TN preisen sich gegenseitig ihre Gegenstände an. Statt konkreter Gegenstände kann KL auch Bastelmaterial mitbringen (Knete, Zahnstocher, Pappe, Toilettenpapierrollen, …). TN haben fünf Minuten Zeit, etwas zusammenzubauen, dann weiter wie oben.	

BSK-Spezial D – IT und Datenschutz

Lernziele/Sprachhandlungen

1 Computerprobleme melden; jemanden beraten; Fehlermeldungen; eine Fehlermeldung schreiben
2 etwas gemeinsam planen; ein berufliches Einladungsschreiben verstehen und beantworten
3 Informationen zum Datenschutz einholen/austauschen; sich nach dem Datenschutz erkundigen; die Datenschutz-Grundverordnung; eine Stellungnahme schreiben
4 erklären, wie etwas funktioniert; eine Installationsanweisung; bei einem technischen Problem schriftlich um Hilfe bitten

Einstieg

KL fragt TN bei geschlossenem Buch: Welche digitalen Geräte benutzen Sie privat / bei der Arbeit / sowohl privat als auch bei der Arbeit? KL sammelt die Antworten der TN in drei Spalten an der Tafel.

Erläuterungen zum Unterricht	Materialien
1a PA: TN besprechen zu zweit ihre Computerprobleme und lassen sich von Bild und Sprechblase anregen. Jedes Paar wählt ein Problem aus, schreibt es auf eine Moderationskarte und befestigt es an einer Pinnwand.	Moderations-karten
1b TN hören die vier Telefongespräche und notieren stichwortartig die IT-Probleme, aufgrund derer IT-Expertin Nadia Fierar angerufen wird. KL macht nach jedem Dialog eine kurze Pause, sodass TN Zeit für Notizen haben. Die Notizen werden im PL verglichen. **Lösung:** 1: Der Bildschirm bleibt schwarz. 2: Kein Kontakt zum Server. 3: Outlook funktioniert nicht. 4: WhatsApp funktioniert nicht. ERWEITERUNG: KL vertieft im PL und fragt, welche weiteren Informationen TN dem Hörtext noch entnehmen können. TN diskutieren darüber, wie sie Nadias Vorgehen einschätzen. Als Vertiefung eignet sich nach dieser Aufgabe die Übung zur Berufssprache auf Seite 221.	4.18–21
1c TN lesen die Ausschnitte 1 bis 16 aus den Telefongesprächen. Sie entscheiden, ob die Äußerungen von Nadia (N) oder von den Anrufer/innen (A) stammen und ergänzen die passenden Buchstaben. Die Lösungen werden im PL verglichen. TN lesen anschließend als Nadia oder als Anrufer die zugeordneten Sätze mit entsprechender Intonation vor. **Lösung:** 1. A, 2. N, 3. A, 4. N, 5. N, 6. N, 7. N, 8. A, 9. N, 10. N, 11. A, 12. A, 13. A, 14. N, 15. N, 16. N	4.18–21
VARIANTE: KL verteilt die Äußerungen als einzeln zerschnittene Kopien an die Lernpaare, die diese ordnen.	zerschnittene Kopien
BS **Lösung:** 1. einfriert, 2. wahnsinnig, 3. Sicherheitskopien, 4. internen … externen	

Erläuterungen zum Unterricht	Materialien
2a PL/PA: KL fragt, zu welchen beruflichen Themen TN bereits Schulungen besucht haben bzw. gerne besuchen würden. TN sammeln kurz im PL, KL notiert die Ergebnisse als ▶ **Wortigel** an der Tafel bzw. an dem IWB. TN bilden Lernpaare und entscheiden, ob die Stichworte 1 bis 14 zur organisatorischen Planung, zur inhaltlichen Planung oder zur Nachbereitung gehören und ordnen die Ziffern entsprechend in die Tabelle ein. Die Lösungen werden im Plenum verglichen. **Lösung:** Organisatorische Planung: 1, 6, 9, 10, 11, 12, 13, 14, Inhaltliche Planung: 2, 3, 4, 7, 8, Nachbereitung: 5 VARIANTE: KL erstellt die Tabelle an der Tafel. Die Lernpaare entscheiden über die korrekte Zuordnung und KL trägt entsprechend ein. Nach dieser Aufgabe bietet sich als Vertiefung die Vokabelübung zur Berufssprache auf Seite 223 an.	

2b	TN tauschen sich in PA darüber aus, welche Aufgaben der Praktikant Hannes vermutlich zugeteilt bekommt.	4.22

TN hören das Gespräch von Nadia und Hannes zur Vorbereitung der Schulung. Sie notieren stichwortartig, welche Aufgaben Nadia und welche Hannes übernimmt. KL wiederholt das Gespräch bei Bedarf. Die Ergebnisse werden im PL verglichen.

Im Anschluss an diese Aufgabe kann die Leseübung a und b auf Seite 223 bearbeitet werden, in der Nadias Einladungsschreiben zur Schulung bearbeitet wird. Die Schreibaufgabe auf Seite 223 kann als HA gestellt werden.

Lösung: Nadia: Referenten anrufen, Folien entwerfen, inhaltliche Planung, Handouts entwerfen, Feedback-Formular kontrollieren, Hannes: Hotel bestellen, technische Ausstattung, Folien umsetzen, Catering bestellen, Handouts kopieren, Feedback-Formular entwerfen

2c	GA: TN lesen in Kleingruppen die Redemittel zur Diskussion im Redemittelkasten. TN wählen jeweils drei Redemittel, die sie verwenden wollen, und unterstreichen diese.

Jede Kleingruppe wählt eine Situation aus und entscheidet, welche Punkte aus 2a sie behandeln möchte. Die Rollen IT-Beauftragte/r, Praktikant/in, Kolleg/in etc. werden getauscht. Einige Rollenspiele werden im PL vorgespielt.

BERUF KONKRET: Die Lernpaare aus TN mit gleichen oder ähnlichen Berufen/Berufszielen entwickeln konkrete Beispiele aus ihrem Berufsalltag.

BS	**Lösung:** die Organisation, die Justiz / Jura, die Nachbereitung, die Freistellung, die Begrenzung / die Grenze, die Verbesserung, die Teilnahme

LE a	**Lösung:** (a) in Kraft, (b) Umgang mit, (c) Fortbildungsveranstaltung zu, (d) Sicherheit in, (e) Teilnahme an, (f) von der Arbeit

LE b	**Lösung:** 1. Die Veranstaltung findet wegen einer Reihe von Gerichtsurteilen statt. 2. Die Teilnehmenden sollten mehr Sicherheit im Umgang mit dem Datenschutz bekommen. 3. Wer teilnimmt, wird freigestellt.

Erläuterungen zum Unterricht	**Materialien**

3a	PL: TN betrachten das Foto an und sprechen über die Karikatur. KL stellt ergänzend Fragen, zum Beispiel:	

– Wo und in welcher Situation ist das Foto aufgenommen?
– Was machen die beiden Personen, die vor der Leinwand stehen?
– Welche Funktion soll die Karikatur haben?
– Welches Märchen wird hier verwendet?

VARIANTE: Bei einer sehr großen Gruppe bietet es sich an, TN in Kleingruppen sprechen zu lassen, um den Sprechanteil zu erhöhen. Die Ergebnisse werden im PL zusammentragen.

3b	TN besprechen im PL, welche wichtigen Punkte in einer Fortbildung im Unternehmen zur DSGVO besprochen werden sollten/könnten.	4.23

TN lesen in EA die acht Aussagen zu Nadias Fortbildung. Sie hören den Ausschnitt aus Nadias Fortbildung, entscheiden, welche Aussagen richtig sind und kreuzen diese an. Die Lösungen werden im PL verglichen.
Lösung: 1. F, 2. R, 3. F, 4. R, 5. F, 6. F, 7. R, 8. F

3c	TN hören sich den Ausschnitt aus Nadias Fortbildung noch einmal an und machen sich dabei Notizen zu den drei Punkten. Die Ergebnisse werden im PL verglichen.	4.23

VARIANTE: KL unterteilt TN in drei Kleingruppen und teilt jeder Kleingruppe eine der drei Aufgaben zu. Nach dem Hören schreibt jeweils ein/e TN von jeder Kleingruppe die Ergebnisse an die Tafel bzw. an das IWB.
ERWEITERUNG: Als HA kann eine Online-Recherche zum Thema DSGVO gestellt werden. Die Ergebnisse werden als Minipräsentationen im PL geteilt.

3d	PA: TN bilden Lernpaare und lesen die Antworttexte A bis F. TN entwickeln Fragen zu den Antworttexten B bis F und notieren diese. KL weist darauf hin, dass es mehrere mögliche Fragen zu jedem Text gibt. Die vorgeschlagenen Fragen werden verglichen.

	VARIANTE: ▶ **Kursausstellung/Plakatrundgang**: KL hängt die Antworttexte B bis F als einzelne ausgeschnittene Kopien an mehrere Stellwände im Raum. Die Lernpaare notieren ihre Fragen auf Moderationskarten und befestigen diese über dem jeweiligen Antworttext. Beim Rundgang lesen TN und KL die Ergebnisse und besprechen sie.	Moderations-karten, zerschnit-tene Kopien
3e	PL: TN hören die sechs Fragen der Teilnehmer zu Nadias Fortbildung. Sie ordnen die Fragen den Antworten in 2d zu und notieren die entsprechende Ziffer in das jeweilige Kästchen. Die Lösungen werden verglichen. **Lösung:** A: 3, B: 4, C: 2, D: 5, F: 6	4.24
3f	PA: Als Vorbereitung zu dieser Aufgabe bietet sich das Lesetraining auf Seite 225 an sowie die vertiefende Vokabelübung zur Berufssprache im Anschluss. TN bilden Lernpaare und diskutieren, ob die drei präsentierten Situationen nach der DSGVO in Ordnung sind oder nicht. Jedes Lernpaar muss sich auf ein Ergebnis einigen. Die Ergebnisse werden im PL diskutiert.	
LE	**Lösung:** 1. in der gesamten europäischen Union, 2. für alle, die personenbezogene Daten verarbeiten, 3. der bessere Schutz der persönlichen Daten der EU-Bürger/innen, 4. allen, die der Zusendung ausdrücklich zugestimmt haben	
BS	**Lösung:** 1. Einverständnis erklärt, 2. ist ... in Kraft getreten, 3. Ihrer Datenschutzerklärung, 4. Rechtsraum, 5. profitieren von	

Erläuterungen zum Unterricht		**Materialien**
4a	Als Vorbereitung zu dieser Aufgabe bietet sich die Vokabelübung zur Berufssprache auf Seite 227 an sowie die Anwendung von IT-Vokabular im folgenden Leseverstehen. TN sprechen im PL über ihre Erfahrungen mit der Einführung neuer technischer Systeme im beruflichen Kontext. PA: TN bilden Lernpaare und lesen Nadias E-Mail über das neue Filesharing-System. Jedes Lernpaar notiert drei Fragen auf ein loses Blatt Papier. Die Frageblätter werden reihum getauscht und bearbeitet. Fragen und Antworten werden im PL besprochen. VARIANTE: Möglich ist auch ein Vorgehen nach der Methode ▶ **Think-Pair-Share**: TN lesen zunächst in EA die E-Mail und formulieren Fragen dazu (Think). In einem zweiten Schritt tauschen sie sich in Lernpaaren über die erstellten Fragen aus (Pair). Dann notieren TN die Fragen auf Moderationskarten und heften sie an eine Pinnwand, um sie mit der Gruppe zu teilen (Share). Zum Schluss werden die Fragen besprochen und im PL beantwortet.	Moderations-karten
4b	TN lesen die sechs Schritte, vermuten, in welcher Reihenfolge sie ausgeübt werden müssen und notieren ihre Vermutungen. Sie hören das Telefongespräch zwischen der Kollegin Frau Berger und Nadia und ergänzen die sechs Schritte anhand der Kleinbuchstaben. Die Ergebnisse werden im PL verglichen. **Lösung:** 1. d, 2. b, 3. a, 4. e, 5. c, 6. f	4.25
4c	TN lesen die acht Äußerungen. Sie hören das Telefongespräch noch einmal und markieren die Äußerungen, die im Gespräch vorkommen. **Lösung:** Es kommen vor: 2, 3, 4, 5, 8 ERWEITERUNG: TN ergänzen in PA zwei weitere praktische Formulierungen/Redemittel, die im PL besprochen werden.	4.25
4d	PA: TN bilden Lernpaare und erklären sich gegenseitig den Ablauf eines der drei Beispiele oder eines ähnlichen Beispiels. Dabei können sie die Redemittel aus 4c verwenden. BERUF KONKRET: Die Kleingruppen aus TN mit gleichen oder ähnlichen Berufen/Berufszielen tauschen sich über konkrete Beispiele aus ihrem Berufsalltag aus. Sie suchen sich dann Lernpartner aus einem anderen Berufumfeld und erklären diesen je ein Beispiel für Vorgänge aus ihrem eigenen Berufumfeld. Als abschließende HA ist die Schreibübung auf Seite 227 gut geeignet. Die Vokabelspalte auf der rechten Seite und auch die Redemittel in 4c sind hilfreich beim Verfassen der E-Mail.	

BS	**Lösung:** account: 3., backup: 4., bluetooth: 6., cloud: 5., handy: 1., headset: 7., smartphone: 2.
LE	**Lösung:** 3, 2, 4, 5, 1

Erläuterungen zum Unterricht	**Materialien**
5a TN hören eine telefonische Mitteilung und kreuzen die passende Textsorte an. **Lösung:** Angebot	4.26
5b TN hören die Mitteilung noch einmal und betrachten dabei die beiden Telefonnotizen. Sie besprechen in PA, welche der Notizen gelungener ist und warum, danach Vergleich im PL. **Lösung:** 2 ist besser, der Grund ist markiert, Name komplett, Notizen statt kompletter Sätze	4.26
5c KL liest mit den TN den Kasten mit wichtigen Tipps. Dann hören die TN eine weitere Nachricht und füllen die Telefonnotiz aus. Sie vergleichen ihre Notiz zuerst in PA, dann im PL. KL reflektiert mit den TN, was gut funktioniert hat und was man beim nächsten Mal noch besser machen könnte. **Lösung:** 1 c; 2 Frau Kühlbach, Sprachschule Lingofix; 3 01780 555 13 27 18; 4 Lieferung nicht vollständig (nur 8 Laptops und 3 Monitore), Rechnung fehlerhaft (kein Rabatt), brauchen Laptops dringend; 5 sofortiger Rückruf	4.27

13 Konflikte lösen

Lernziele/Sprachhandlungen

Sprechen	über Streitanlässe sprechen; Missverständnisse klären; konstruktive Kritik üben; Lösungen finden; Kompromisse aushandeln; berufliche Telefongespräche führen; über interkulturelle Unterschiede bei Konflikten am Arbeitsplatz sprechen; über Geschlechterrollen sprechen
Hören	berufliche Konfliktgespräche; berufliche Telefongespräche
Lesen	Artikel zum Thema „veränderte Rollen in Beruf, Partnerschaft und Familie"
Schreiben	Anfragen in einer Bestätigungsmail annehmen oder ablehnen; Gesprächsnotiz

Lerninhalte

Redemittel	Ich dachte, dir ist es wichtig, dass ich … | Was halten Sie davon, wenn wir in Zukunft … Von mir aus gerne. | Stilbruch Modemessen, Sie sprechen mit …, was kann ich für Sie tun? | Wir freuen uns auf die Zusammenarbeit mit Ihnen.
Wortschatz	Vereinbarkeit von Familie und Beruf, Konfliktbewältigung
Grammatik	irreale Konditionalsätze in der Vergangenheit | Relativsätze im Genitiv

Erläuterungen zum Unterricht	Materialien

1a KL schreibt *PROBLEME IM ARBEITSALLTAG* in einen ▶ **Wortigel**. TN überlegen, was ihnen dazu einfällt, KL notiert. KL kann ARBEITSALLTAG auch senkrecht an die Tafel schreiben und die TN versuchen, zu jedem Buchstaben ein Problem zu finden (Buchstaben können am Anfang, in der Mitte oder am Ende stehen). TN beschreiben im PL die Fotos und überlegen, welches Problem dargestellt sein könnte. KL notiert passendes Vokabular.
Mögliche Lösungen: A Konflikte mit Kollegen/Kolleginnen, B Unzufriedene Kunden, C Probleme mit der Kinderbetreuung, D Homeoffice und Kinderbetreuung zusammenbringen, E Organisation von Arbeit und Familienleben, F Streit mit/zwischen Vorgesetzten.

VARIANTE (6 Gruppen): KL vergrößert je ein Foto auf ein DIN-A3-Blatt. Jede Gruppe schreibt Fragen zu einem Foto auf. In ▶ **Wirbelgruppen** beschreiben TN sich gegenseitig ihre Fotos, beantworten die Fragen und sprechen darüber. *(Kopien der Fotos / DIN-A3-Blätter)*
VARIANTE (6 Gruppen): Jede Gruppe erhält eines der vergrößerten Fotos und klebt es auf ein DIN-A3-Blatt. Sie geben dem Foto eine Überschrift und schreiben einen Kommentar darunter, der die Situation wiedergibt. Außerdem zeichnen sie zu jeder abgebildeten Person eine Sprech- oder Denkblase und schreiben einen Kommentar hinein. Die Gruppen können das Ergebnis z. B. mit dem ▶ **Marktplatzprinzip** vorstellen.

1b TN wählen ein Foto und erzählen in PA/GA, was dieses Foto mit ihrem eigenen Leben zu tun hat.

VARIANTE (GA): TN sprechen in GA über die sechs Fotos und den Bezug zum eigenen Leben. In welchen Situationen können sie sich oder Personen ihrer Familie wiedererkennen? In welchen nicht? (z. B.: *Die Situation auf Foto D kenne ich gut, weil ich auch sehr viel Zeit im Homeoffice verbracht habe, aber die Situation auf Foto C kenne ich gar nicht, weil die Großeltern weit weg wohnen und wir sie nur selten sehen. …*)

Erläuterungen zum Unterricht	Materialien

2a TN sammeln in GA (3–4 TN) Beispiele für Konfliktsituationen. Vergleich im PL.
VARIANTE (2 Gruppen): Eine Gruppe sammelt auf einem DIN-A3-Blatt Konfliktsituationen mit der Familie, die sich zum Thema Arbeit ergeben können (z. B. Kinderbetreuung bei Dienstreisen), die andere notiert berufliche Konfliktsituationen mit Kollegen/Kolleginnen, Chef/in, Kunde/Kundin … *(DIN-A3-Blätter)*

2b TN hören das Gespräch zwischen Gabriela und Ron und fassen im PL zusammen, welche Konflikte angesprochen werden. *(4.28)*
Lösung: Gabriela kommt in der letzten Zeit oft sehr spät nach Hause; Ron kocht zu oft Lasagne und räumt die Küche nach dem Kochen nicht auf.

2c TN hören noch einmal und ergänzen – ggf. in PA – die Sätze. Vergleich im PL. *(4.28)*
Lösung: 1. … Gabriela ihr keinen Gute-Nacht-Kuss geben konnte. 2. … zurzeit oft so spät von der Arbeit kommt. 3. … kommt Gabriela früher nach Hause. 4. … räumt er die Küche nicht immer auf. 5. … Gemüsesuppe; 6. … Ron kocht.

BINNENDIFFERENZIERUNG: TN konzentrieren sich jeweils auf zwei oder drei Sätze.

2d   TN notieren in GA (3–4 TN) Vorschläge, wie Gabriela und Ron die Probleme lösen können. Vergleich mit anderen Gruppen oder im PL.

VARIANTE: TN schreiben den Dialog frei zu Ende. Sie können ihn auch als ▶ **Kettenübung** weiterschreiben. TN 1 schreibt Rons Antwort und gibt sie an TN 2 weiter. Diese/r schreibt die Antwort und gibt an TN 2 weiter usw. Das Blatt kann auch zwischen zwei TN oder zwei Gruppen hin und her wechseln, sodass der Dialog von zwei TN/Gruppen gestaltet wird. Weitere Möglichkeit: ▶ **Rechts-Links-Dialog.**
ERWEITERUNG: TN spielen einige Dialoge im PL vor. Die anderen TN sprechen darüber, ob die Konflikte konstruktiv gelöst wurden oder nicht.

2e   TN hören die beiden möglichen Ausgänge des Gesprächs und vergleichen mit ihren eigenen   4.29–30
Ideen. Sie sprechen im PL darüber, wie sie die beiden Gespräche finden. Wo wurden die Konflikte gelöst, wo nicht? Was hätten Gabriela und Ron im Gespräch noch besser machen können?

2f   Die TN überlegen, wie Konflikte am Arbeitsplatz in ihrer Kultur oft ablaufen, und machen sich mithilfe der Punkte Notizen. Dann tauschen sich die TN in GA oder im PL aus.

UND SIE?   Differenzierungsaufgabe: TN entscheiden sich für eine Aufgabe. Vergleich im PL.

VARIANTE: TN erstellen ein schön gestaltetes Plakat mit den „Zehn goldenen Regeln des Zu-
sammenarbeitens" oder ein ironisches Anti-Plakat. Statt für die Arbeit können die Regeln auch   Plakate
für den Kurs formuliert werden.

Erläuterungen zum Unterricht	**Materialien**

3a   KL fragt TN, ob sie Ideen dazu haben, was hilfreich sein kann, um Konflikte zu lösen und schreibt die Vorschläge an die Tafel. TN lesen die Ideen im Buch vor, KL klärt ggf. Vokabular.
PA: TN sprechen über die Vorschläge und einigen sich auf die drei Vorschläge, die ihnen am wichtigsten erscheinen. TN begründen ihre Entscheidung im PL.

VARIANTE (GA, 3–5 TN): TN schreiben die Punkte auf Kärtchen und diskutieren darüber, welche   Kärtchen
sie für wirksam halten und welche nicht. Sie legen die Kärtchen zur entsprechenden Gruppe. Sie vergleichen ihre Ergebnisse in ▶ **Wirbelgruppen** oder entwerfen eine ▶ **Kursstatistik.**

3b   TN sprechen in GA (3–5 TN) über die vier Bilder. Welche Konfliktsituationen werden dargestellt? Welches Problem gibt es wohl? Vergleich im PL.

VARIANTE (vier Gruppen): KL klebt jede Zeichnung auf ein DIN-A3-Blatt. Jede Gruppe über-   Kopien der
nimmt eine Situation. Die TN sammeln Begriffe und Ausdrücke, schreiben sie auf das Blatt und   Illustrationen;
stellen ihre Situation dann im PL vor.   DIN-A3-Blätter

3c   TN lesen im PL die Ausdrücke im Redemittelkasten. Sie wählen in PA eine Situation und spielen einen Dialog. Einzelne Situationen werden im PL vorgespielt.

ERWEITERUNG (GA): TN entwickeln einen kleinen Film zu einer Situation. Sie schreiben ein   Kamera, Handy
Drehbuch, studieren die Rollen ein und nehmen die Szene mit dem Handy auf. Die TN sprechen darüber, ob die Konflikte konstruktiv gelöst wurden und/oder ein Kompromiss gefunden wurde. Ggf. sprechen die TN auch darüber, welche Punkte aus 3a für die Lösung angewendet wurden.
ERWEITERUNG: TN sammeln im PL weitere typische Konfliktsituationen aus Arbeit, Beruf, Vereinbarkeit von Familie und Beruf (z. B. *Kollege macht das Licht nie aus, wenn er geht; Kollegin isst ihr Mittagessen immer am Schreibtisch, IT-Beauftragter ist nie erreichbar, wenn es Probleme gibt, …*). Ggf. überlegen die TN, welche Möglichkeiten der Konfliktlösung es geben kann und/oder spielen weitere Situationen.

Erläuterungen zum Unterricht	**Materialien**

4a   KL fragt die TN, in welchen Bereichen sie schon gearbeitet haben und ob berufliche Telefonate in ihrer Arbeit eine Rolle gespielt haben. Mit wem mussten sie beruflich telefonieren? Um welche Themen ging es dabei? Die TN überlegen im PL, zu welchen Themen in einzelnen Berufen Telefonate geführt werden (z. B. *ein Koch / eine Köchin bestellt Lebensmittel, ein/e Arzthelfer/in macht Termine aus, ein/e Erzieher/in spricht mit den Eltern, …*). TN lesen die Punkte und ordnen – ggf. in PA/GA – zu, was vor/während/nach Telefonaten wichtig ist.
Lösung: davor: 6, 7, 10; während: 2, 3, 5, 8, 9; nach: 1, 4

4b	TN hören die Telefonate und besprechen, welches besser ist und warum. **Lösung:** Gespräch 2 ist besser (Kunde ist besser vorbereitet, stellt sich am Anfang gleich vor, hat den Kalender zur Hand usw.).	4.31–32
4c	TN hören das zweite Telefongespräch noch einmal und ergänzen die Notizen. **Lösung:** Firma: Mode-Mommsen; Grund des Anrufs: Stand auf der Hochzeitsmesse; Termin: 4./5. Mai; Standfläche: 200 m²; Werbematerial: 500 postkartengroße Flyer; Personal: noch nicht klar BINNENDIFFERENZIERUNG: TN konzentrieren sich nur auf einige Punkte.	4.33
4d	PA: Jede/r TN bereitet sich auf eine Rolle vor. TN spielen das Telefongespräch. VARIANTE: TN spielen das Gespräch einer anderen Gruppe vor, diese überprüft, ob die Punkte von 4a beachtet wurden.	
UND SIE?	GA/PL: TN sprechen über Erfahrungen beim Telefonieren auf Deutsch. Welche Probleme hatten sie? Wie konnten sie sie evtl. lösen? Gibt es Tipps, die sie weitergeben können? INTERKULTURELLE PERSPEKTIVE: TN erläutern, wie in ihren Heimatländern berufliche Telefonate geführt werden. Welche Berufsgruppen telefonieren viel? Sind die Verhaltensregeln am Telefon mit denen in Deutschland vergleichbar? (z. B.: *In Spanien meldet man sich oft nicht gleich mit dem Namen ...*)	

Erläuterungen zum Unterricht		**Materialien**
5a	TN hören das Gespräch mit Frau Sauter noch einmal und ordnen zu. KL thematisiert, dass im ersten Satz jeweils etwas dargestellt wird, das nicht passiert ist, im zweiten Satz wird die Folge formuliert. Vergleich im PL. **Lösung:** 1. c); 2. a); 3. b)	4.34
5b	TN lesen die Sätze noch einmal und ergänzen die Tabelle. KL bespricht die Formen für irreale Konditionalsätze in der Vergangenheit: Im Wenn-Satz stehen die Verben am Ende, zuerst das Partizip II, dann *hätte/wäre* in konjugierter Form. Der Hauptsatz beginnt nach dem Komma mit *hätte/wäre* in konjugierter Form, am Ende steht ein Partizip II oder bei Modalverben ein Infinitiv und dann das Modalverb.	
5c	PA/PL: TN formulieren die irrealen Konditionalsätze in der Vergangenheit. **Lösung:** 1. ... nicht die Hälfte vergessen. 2. Wenn ich pünktlich zur Besprechung gekommen wäre, hätten die Kunden nicht warten müssen. 3. Wenn ich die Präsentation besser gestaltet hätte, wäre der Chef zufrieden gewesen. 4. Wenn ich rechtzeitig angefangen hätte, wäre ich mit der Arbeit pünktlich fertig geworden. ERWEITERUNG/BINNENDIFFERENZIERUNG: TN machen ÜB 5b und/oder 5c. ERWEITERUNG (GA, 3–4 TN): TN schneiden Bilder aus Zeitschriften aus, kleben sie auf DIN-A3-Blätter und schreiben irreale Konditionalsätze in der Vergangenheit dazu (z. B.: *Wenn Olivia Colman die Rolle nicht so gut gespielt hätte, hätte sie den Filmpreis nicht bekommen. ...*). KL kann auch Fotos mitbringen. ALTERNATIVE/BINNENDIFFERENZIERUNG: KL klebt die Fotos auf Karten und schreibt einen Wenn-Satz dazu (z. B. Foto mit Frau im Auto: *Wenn die Frau das Auto nicht gekauft hätte, ...*). ▶ **Kursspaziergang**: TN ergänzen die Sätze frei. ERWEITERUNG: Die TN üben mit der KV.	DIN-A3-Blätter, Zeitschriften, Klebstoff, Schere KV
5d	TN lesen und ordnen die Textelemente zu. Vergleich im PL. **Lösung:** (1) g; (2) a; (3) d; (4) h; (5) f; (6) i; (7) e; (8) c; (9) b ERWEITERUNG: TN machen ÜB 5a.	
5e	TN schreiben in PA eine Bestätigungsmail zum Rollenspiel in 4d. VARIANTE: TN schreiben eine Bestätigungsmail zu einer anderen Situation.	

6a KL schreibt *VERÄNDERTE ROLLEN IN PARTNERSCHAFT UND FAMILIE* an. TN überlegen, was ihnen zum Thema einfällt, KL notiert die Vorschläge in einem Assoziogramm.

VARIANTE: TN diskutieren das Thema in einer ▶ **Atom-Moleküle-Diskussion**.
ERWEITERUNG (2 Gruppen): Die erste Gruppe notiert auf einem DIN-A3-Blatt Stereotype zur Männerrolle in Partnerschaft und Familie, die zweite Gruppe zur Frauenrolle (z. B.: *Mann als der Hauptverdiener, macht weniger im Haushalt, trifft die wichtigen Entscheidungen; Frau kümmert sich um die Kinder, macht mehr den Haushalt, …*). Die Gruppen stellen ihre Punkte im PL vor. Die TN diskutieren, inwieweit sich diese Punkte verändert haben.
(Materialien: DIN-A3-Blätter)

6b KL fragt die TN, ob sie sich unter den Begriffen *Frauennetzwerk* und *Männergruppen* etwas vorstellen können. TN lesen den Text und notieren Informationen zu den Stichwörtern.

BINNENDIFFERENZIERUNG: TN arbeiten in vier Gruppen, jede Gruppe übernimmt ein Stichwort.
VARIANTE (GA, 4 TN, ▶ **Zerschnittene Texte**): KL kopiert die Texte für jede Gruppe und zerschneidet sie senkrecht in vier Teile (so, dass die beiden Spalten jeweils auch noch einmal in der Hälfte geteilt sind und somit die Hälfte der Information fehlt). Jede/r TN liest seinen Teil und gibt die Information, die er/sie erkennen/erahnen kann, an die Gruppe weiter. Die TN diskutieren über den Text, versuchen gemeinsam möglichst viel des Inhaltes zu erarbeiten und halten fest, was sie zu den vier Stichwörtern erfahren. Anschließend lesen sie den kompletten Text im Kursbuch und vergleichen.
(Materialien: Kopien der Texte)
VARIANTE: ▶ **Kugel-Interpretation** GA, 4 TN: KL kopiert den Text für jede Gruppe und zerknüllt die Blätter mit dem Text nach außen, möglichst so, dass auf jeder „Kugel" andere Informationen zu erkennen sind. Jede Gruppe bekommt eine Kugel und versucht, aus dem, was sie lesen kann, Informationen über den Text zu bekommen. Nach einigen Minuten können die Texte ausgetauscht werden, um die Informationen durch neue Kugeln zu erweitern. KL kann die Aktivität auch mit der Methode ▶ **Schneeballschlacht** kombinieren, d. h. die TN bewerfen sich einige Male und behalten auf ein Zeichen des/der KL die letzte Kugel, dann weiter wie oben.

6c TN verbinden – ggf. in PA – die Sätze. Vergleich im PL.
Lösung: Männer wollen die ersten Lebensjahre ihrer Kinder, die für die Beziehung wichtig sind, bewusst miterleben. Die Väter, die dann die Haupternährer waren, haben noch mehr gearbeitet als vorher. Organisierte Vätergruppen, in denen Väter und Kinder zusammen etwas unternehmen, werden immer beliebter.

ERWEITERUNG: TN wiederholen gemeinsam, was sie über Relativsätze und Relativpronomen wissen. Zur Auffrischung machen die TN ÜB 6c und 6d.

6d TN lesen die Sätze, vergleichen mit der Version im Text und ergänzen die Tabelle. KL weist darauf hin, dass die Relativpronomen hier im Genitiv stehen und – im Gegensatz zu den meisten anderen Relativpronomen – nicht mit dem bestimmten Artikel übereinstimmen (vgl. Grammatikkasten).
Lösung: dessen, dessen, deren, deren, deren

ERWEITERUNG: TN machen ÜB 6e.

6e PA: TN schreiben zwei Sätze, der zweite Satz beginnt mit Possessivartikel. Die nächste Gruppe verbindet die Sätze mit einem Relativpronomen im Genitiv.

ERWEITERUNG: Die TN üben mit der KV.
(Materialien: KV)

VORHANG AUF Differenzierungsaufgabe: TN entscheiden sich für eine Aufgabe. Die TN, die sich für einen Konflikt am Arbeitsplatz entscheiden, bereiten ein Rollenspiel vor und spielen es in der Gruppe vor. Die TN, die sich für die Podiumsdiskussion entscheiden, wählen wiederum eines der beiden Themen, sammeln Argumente und spielen die Diskussion.
(Materialien: Blätter)

VARIANTE (▶ **Vier-Ecken-Diskussion**): TN sammeln Punkte zum Rollenverhalten, über die sich gut diskutieren lässt. TN wählen vier Themen aus: z. B. *Sind Frauen die besseren Sportler? Brauchen wir mehr Frauen in der Politik? Ist es wichtig, wer mehr verdient? Wer soll sich um die kleinen Kinder kümmern?* Die Themen werden auf Blätter geschrieben und jedes Blatt in eine Ecke des Kursraums gehängt. Die TN finden sich in immer unterschiedlichen Gruppen in den Ecken zusammen und diskutieren fünf Minuten über das Thema. Am Ende hat jede/r TN in den vier Ecken diskutiert.

14 Weiterbildung

Lernziele/Sprachhandlungen

Sprechen	über die eigene Lerngeschichte berichten; über Weiterbildungsangebote sprechen; Weiterbildungsangebote vorstellen
Hören	ein Radiointerview zu Schulerfahrungen verstehen
Lesen	Texte über besondere Lernbiografien verstehen; Informationen über Förderprogramme verstehen
Schreiben	einen Kommentar schreiben; schriftlich Informationen erbitten
Beruf	Informationen über berufliche Förderprogramme verstehen

Lerninhalte

Redemittel	Mein Weg war ein bisschen kompliziert, weil … | Ich habe sehr spät schwimmen gelernt. | Durch den Umzug nach Deutschland … | Ich brauche noch ein paar Informationen zu Ihrem Weiterbildungsangebot. | Gibt es Stipendien?
Wortschatz	Weiterbildung und Beruf
Grammatik	Konjunktiv I in der indirekten Rede | Konjunktiv II in irrealen Vergleichssätzen

Erläuterungen zum Unterricht	**Materialien**
1a KL schreibt *BILDUNG* in einem Assoziogramm an und fragt die TN, was dieser Begriff alles umfassen kann und was Bildung für sie persönlich bedeutet. KL macht Notizen zu den Vorschlägen der TN. KL kann zu einer möglichst weiten Fassung des Begriffs anregen, indem er/sie auch eigene Anregungen gibt.	
1b PA: Jede/r TN wählt ein Foto und spricht darüber, was es mit Bildung zu tun hat. VARIANTE GA (3–5 TN): TN beschreiben die Fotos und sprechen darüber, was sie mit Bildung zu tun haben.	
1c KL erklärt, dass die TN eine Radiosendung zum Thema „Bildungswege" hören werden, in der drei Personen über ihre eigene Geschichte sprechen. TN hören und machen Notizen, welche Einstellung die Befragten zur Schule hatten. **Lösung:** Eray: War in der Grundschule gut, aber in der Pubertät hatte er keine Lust mehr auf Schule. Jenny: Hat immer gern gelernt, aber die Eltern wollten nicht, dass sie aufs Gymnasium geht. Luca: Fand die Schule okay, weil er dort seine Freunde getroffen hat, war nicht sehr fleißig, aber es reichte. ERWEITERUNG (vor dem Hören GA): TN überlegen sich als Redakteure dieser Radiosendung mögliche Interviewfragen für die drei Gäste. Vergleich im PL. KL erklärt, dass sich die Moderatorin u. a. dafür interessiert, welche Einstellung die Personen der Schule gegenüber hatten, dann weiter wie oben.	5.02
1d TN hören noch einmal und besprechen in PA, was die drei Personen zu den einzelnen Punkten sagen. VARIANTE (GA): TN schreiben die Namen der Gäste (Eray, Jenni und Luca) auf drei Blätter und die Stichwörter auf Zettel/Kärtchen. Die TN hören die Radiosendung noch einmal und ordnen beim Hören die Stichwörter den Personen zu: Wer spricht über welches Thema? Die TN kleben die Stichwörter auf das passende Blatt. Danach hören sie ein weiteres Mal und machen Notizen zu den einzelnen Punkten. Vergleich erst in ▶ **Wirbelgruppen** und dann im PL: Die TN erzählen nacheinander, was die Personen zu den einzelnen Punkten gesagt haben. ERWEITERUNG (GA): TN wählen eine der drei Personen und schreiben einen Text über ihren/seinen Bildungsweg.	5.02 Blätter, Zettel/Kärtchen
1e TN machen in EA Notizen zu ihrer eigenen Schul- und Ausbildungsgeschichte und berichten darüber in PA. Die TN sprechen auch über ihre Zukunftspläne. VARIANTE: TN überlegen im PL, welche Fragen zum Thema Schul- und Ausbildungsgeschichte bzw. Zukunftspläne man stellen könnte, dazu können sie sich auch von der Radiosendung inspirieren lassen. KL sammelt die Fragen. TN machen ein ▶ **Kugellager**. KL liest nach jedem Partnerwechsel eine Frage vor, die TN sprechen ca. drei Minuten über das Thema.	

2a	Einstieg: KL schreibt *MAN LERNT NIE AUS* an und fragt die TN, was mit diesem Titel gemeint sein könnte. Haben die TN Beispiele für die Gültigkeit dieser Aussage? TN lesen die Texte und überlegen – ggf. in PA – Überschriften.	
	ERWEITERUNG (PA, ▶ **Atom-Moleküle-Methode**): TN überlegen die Überschriften, danach gehen sie mit einem anderen Paar zusammen, diskutieren ihre Vorschläge und einigen sich auf die vier Überschriften. Dann arbeiten wieder zwei Gruppen zusammen und einigen sich, so lange bis sich der ganze Kurs auf die vier besten Überschriften geeinigt hat.	
	ALTERNATIVE (GA, 4 TN, ▶ **kooperatives Lesen**): Jede/r TN liest einen Text und fasst die Informationen für die Gruppe zusammen. Gemeinsam überlegt die Gruppe eine passende Überschrift für jeden Text.	
	ERWEITERUNG: TN wählen in PA oder GA eine der vier Personen, die sie besonders interessant finden und formulieren ca. fünf Interviewfragen. Danach wählt der/die KL jeweils eine/n TN aus, der die Person spielt.	
	Alle TN, die Fragen an diese Person haben, stellen diese. Der/die TN versucht sich in die Lage der Person zu versetzen und beantwortet die Fragen.	
2b	PA: TN lesen die Adjektive, überlegen, welche/s Adjektiv/e zu welcher Person passt/passen und begründen ihre Wahl, ggf. suchen sie die Adjektive, die sie nicht kennen, in einem einsprachigen Wörterbuch.	Wörterbuch
	ERWEITERUNG (PA, Vokabelarbeit vor dem Zuordnen): KL schreibt die Adjektive auf Kärtchen für jeweils ein Paar. Die TN schreiben eine Definition für die Adjektive und lesen sie im PL vor. Die anderen TN raten, um welches Adjektiv es sich handelt.	Kärtchen
	VARIANTE (▶ **Fliegenklatschenspiel**): KL schreibt die Adjektive an. Die TN spielen in zwei Gruppen. KL liest Definitionen für die Adjektive vor (z. B. von der KV) und die beiden ersten TN schlagen mit der Fliegenklatsche möglichst schnell auf das passende Adjektiv.	Fliegenklatschen KV
	Die TN können die Wörter und Definitionen mithilfe der KV auch zuordnen oder sich gegenseitig befragen.	
2c	TN lesen die Aussagen in der direkten Rede. KL erklärt, dass diese Aussagen in den Texten zu finden sind. TN überfliegen die Texte, markieren die Aussagen und notieren die Verben. KL erklärt, dass die Aussagen in den Texten in der indirekten Rede ausgedrückt werden, und fragt die TN, welche Unterschiede ihnen auffallen (zum Teil Pronomenwechsel, Verb steht im Konjunktiv I).	
	Lösung: Der alte Herr sitze meist am Schreibtisch und lese; Glücklicherweise sei alles gutgegangen; viele Alltagsdinge müsse man …	
2d	TN ergänzen die Verben. KL liest mit den TN die grammatischen Erklärungen für die indirekte Rede und den Konjunktiv I und klärt ggf. Fragen.	
2e	TN lesen den Text und schreiben in der direkten Rede, was die Schüler über Alice Kapp sagen. **Lösung:** könne, habe, gebe, lache, sei, könne, müsse, stehe; …, sie kann gut erklären und hat immer ein offenes Ohr …; sie gibt zwar nicht immer …, sie lacht gern…, ist sie einmal sogar …; … er kann ohne die Naturwissenschaften …; … muss man die Schulen …; Frau Kapp steht …	
	ERWEITERUNG: TN machen ÜB 2c.	
UND SIE?	Differenzierungsaufgabe: TN entscheiden sich für einen der vier Texte aus 2a und schreiben – ggf. als HA – einen Kommentar dazu, in dem sie auf die vorgeschlagenen Punkte eingehen.	
	ERWEITERUNG (GA): TN finden sich mit den TN in Gruppen zusammen, die sich mit der gleichen Person befasst haben, und lesen sich ihre Texte vor. Sie sprechen über Gemeinsamkeiten und Unterschiede.	
	Anschließend bilden sie ▶ **Wirbelgruppen** mit den TN, die sich mit einer anderen Person befasst haben, und sprechen über ihre Person und den Austausch in ihrer Gruppe.	

Erläuterungen zum Unterricht	Materialien

3a KL fragt, ob die TN schon Erfahrungen mit Förderprogrammen gemacht haben. TN lesen die vier Texte und ordnen – ggf. in PA – die Logos zu.
Lösung: 1C; 2B; 3A; 4D

ERWEITERUNG (GA, 4 TN): Jede/r TN wählt einen Text, liest ihn noch einmal, unterstreicht die wichtigsten Aussagen und macht sich Notizen. Anhand der Notizen fasst er/sie den Text für die Gruppe möglichst frei zusammen.

3b TN wählen jeweils ein Wort und erklären es im PL.

VARIANTE (GA): KL schreibt jedes Wort auf einen Zettel. KL gibt jeder Gruppe einen Begriff. Die TN schreiben eine Erklärung für den Begriff und lesen ihn im PL vor, die anderen TN raten, um welchen Begriff es sich handelt. — Zettel
ERWEITERUNG: Um sich die Begriffe besser einzuprägen, spielt der/die KL mit der Gruppe
▶ **Galgenraten**.
ERWEITERUNG/BINNENDIFFERENZIERUNG: TN machen ÜB 3a, schnellere TN auch 3b.

3c TN lesen die Informationen zu den Personen und notieren, welche Förderung zu ihnen passt. Gibt es keine passende Förderung, notieren die TN ein X.
Lösung: A: DAAD; B: Bundesagentur für Arbeit; C: Bildungsprämie, D: x; E: Anerkennungszuschuss

ERWEITERUNG (GA): TN diskutieren über ihre Auswahl und begründen ihre Entscheidung.

Erläuterungen zum Unterricht	Materialien

4a TN fassen kurz zusammen, was sie über Luka und seine Wünsche, sich weiterzubilden, wissen. TN lesen die Anzeige für den Weiterbildungskurs und notieren in GA, welche Fragen Luka vor der Anmeldung haben könnte. KL hält die Fragen an der Tafel fest.

4b TN lesen die E-Mail und besprechen im PL, welche der Fragen aus 4a damit beantwortet wurden.

4c Differenzierungsaufgabe (PA): TN entscheiden sich für eine Situation oder wählen andere Fragen aus 4a. Danach entscheiden sie, ob sie ein Telefongespräch dazu vorbereiten oder eine E-Mail schreiben möchten.
Einige Telefongespräche können im PL vorgespielt werden.

UND SIE? Differenzierungsaufgabe: TN entscheiden, ob sie über eigene Erfahrungen mit Weiterbildung sprechen möchten oder darüber, welche Fortbildung sie in Zukunft interessieren könnte, und finden sich in Gruppen zusammen. In der ersten Gruppe kann ein/e Gruppensprecher/in die interessantesten Punkte im PL vorstellen. Gruppe zwei kann Angebote im Internet recherchieren, eines auswählen und auf einem Plakat vorstellen. — Internet / Plakate

ERWEITERUNG (GA): TN überlegen ein Weiterbildungsangebot. Es kann realistisch (z. B. ein Haarschneidekurs, Wirtschaftsenglisch), aber auch absurd/kurios sein (z. B. Millionär in 30 Tagen, Umgang mit schwierigen Chefs).
TN erarbeiten einen Flyer / ein Plakat. Ergebnisse werden im Kurs, z. B. mit dem ▶ **Marktplatzprinzip** vorgestellt.

Erläuterungen zum Unterricht	Materialien

5a KL schreibt *ANGENEHME LERNATMOSPHÄRE* an und fragt die TN, was für sie wichtig ist, damit sie sich beim Lernen wohlfühlen. Ggf. können die TN zuerst Oberpunkte finden (Lernort, Lehrerverhalten, Mitschüler, Methode, …).

VARIANTE: KL schreibt Oberpunkte (s. o.) auf jeweils ein DIN-A3-Blatt und legt sie im Kursraum aus. TN gehen durch den Raum und notieren auf den Blättern, was ihnen dazu einfällt (z. B. Lernort: viel Licht, ordentlich und aufgeräumt, angenehme Farben, bequeme Möbel, …). Die Ergebnisse werden im PL vorgestellt. TN sprechen darüber, was für sie (nicht) wichtig ist und warum. — DIN-A3-Blätter

5b TN lesen den Text und beantworten in PA die Fragen.
Lösung: 1. Starker Stress senkt die Speicherkapazität des Gehirns, positiver Stress fördert die Leistungsfähigkeit. 2. Positive und negative Gefühle spielen beim Lernen eine große Rolle, Angst blockiert das Gehirn, … 3. ab Zeile 41.

5c	TN lesen den Text noch einmal und suchen die Ausdrücke, die zu den angegebenen Wörtern passen. Vergleich im PL. **Lösung:** Ausdauer = Durchhaltevermögen; Mitgefühl = Empathie; Möglichkeit = Potenzial; passend = adäquat; Gefühle = Emotionen; stoppen/lahmlegen = blockieren; profitieren = Nutzen ziehen	
	ERWEITERUNG: TN schreiben die Wörter auf Kärtchen und spielen in GA ▶ **Memory**. Sie können mit den Wörtern ihre ▶ **Vokabelkartei** ergänzen.	Kärtchen
5d	TN diskutieren im PL über die vorgeschlagenen Lernstrategien und sprechen darüber, was sie selbst tun, um gut lernen zu können.	
	VARIANTE: KL schreibt die acht Punkte aus dem Text auf jeweils ein DIN-A3-Blatt. Die Blätter werden im Kursraum ausgelegt. TN gehen durch den Raum und finden sich auf ein Zeichen des/der KL (Klatschen, Pfeifen, …) in Gruppen bei einem Blatt zusammen und diskutieren einige Minuten über das Thema. Danach gehen sie weiter zum nächsten Blatt usw. Alternativ können die verschiedenen Lernstrategien auch im ▶ **Kugellager** diskutiert werden. ERWEITERUNG: TN erstellen in GA ein Plakat mit eigenen Lerntipps und stellen es im PL vor.	DIN-A3-Blätter Plakat
5e	TN lesen das Beispiel und suchen im Text weitere Beispiele. KL liest mit den TN den Grammatikkasten und erklärt, was mit der Form *als .../als ob/wenn ...* + Konjunktiv II ausgedrückt wird. **Lösung:** ob, teilnehmen, würde	
	ERWEITERUNG/BINNENDIFFERENZIERUNG: Ggf. wiederholt KL mit den TN die Bildung des Konjunktiv II. TN machen je nach Bedarf im ÜB 5 d–f. ERWEITERUNG: TN machen ÜB 5g und h.	
5f	TN ordnen – ggf. in PA – die Sätze zu und schreiben *als ob/wenn*-Sätze. KL weist darauf hin, dass es mehrere Möglichkeiten geben kann. Vergleich im PL. **Lösung:** 1. e), d); 2. b), e); 3. c), d), e); 4. b), a); 5. b), a)	
5g	TN vervollständigen zuerst schriftlich die Sätze mit dem Konjunktiv II (z. B.: *An meinem ersten Tag im Kurs habe ich mich gefühlt, als ob ich drei Tassen Kaffee getrunken hätte.*). Anschließend vergleichen sie in PA oder GA.	
	ERWEITERUNG: Mithilfe der KV machen sich die TN gegenseitig Komplimente.	KV
VORHANG AUF	Schöne Erinnerungen: a) TN haben einige Minuten Zeit, um Stichwörter zu schönen/lustigen Erinnerungen zu schreiben, die ihnen zu den Deutschkursen einfallen, die sie bisher gemacht haben. b) GA (3–4 TN): Die Zettel liegen verdeckt auf dem Tisch. TN ziehen abwechselnd einen Zettel und lesen die Stichwörter vor. Die Person, die den Zettel geschrieben hat, erklärt, was damit gemeint ist, die anderen TN stellen ggf. Fragen. Das können wir jetzt besser (GA, 4 TN): TN sprechen darüber, was sie am Ende des Kurses besser können als am Anfang, was sie außerhalb des Kurses noch dazulernen konnten und wie sie nun weiterlernen möchten. Alternativ können die Fragen auch in einer ▶ **Vier-Ecken-Diskussion** besprochen werden. (z. B. mit den Fragen: 1. Was kann ich jetzt besser als zu Anfang des Kurses? 2. Wie und wo möchte ich in Zukunft weiter Deutsch lernen? 3. Wo habe ich außerhalb des Kurses Deutsch gelernt/geübt? 4. Welche Möglichkeiten möchte ich in der Zukunft außerhalb des Kurses nutzen, um mein Deutsch zu verbessern?). Zusammenfassung der Ergebnisse im PL.	Zettel
	VARIANTE zu b: TN machen einen ▶ **Kursspaziergang**, sprechen über eine Notiz mit dem Partner / der Partnerin und gehen dann zum/zur nächsten TN.	

Testtraining C

Erläuterungen zum Unterricht	Materialien

Sprachbausteine Teil 2 – Auf Anfragen reagieren und Angebote machen

In diesem Prüfungsteil sollen TN zeigen, dass sie typische berufsbezogene Formulierungen korrekt in einem Text verwenden können. KL liest mit den TN die Erklärung zur Aufgabe und die Tipps. TN markieren, was sie für besonders wichtig halten. TN lesen die Arbeitsanweisung. Sie lösen die Aufgabe, indem sie die korrekten Satzbausteine einsetzen und markieren die Lösungen auf dem abgedruckten Ausschnitt aus dem Antwortbogen.

Lösung: 1a; 2b; 3b; 4c; 5a; 6a

KL liest mit den TN die kommentierte Lösung und klärt Fragen.

Lesen Teil 4 – Aufgaben und Aufgabenverteilung nachvollziehen

In diesem Prüfungsteil sollen die TN zeigen, dass sie im Protokoll einer Teambesprechung Details verstehen können, die für den Arbeitsablauf wichtig sind. KL erklärt das Aufgabenformat anhand des Tipp-Kastens und klärt ggf. Fragen. Die TN lösen die Aufgaben und notieren die Lösung auf dem Antwortbogen. Dann korrigieren sie und vergleichen im Anschluss mit der kommentierten Lösung.

Lösung: 1c; 2c; 3a; 4c; 5b

Hören und schreiben – Kundenanfragen entgegennehmen und dokumentieren   5.04

In diesem Prüfungsteil sollen die TN zeigen, dass sie globale und detaillierte Informationen in einer Nachricht verstehen und gleichzeitig Notizen dazu festhalten können. KL liest mit den TN die Erklärung der Aufgabe und die Tipps dazu. TN lesen die Aufgaben und hören die Mitteilung. Sie entscheiden sich für die richtige Lösung und ergänzen die Telefonnotiz. Im Anschluss vergleichen sie mit der kommentierten Lösung.

Lösung: 1c; 2 Warnck; 3 0361 483670; 4 Drucker kaputt, druckt unvollständig, Fehlermeldung; schickt Mail mit Details; braucht Drucker dringend; 5 heute Vormittag mitteilen: Lieferung Ersatzdrucker heute möglich?

Schreiben – Meinungen begründen und durch Argumente stützen

In diesem Prüfungsteil sollen die TN zeigen, dass sie ihre Meinung schriftlich in einem Forum äußern und durch Argumente begründen können. KL liest mit den TN den Tipp-Kasten und klärt ggf. Fragen. Die TN entscheiden sich schnell für ein Thema und machen Notizen. Dann schreiben sie den Forumsbeitrag. Danach vergleichen sie mit den Lösungsvorschlägen.

Sprechen Teil 3 – Lösungswege diskutieren (eine Situation am Arbeitsplatz besprechen)   5.05

In diesem Prüfungsteil sollen die TN zeigen, dass sie über Meinungen und Probleme sprechen und Lösungsvorschläge unterbreiten können. TN lesen den Tipp-Kasten. KL klärt ggf. Fragen. TN lesen die Situation und die Aufgabe und sprechen dann in PA. Danach hören sie ein Beispiel und vergleichen mit ihrem eigenen Dialog.

ERWEITERUNG: TN nehmen ihr eigenes Gespräch auf und vergleichen es mit den Beispielen.

Haltestelle E

Erläuterungen zum Unterricht	Materialien
1a GA (3–5 TN): Auf DIN-A3-Blatt erstellen die TN einen Wortigel zum Berufsfeld „Tourismus". Die Blätter werden aufgehängt und miteinander verglichen. VARIANTE: KL gibt Zeit vor, die Gruppe mit den meisten Vokabeln gewinnt.	DIN-A3-Blätter
1b TN sammeln weitere Berufsfelder im PL. TN wählen ein anderes Berufsfeld, das sie interessiert, und erstellen dazu einen Wortigel. Vergleich im PL.	

Erläuterungen zum Unterricht	Materialien
2a KL liest mit den TN die Spielanleitung für das Spiel „Wortschwall" und überprüft, ob alles gut verstanden wurde. TN spielen in kleinen Gruppen.	
2b GA: TN suchen Nomen, Verben und Adjektive zu den gefundenen Vokabeln. VARIANTE: Jede Gruppe wählt drei Begriffe aus 2a aus und schreibt sie auf jeweils ein Blatt. Die Blätter werden an andere Gruppen weitergegeben und diese schreiben Nomen, Verben und Adjektive dazu.	Blätter

BSK-Spezial E – Nachqualifizierung

Lernziele/Sprachhandlungen

1 ein Diagramm zum Anerkennungsverfahren lesen; Informationen zur beruflichen Anerkennung
2 im KURSNET der Arbeitsagentur recherchieren; ein Auszug aus einem Anerkennungsbescheid
3 ein Bildungsangebot verstehen und sich bei einem Bildungträger danach erkundigen; Interview zur Anerkennung
4 sich auf Kundengespräche vorbereiten; Erlaubnis zur Berufsausübung; ein Beratungsgespräch schriftlich zusammenfassen

Einstieg	
KL schreibt *Anerkennungsverfahren* an die Tafel / das IWB und lässt die TN bei geschlossenem Buch Ideen und Beispiele zu diesem Begriff sammeln. KL notiert die Vorschläge der TN als ▸ **Wortigel** an der Tafel bzw. an dem IWB. VARIANTE: KL schreibt *Anerkennungsverfahren* an die Tafel bzw. an das IWB. TN bilden Lernpaare und sammeln drei Minuten lang möglichst viele Wörter, die aus den Buchstaben des Nomens bestehen. Die Reihenfolge der Buchstaben kann variiert werden und alle Wortarten sind möglich (zum Beispiel: kennen, Verfahren, Fahrer, Henne etc.).	

Erläuterungen zum Unterricht	Materialien
1a TN wollen in Deutschland arbeiten und lesen das Diagramm im Kasten mit Informationen zum Anerkennungsverfahren. Sie lesen die Fragen 1 bis 5 und beantworten sie allein oder zu zweit. Die Antworten werden im PL besprochen. Nach dieser Aufgabe bietet sich die Übung zur Berufssprache auf Seite 265 an. **Lösung:** 1. Voraussetzung ist, dass man im Ausland studiert oder einen Beruf gelernt hat. 2. Für alle Menschen, die in einem reglementierten Beruf arbeiten wollen. 3. Im „Anerkennungsfinder" auf www.anerkennung-in-deutschland.de. 4. Es dauert ca. drei Monate. 5. Man macht eine Ausgleichsmaßnahme.	Diagramm
1b TN lesen sich das Diagramm aus 1a noch einmal durch. Sie hören das Gespräch zwischen Nour Elneny und ihrer Freundin Mella und markieren im Diagramm, bei welchem Schritt sich Nour befindet. Die Ergebnisse werden im PL verglichen. **Lösung:** Nour wartet auf ihren Anerkennungsbescheid.	5.06

1c	TN lesen die Sätze 1 bis 5. Sie hören das Gespräch noch einmal und streichen die falschen Informationen durch. Die Ergebnisse werden im PL besprochen. Zur Vertiefung kann nach dieser Aufgabe die Übung zum Leseverstehen a und b auf Seite 265 durchgeführt werden.	5.06
1d	PA: TN bilden Lernpaare und führen eine Online-Recherche auf dem Portal www.anerkennung-in-deutschland.de durch. Sie suchen nach Referenzberufen und Anerkennungsverfahren vor Ort und lesen Erfahrungsberichte. Die Ergebnisse werden auf Plakaten gesammelt und im PL präsentiert. BERUF KONKRET: TN mit gleichen oder ähnlichen Berufen/Berufszielen bilden Lernpaare/Kleingruppen und recherchieren für ihr Berufsfeld. Sie sammeln ihre Ergebnisse auf Plakaten und präsentieren diese im PL. Die Übung zum Schreiben auf Seite 265 bietet sich als HA an.	Plakate
LE a	Lösung: 2., 4., 1., 3., 5.	
LE b	Lösung: 1. R, 2. R, 3. F, 4. R, 5. F	

Erläuterungen zum Unterricht		Materialien
2a	Vor dieser Aufgabe bietet sich die Übung zum Lesen auf Seite 267 an, in der Nours Bescheid erläutert wird. TN besprechen im PL, wie Nours nächste Schritte vermutlich aussehen, und beginnen mit der Aufgabe 2a. Sie lesen die Einstiegsseite/Suchmaske des Portals KURSNET, überlegen, welche Punkte Nour bei A und welche sie bei B auswählt und markieren diese. Die Ergebnisse werden im PL verglichen. Nach dieser Aufgabe kann die Übung zur Berufssprache auf Seite 267 durchgeführt werden. Lösung: A für Bildungssuchende, B Qualifizierungen zur Anerkennung eines ausländischen Abschlusses	
2b	TN lesen in die vier Einträge auf dem Portal die Vorteile 1 bis 5. Sie ordnen die Vorteile 1 bis 5 den Anzeigen zu und ergänzen die Großbuchstaben. Die Ergebnisse werden im PL besprochen. Lösung: 1. A, B, D, 2. A, 3. B, 4. D, 5. A VARIANTE: KL hängt je eine Kopie einer der vier Anzeigen in die vier Ecken des Kursraumes. TN gehen durch den Raum zu den Anzeigen und diskutieren über die Vor- und Nachteile der jeweiligen Anzeige. Möglich ist auch, die Anzeigen auf Plakaten zu befestigen, auf die die TN ihre Ideen schreiben können.	Kopien ggf. Plakate
2c	PA: TN tauschen sich kurz darüber aus, wie sie normalerweise nach Bildungsmaßnahmen suchen. Sie führen dann zu zweit eine Online-Recherche auf dem Portal www.arbeitsagentur.de/kursnet durch. Die Lernpaare entscheiden sich, ob sie nach interessanten Bildungsmaßnahmen oder nach einer Qualifizierungsmaßnahme zur Anerkennung ihres Abschlusses suchen wollen. Die Ergebnisse der Recherchen werden im Kurs berichtet. BERUF KONKRET: TN mit gleichen oder ähnlichen Berufen/Berufszielen bilden Lernpaare/Kleingruppen und recherchieren nach geeigneten Bildungsmaßnahmen oder Qualifizierungsmaßnahmen für ihr Berufsfeld. Sie sammeln ihre Ergebnisse und präsentieren diese im PL.	Arbeitsblätter
BS	Lösung: Folgende Verben passen nicht: 2. äußern, 3. fördern, 4. holen, 5. lernen, 6. machen	
LE	Lösung: (2) h, (3) a, (4) f, (5) g, (6) e, (7) c, (8) d	

Erläuterungen zum Unterricht		Materialien
3a	PA: TN lesen den Anzeigentext zu dem Kurs, den Nour gefunden hat. Sie verfassen zu zweit je drei Fragen zu dem Text und notieren diese. Die Fragen werden gemeinsam im PL beantwortet. VARIANTE: Jedes Lernpaar entscheidet sich für eine Frage, die es auf eine Moderationskarte notiert. KL achtet wenn möglich auf die Unterschiedlichkeit der Fragen, sammelt die Moderationskarten ein und verstaut sie in einem geeigneten Behältnis (zum Beispiel Hut, Sack, Kiste etc.). Jedes Lernpaar zieht eine Frage und beantwortet diese im PL.	Moderationskarten, Behältnis

3b	Als Vorbereitung auf diese Aufgabe eignet sich die Übung zur Berufssprache auf Seite 269. TN lesen die fünf Fragen, die Nour zum Kurs hat. Sie hören Nours Telefongespräch mit Frau Reuter von dem Kursanbieter und sprechen zu zweit darüber, wie Frau Reuter Nours Fragen beantwortet. **Lösung:** 1. Der Kurs startet erst, wenn sich ausreichend Teilnehmer angemeldet haben. 2. Der Kurs findet immer Montag bis Freitag von 9-12:30 Uhr und von 13:30-16:30 Uhr statt, nur nicht in den Schulferien. 3. Man lernt gleichzeitig berufliche Inhalte und die deutsche Sprache. 4. Ja, die Prüfung kann gleich nach Abschluss des Kurses abgelegt werden. 5. Der Kurs wird über ein Förderprogramm der Bundesregierung bezahlt und ist für Teilnehmende kostenlos.	5.07
3c	PA: TN überlegen zu zweit, wonach sie Bildungsanbieter noch fragen können. Sie sammeln die Punkte und notieren diese. TN formulieren mündlich Fragen dazu und spielen kurze Gespräche. VARIANTE: ▶ **Kursspaziergang:** Alle TN notieren jeweils einen Punkt auf eine Moderationskarte und gehen damit durch den Kursraum. TN führen zu zweit kurze Gespräche, tauschen die Moderationskarten und gehen weiter zur nächsten Person. Nach dieser Aufgabe bietet sich die Leseübung auf Seite 269 an, bei der Fragen formuliert werden sollen.	Moderations-karten
3d	PA: TN wählen in PA ein Bildungsangebot aus den drei Vorschlägen oder entwickeln eine eigene Idee. Sie erfinden und notieren Informationen zu Kosten, Termin, Ort etc. und notieren diese auf ein loses Blatt Papier. Die Lernpaare spielen Telefongespräche zu ihrem Bildungsangebot, eine Person in der Rolle des Bildungsanbieters, die andere als Bildungssuchende/r. Die Rollen werden getauscht. Einige Gespräche werden im PL vorgespielt. ERWEITERUNG (PA): Die Lernpaare tauschen reihum ihre entwickelten Angebote und spielen die entsprechenden Gespräche als Bildungsanbieter und Bildungssuchende zu den neuen Angeboten. BERUF KONKRET: TN mit gleichen oder ähnlichen Berufen/Berufszielen bilden Lernpaare/ Kleingruppen und entwickeln ein Bildungsangebot, das für ihre Berufsgruppe interessant ist. Sie notieren die Informationen und spielen die Informationsgespräche. Die Übung zum Schreiben auf Seite 269 kann als HA gegeben werden.	
BS	**Lösung:** 1. f, 2. e, 3. g, 4. h, 5. a, 6. c, 7. d, 8. b	

Erläuterungen zum Unterricht		**Materialien**
4a	▶ **Blitzlicht:** KL schreibt *Wie bereitet man sich auf Kundengespräche vor?* an die Tafel bzw. an das IWB und bittet die TN, spontan und möglichst kurz auf die Frage zu antworten. TN lesen die drei Aussagen. Sie hören das Gespräch zwischen Nour und ihrer Freundin und kreuzen an, ob die Aussagen richtig oder falsch sind. Die Ergebnisse werden im PL besprochen. Zur Vertiefung kann nach dieser Aufgabe die Übung zum Lesen a und b auf Seite 271 durchgeführt werden. **Lösung:** 1. R, 2. R, 3. F	5.08
4b	TN tauschen sich darüber aus, welche Erfahrungen sie im Kundengespräch in einer Apotheke gemacht haben. TN lesen die acht Phasen des Kundengesprächs. Sie hören das simulierte Kundengespräch und bringen die Phasen in die Reihenfolge, in der sie sie gehört haben, indem sie die Ziffern in die Kästchen schreiben. KL wiederholt bei Bedarf den Hörtext. Die Ergebnisse werden im PL besprochen. Im Anschluss an die Aufgabe bietet sich die Schreibübung auf Seite 271 an. **Lösung:** Reihenfolge: 1, 6, 2, 4, 5, 3, 7, 8	5.09

4c   KL skizziert zur Unterstützung die Reihenfolge der Phasen des Kundengesprächs an der Tafel   5.09
bzw. an dem IWB (Begrüßung/Person, für die das verschriebene Medikament abgeholt wird /
Einschätzung des Informationsbedarfs etc.).
TN wählen eine Phase des Kundengesprächs aus und lesen die Fragen zum Dialog. TN hören den
Dialog noch einmal und konzentrieren sich dabei auf die gewählte Phase. Sie beantworten je
eine Frage. Die Antworten werden im PL besprochen.
Lösung: 1. Es gibt drei mögliche Situationen der Patienteninformation und Beratung: a) Der
Patient hat ein Rezept. b) Der Patient kommt ohne Rezept und will ein Medikament gegen
Beschwerden. c) Der Patient kommt ohne Rezept und fragt nach einem bestimmten Medikament. 2. Die Apothekerin muss in einer für Laien verständlichen Weise sprechen. 3. Die Apothekerin fragt, ob der Arzt etwas zu Nebenwirkungen gesagt hat und meint, dass es bei diesem Medikament zu Magenschmerzen, Übelkeit und Durchfall kommen kann. 4. Wenn Medikamente, die
man einnimmt, nicht zusammenpassen, kann es zu Wechselwirkungen kommen. Die Medikamente haben dann keine heilende, sondern eine schädliche Wirkung. 5. Die Apothekerin rät,
nach Einnahme des Medikaments im Straßenverkehr besonders vorsichtig zu sein.

VARIANTE: TN bilden Lernpaare. Jedes Lernpaar wählt eine andere Phase aus und beantwortet
eine Frage dazu. KL lässt den Dialog noch einmal laufen und weist gestisch auf den Beginn der
jeweiligen Phase hin.
Nach dieser Aufgabe bietet sich die Übung zur Berufssprache auf Seite 271 an.

4d   TN lesen die Fragen der Apothekerin und ordnen die passenden Antworten der Kundin zu. Die
Ergebnisse werden im PL besprochen.
Lösung: 2. e), 3. a), 4. g), 5. d), 6. b), 7. f)

ERWEITERUNG: Als Vertiefung kann der Dialog mündlich gespielt werden. Die Person, die die
Rolle der Kundin spielt, denkt sich andere Antworten aus.
VARIANTE: Diese Übung kann auch als ▶ **Zick-Zack-Dialog** durchgeführt werden. KL verdeutlicht
zur Unterstützung die Dialogstruktur an der Tafel bzw. an dem IWB. TN stellen sich entsprechend
in zwei Reihen gegenüber, sodass die TN auf der linken Seite gemeinsam die Rolle der Apothekerin und die TN auf der rechten Seite die der Kundin spielen.

4e   PA: TN wählen zu zweit einen Beruf und eine typische Situation und lesen das Beispiel. Sie
sammeln die typischen Phasen des Kundengesprächs und notieren diese stichwortartig. TN
spielen die Kundengespräche und wechseln die Rollen. Einige Kundengespräche werden im PL
vorgespielt.

BERUF KONKRET: Die Lernpaare werden jeweils aus TN mit gleichen oder ähnlichen Berufen/
Berufszielen gebildet. Sie entwickeln für ein typisches Kundengespräch aus ihrem Berufsalltag,
sammeln und notieren die Phasen und spielen es. Die Dialoge können im PL vorgespielt werden.

BS   **Lösung:** 2. die ausreichenden Sprachkenntnisse, 3. die häufig vorkommenden Nebenwirkungen,
5. die befristete Berufserlaubnis, 6. die vertauschten Rezepte

LE a   **Lösung:** (1) c, (2) a, (3) e, (4) f, (5) h, (6) d, (7) i, (8) g, (9) b

Kopiervorlage zu Kapitel 1, Aufgabe 3d

DOMINO Temporale Konnektoren – Legen Sie die Dominokarten so aneinander, dass richtige Sätze entstehen. Lesen Sie danach die Sätze laut vor.

… mache ich eine Weltreise.	Während ich studiere, …	… wohne ich bei meinen Eltern.	Als Maria 18 Jahre alt war, …
… arbeitete sie in einem Restaurant.	Bevor Simon essen darf, …	… muss er sich die Hände waschen.	Bis Ilias seinen Führerschein hat, …
… muss er mit dem Bus zur Arbeit fahren.	Seitdem Max regelmäßig Sport treibt, …	… fühlt er sich viel besser.	Wenn ich im Büro mit der Arbeit fertig bin, …
… rufe ich dich an.	Während Eliane frühstückt, …	liest sie meistens die Tageszeitung.	Wenn die Sonne scheint, …
… gehe ich im Park spazieren.	Wenn du so erkältet bist, …	… solltest du lieber im Bett bleiben.	Als Ben Paula zum ersten Mal gesehen hat, …
… hat er sich sofort in sie verliebt.	Bevor Maja nach Italien zog, …	… hat sie zehn Jahre in Japan gelebt.	Bis der Regen aufhört, …
… bleibt Elke lieber noch im Café sitzen.	Seit mein Mann nicht mehr so viel Arbeit hat, …	… kommt er endlich früher aus dem Büro nach Hause.	Wenn Theo mit dem Kochen fertig ist, …
… essen wir.	Wenn mein Sohn bessere Noten in der Schule hat, …	… darf er in die Disco gehen.	Wenn ich endlich im Lotto gewinne, …

Linie 1 Beruf B1/B2 und B2
Unterrichtshandbuch
ISBN: 978-3-12-607225-0

Kopiervorlage zu Kapitel 1, Aufgabe 7, VORHANG AUF

Rollenkarten

Jan Berger
- Techniker
- seit 11 Jahren in der Firma
- war vorher in drei anderen Firmen
- Englisch

Matthias Rausch
- Buchhaltung
- seit 2 Jahren in der Firma
- hat vorher in einem Hotel gearbeitet
- Englisch

Marina Keidel
- arbeitet im Personalbüro
- seit 15 Jahren in der Firma
- hat Betriebswirtschaft studiert
- Englisch, Französisch

Emil Schaab
- Public Relations
- seit 6 Monaten in der Firma
- Studium in der Schweiz, Praktikum in Kanada
- Englisch, Italienisch, Französisch

Malin Holmann
- Praktikantin
- seit 2 Wochen in der Firma
- studiert Volkswirtschaft
- Englisch, Chinesisch

Leon Meier
- Auszubildender
- seit 3 Monaten in der Firma
- Ausbildung zum Bürokaufmann
- Englisch, Spanisch

Julia Fries
- arbeitet im Export
- seit 3 Jahren in der Firma
- Ausbildung zur Industriekauffrau
- Spanisch, Englisch, Italienisch

Selwa Mamud
- Abteilungsleiterin
- seit 8 Jahren in der Firma
- hat drei Jahre in den USA gearbeitet
- Englisch, Französisch, Arabisch

Kopiervorlage zu Kapitel 2, Aufgabe 2 UND SIE?

Welcher Beruf passt zu Ihnen? Markieren Sie die Antwort, die am besten für Sie passt. Notieren Sie den Buchstaben. Welchen Buchstaben haben Sie am häufigsten gewählt? Sehen Sie unten, welche Berufe am besten zu Ihnen passen.

1. Welches Fach hat Ihnen in der Schule am besten gefallen?
A Informatik
B Fremdsprachen, z.B. Englisch, Französisch, Arabisch, Russisch, Latein usw.
C Kunst
D Sport
E Physik

2. Was machen Sie gern in Ihrer Freizeit?
B Freunde treffen, Sport treiben
E im Internet surfen
C Geschichten schreiben, fotografieren
A Kreuzworträtsel lösen, E-Mails an Freunde schreiben
D nähen, basteln, handwerken

3. Über welches Geschenk freuen Sie sich am meisten?
D ein Puzzle
B eine Pflanze
C ein schönes Notizbuch mit Stift
A einen Kalender
E einen Fotoapparat

4. Was wollten Sie als Kind werden?
E Astronaut/in
B Arzt/Ärztin
C Koch/Köchin
D Bauarbeiter/in
A Börsenmakler/in

5. Ihr Stadtteil organisiert ein Straßenfest. Was machen Sie?
C eine Torte backen
A die Organisation: Wer macht was?
D Stühle und Tische aufbauen
E die Beleuchtung installieren
B Spiele für die Kinder organisieren

6. Was sehen Sie am liebsten im Fernsehen?
D einen Krimi
A eine Quizsendung
C einen Fantasy-Film
B einen Liebesfilm
E einen Dokumentarfilm

Ergebnisse
A administrative Berufe wie Sekretär/in, Buchhalter/in, Controller/in
B soziale Berufe wie Altenpfleger/in, Krankenpfleger/in, Erzieher/in
C kreative Berufe wie Webdesigner/in, Journalist/in, Künstler/in
D praktische Berufe wie Mechaniker/in, Näher/in, Handwerker/in
E technische Berufe wie Elektriker/in, Mechatroniker/in

Linie 1 Beruf B1/B2 und B2
Unterrichtshandbuch
ISBN: 978-3-12-607225-0

Kopiervorlage zu Kapitel 2, Aufgabe 4d

Was passt zusammen? Ordnen Sie zu.

Anna arbeitet als Altenpflegerin, aber	sie würde lieber mit Kindern arbeiten.
Das ist mein Kollege Ben. Er ist verheiratet und	hat 3 Kinder.
Clarissa will nach der Schule nicht sofort arbeiten, sondern	zuerst einmal eine Berufsausbildung machen.
Daniela sucht eine neue Stelle, denn	in ihrem jetzigen Beruf ist sie nicht glücklich.
Soll ich zuerst die E-Mails beantworten oder	zuerst den Kunden anrufen?
Sein Beruf ist sehr anstrengend, trotzdem	macht er Serge viel Spaß.
Für diese Stelle braucht man gute Französischkenntnisse, darum	besucht Edrey einen Französischkurs.
Maximiliano verdient nicht viel, deshalb	muss er sparen und kann nicht so viel ausgehen.
Ich arbeite lieber tagsüber, deswegen	ist Schichtarbeit nichts für mich.

Kopiervorlage zu Kapitel 2, Aufgabe 7c

Vervollständigen Sie eine der beiden Beschreibungen. Lesen Sie sich gegenseitig die Beschreibungen vor. Malen Sie die Person nach den Angaben Ihres Partners / Ihrer Partnerin. Passen die beiden Menschen zusammen?

Die Frau trägt eine elegant…, blau… Bluse mit gelb… Punkten und kurz… Ärmeln, eine eng… schwarz… Jeans und rot… Sandalen. Die Sandalen haben hoh… Absätze. Ihr blau… Hut ist sehr modern.	Der Mann trägt eine kurz…, grün… Hose mit einem gelb… T-Shirt. Auf dem T-Shirt ist eine klein… rot… Blume und ein braun… Schmetterling. Er trägt blau… Socken mit weiß… Streifen und rot… Turnschuhe.

ERWEITERUNG: Schreiben Sie eine weitere Beschreibung und diktieren Sie sie Ihrem Partner / Ihrer Partnerin.

Kopiervorlage zu Kapitel 3, Aufgabe 3c

Vergangenheitsquartett – Die vier Karten mit dem gleichen Verb bilden ein Quartett. Fragen Sie Ihren Partner / Ihre Partnerin. Wer am Ende die meisten Quartette bilden konnte, hat gewonnen.

Hast du das Präteritum von „geschehen", also „geschah"?

INFINITIV: **geschehen** PRÄTERITUM: PERFEKT: PLUSQUAMPERFEKT:	INFINITIV: PRÄTERITUM: **geschah** PERFEKT: PLUSQUAMPERFEKT:	INFINITIV: PRÄTERITUM: PERFEKT: **ist geschehen** PLUSQUAMPERFEKT:	INFINITIV: PRÄTERITUM: PERFEKT: PLUSQUAMPERFEKT: **war geschehen**
INFINITIV: **einziehen** PRÄTERITUM: PERFEKT: PLUSQUAMPERFEKT:	INFINITIV: PRÄTERITUM: **zog ... ein** PERFEKT: PLUSQUAMPERFEKT:	INFINITIV: PRÄTERITUM: PERFEKT: **ist eingezogen** PLUSQUAMPERFEKT:	INFINITIV: PRÄTERITUM: PERFEKT: PLUSQUAMPERFEKT: **war eingezogen**
INFINITIV: **kennenlernen** PRÄTERITUM: PERFEKT: PLUSQUAMPERFEKT:	INFINITIV: PRÄTERITUM: **lernte ... kennen** PERFEKT: PLUSQUAMPERFEKT:	INFINITIV: PRÄTERITUM: PERFEKT: **hat kennengelernt** PLUSQUAMPERFEKT:	INFINITIV: PRÄTERITUM: PERFEKT: PLUSQUAMPERFEKT: **hatte kennengelernt**
INFINITIV: **gefallen** PRÄTERITUM: PERFEKT: PLUSQUAMPERFEKT:	INFINITIV: PRÄTERITUM: **gefiel** PERFEKT: PLUSQUAMPERFEKT:	INFINITIV: PRÄTERITUM: PERFEKT: **hat gefallen** PLUSQUAMPERFEKT:	INFINITIV: PRÄTERITUM: PERFEKT: PLUSQUAMPERFEKT: **hatte gefallen**

Linie 1 Beruf B1/B2 und B2
Unterrichtshandbuch
ISBN: 978-3-12-607225-0

Kopiervorlage zu Kapitel 3, Aufgabe 4e

Partnerinterview – Wo sehen Sie sich in 3 oder 5 Jahren? Machen Sie zuerst Notizen und fragen Sie dann Ihren Partner / Ihre Partnerin. Sie können auch weitere Fragen ergänzen.

Wo wirst du in 5 Jahren leben?

Ich glaube, in 5 Jahren werde ich in München leben. Und du?

	ich	mein Partner meine Partnerin
Wo werden Sie leben? (Land; Stadt)		
Wo werden Sie wohnen? (Wohnung, Haus, WG …; auf dem Land, in der Stadt, am Meer, in den Bergen …)		
Was werden Sie beruflich machen?		
Mit wem werden Sie viel Zeit verbringen (Familie, Freunde, Kollegen, …)?		
Welche Interessen und Hobbys werden Sie haben?		
Welche Sprachen werden Sie sprechen?		
Wie werden Sie aussehen?		
…		

Kopiervorlage zu Kapitel 4, Aufgabe 1c

Schneiden Sie die Kärtchen aus. Ordnen Sie beim Hören zu, zu welchem Foto die Information passt.

… kommt aus Ghana.

… lebt seit 4 Jahren in Deutschland.

… hat die B1-Prüfung gemacht.

… steht meistens um 5 Uhr auf.

… hatte noch keinen Unfall.

… kann sich nicht vorstellen, im Büro zu arbeiten.

… ist Busfahrer.

… macht der Beruf meistens Spaß.

… hat einen sicheren Arbeitsplatz.

… kommt aus Argentinien.

… studiert in Karlsruhe.

… studiert Ingenieurwesen.

… finanziert mit dem Job das Studium.

… hatte einen Unfall mit einem Lkw.

… arbeitet für eine kleine Spedition.

… ist verheiratet und hat Kinder.

… ist im Moment früh zu Hause.

… möchte mehr arbeiten, wenn die Kinder älter sind.

Linie 1 Beruf B1/B2 und B2
Unterrichtshandbuch
ISBN: 978-3-12-607225-0

Kopiervorlage zu Kapitel 4, Aufgabe 6f

Entscheiden Sie, mit welcher Tabelle Sie arbeiten möchten: A (nur trennbare Verben) oder B (trennbare und nicht trennbare Verben). Würfeln Sie zweimal und bilden Sie Sätze.

A

	1	2	3	4	5	6
1 Präsens	anfahren	einscannen	aufpassen	mitnehmen	anfangen	mitfahren
2 Perfekt	aufbrechen	fernsehen	einladen	einsteigen	vorbeifahren	aufmachen
3 mit Modalverb	anmachen	losfahren	vorkommen	mitgehen	aufstehen	ansehen
4 Infinitiv mit zu	aufräumen	hinfahren	vorstellen	ausschlafen	anziehen	ausladen
5 Passiv	auszahlen	einkaufen	mitteilen	einloggen	vorgeben	abschließen
6 Nebensatz	ausloggen	durchplanen	annähen	aufessen	abfahren	ankommen

B

	1	2	3	4	5	6
1 Präsens	abfahren	vorbereiten	erzählen	ankommen	ausziehen	verbrauchen
2 Perfekt	beschließen	missachten	abrechnen	verstehen	entscheiden	berichten
3 mit Modalverb	mitteilen	anfangen	vergeben	beantragen	aufessen	gestehen
4 Infinitiv mit zu	beschreiben	verdienen	bezahlen	verkaufen	bekommen	aufpassen
5 Passiv	empfehlen	ausloggen	einkaufen	zerlegen	fernsehen	einsteigen
6 Nebensatz	aufräumen	bestehen	entdecken	erklären	entnehmen	mitfahren

Linie 1 Beruf B1/B2 und B2
Unterrichtshandbuch
ISBN: 978-3-12-607225-0

Kopiervorlage zu Kapitel 1, Aufgabe 2c

Diskutieren Sie in Gruppen und ordnen Sie die Kärtchen. Was passiert zuerst? Was dann? Was macht man am Ende? Es gibt mehrere Möglichkeiten.

den Mietvertrag unterschreiben	im Möbelhaus Büromöbel ansehen
einen Nachsendeantrag stellen	die Umzugskartons packen
zur Einweihungsparty einladen	in einem Internetportal nach freien Objekten suchen
sich für ein Stadtviertel entscheiden	den Umzug organisieren
sich für ein Objekt vormerken lassen	den Vermieter / die Vermieterin kontaktieren
einen Einkommensnachweis abgeben	ein Maklerbüro kontaktieren
sich ummelden	eine Umzugsfirma beauftragen
renovieren	eine Kaution hinterlegen
Objekte besichtigen	sich einen Grundriss schicken lassen

Kopiervorlage zu Kapitel 1, Aufgabe 2d

Was passt zusammen? Verbinden Sie.

1. Wände
2. Lampen
3. Möbel
4. die Böden
5. den Umzug
6. neue Fenster
7. Steckdosen
8. Regale
9. die Einrichtung
10. Kabel
11. Fliesen

a) organisieren
b) verlegen
c) anschließen
d) legen
e) besorgen
f) streichen
g) einbauen
h) abschleifen
i) planen
j) aufbauen
k) installieren

Lösung: 1. f); 2. c); 3. e); 4. h); 5. a); 6. g), 7. k); 8. j); 9. i); 10. b); 11. d)

Linie 1 Beruf B1/B2 und B2 Unterrichtshandbuch ISBN: 978-3-12-607225-0

Kopiervorlage zu Kapitel 1, Aufgabe 3b

Redemittel – Hören Sie die Dialoge (Track 1.03–1.05). Was hören Sie? Nehmen Sie die Karte. Ordnen Sie dann alle Karten dem passenden Thema zu.

Könnten Sie mir bitte ein Angebot schicken?

Ich würde gerne ein Angebot für einen Umzug einholen.

Wo genau ist Ihr Büro?

Im wievielten Stockwerk ist das neue Büro?

An welchem Termin wollen Sie umziehen?

Wie groß ist das jetzige Büro?

Um ein Angebot machen zu können, müsste ich …

Die Spülmaschine und den Kaffeeautomaten nehmen wir mit.

Können Sie die alten Regale entsorgen?

Wo können wir am Umzugstag parken?

Nehmen Sie die Schreibtische mit?

Möchten Sie die Möbel selbst abbauen oder sollen wir das erledigen?

Packen Sie die Kartons selbst?

Sind Sie denn bezüglich des Termins flexibel?

Haben Sie beim Preis noch etwas Spielraum?

Tut mir leid, wir sind bis … ausgebucht.

Ja, wir können Ihnen beim Termin entgegenkommen.

Wir haben Fixpreise, da kann ich leider nichts machen.

Kopiervorlage zu Kapitel 2, Aufgabe 2e

Kursspaziergang – Kleben Sie die Karten so zusammen, dass auf der Rückseite die verneinte Variante steht. Lesen Sie sich gegenseitig Ihre Sätze vor, Ihr Partner / Ihre Partnerin formuliert den Satz mit Verneinung. Kontrollieren Sie mit der Rückseite.

Ich esse oft Toast mit Honig zum Frühstück.	Ich esse nicht oft Toast mit Honig zum Frühstück.
Claudio hat sich über das Geschenk gefreut.	Claudio hat sich nicht über das Geschenk gefreut
Die Frau in dem roten Kleid kenne ich.	Die Frau in dem roten Kleid kenne ich nicht.
Es ist schwer für Nils, eine Arbeit zu finden.	Es ist nicht schwer für Nils, eine Arbeit zu finden.
Silvie ist heute ins Büro gegangen.	Silvie ist heute nicht ins Büro gegangen.
James findet den roten Stuhl teuer.	James findet den roten Stuhl nicht teuer.
Marlene trinkt die heiße Milch.	Marlene trinkt die heiße Milch nicht.
Leon geht gern ins Kino.	Leon geht nicht gern ins Kino.
Der Mann, den Sie suchen, wohnt hier.	Der Mann, den Sie suchen, wohnt nicht hier.
Beke hat den neuen Roman von Bernhard Schlink gelesen.	Beke hat den neuen Roman von Bernhard Schlink nicht gelesen.
Wir werden am Sonntag ins Allgäu fahren.	Wir werden am Sonntag nicht ins Allgäu fahren.
Liese und Martin gehen oft in ihr Lieblingsrestaurant.	Liese und Martin gehen nicht oft in ihr Lieblingsrestaurant.

Linie 1 Beruf B1/B2 und B2
Unterrichtshandbuch
ISBN: 978-3-12-607225-0

Kopiervorlage zu Kapitel 2, Aufgabe 5c

Wählen Sie eine der Rollenkarten.

Sie möchten zwischen 20 und 30 Stunden pro Woche arbeiten. Da Sie an der Universität studieren, arbeiten Sie am liebsten in der Nacht. Nächste Woche wollen Sie am Dienstag nicht arbeiten, weil Sie am Mittwoch eine Prüfung haben und am Donnerstag um 11 Uhr haben Sie einen Termin mit Ihrem Professor.	Sie möchten mindestens 30 Stunden in der nächsten Woche arbeiten. Sie können eigentlich immer, nur nicht am Wochenende, da fahren Sie zu Ihren Eltern. Und um 15 Uhr machen Sie eigentlich immer gern einen kleinen Mittagschlaf.	In der nächsten Woche haben Sie sehr wenig Zeit und möchten höchstens 15 Stunden arbeiten. Am liebsten würden Sie zwischen 9 Uhr und 18 Uhr arbeiten, bis 21 Uhr würde im Notfall auch noch gehen. Sie können an allen Tagen, außer am Donnerstag, da haben Sie einen Termin beim Zahnarzt.
Sie möchten am liebsten 40 Stunden arbeiten, aber nicht mehr als 6 Stunden am Stück. Sie haben einige wichtige Termine, die sie nicht verschieben können: Am Mittwoch von 16–17 Uhr haben Sie Englisch-Kurs und am Donnerstag um 9 Uhr müssen Sie zum Wohnungsamt.	Sie möchten ungefähr 20 Stunden arbeiten. Da Sie drei Kinder haben, können Sie nur arbeiten, wenn die Kinder in der Schule sind, normalerweise von 9 Uhr bis 15 Uhr, freitags nur bis 12 Uhr. Am Wochenende können Sie auch arbeiten, weil Ihr Partner / Ihre Partnerin da zu Hause ist.	Sie möchten ungefähr 30 Stunden arbeiten, die Tage sind Ihnen egal, aber Sie möchten drei Tage komplett frei haben, weil Sie gerade Ihre Wohnung renovieren. Den einzigen Termin, den Sie in der nächsten Woche haben, ist am Montag um 18 Uhr mit den Handwerkern.

Markieren Sie auf dem Dienstplan, wann Sie geöffnet haben, und besprechen Sie, wer wann arbeiten kann. Notieren Sie die Namen im Plan.

	Montag	Dienstag	Mittwoch	Donnerstag	Freitag	Samstag	Sonntag
6–9 Uhr							
9–12 Uhr							
12–15 Uhr							
15–18 Uhr							
18–21 Uhr							
21–24 Uhr							

Kopiervorlage zu Kapitel 3, Aufgabe 1d

Interview – Was machen Sie gern im Team? Was machen Sie lieber allein? Überlegen Sie zuerst allein und kreuzen Sie an. Fragen Sie dann andere TN und sprechen Sie darüber.

	lieber im Team / in einer Gruppe	lieber allein	Warum?
Sport treiben			
Hausaufgaben machen			
für eine Prüfung lernen			
ein Fest vorbereiten			
Kleidung einkaufen			
ein Museum besuchen			
einen Film sehen			
die Wohnung renovieren			
…			

Kopiervorlage zu Kapitel 3, Aufgabe 6b

Diskutieren Sie in der Gruppe: Welche Aussage passt zu welchem Typ?

Sie lieben Werkzeuge und Dinge, die sie anfassen und benutzen können.

Sie lieben abwechslungsreiche Tätigkeiten und machen gern immer wieder etwas anderes.

Sie experimentieren gern und probieren neue Dinge aus.

Sie gehen gern auf Partys, sind aber auch gern an der frischen Luft und in der Natur.

Sie machen gern dort Urlaub, wo Sie alles gut kennen und keine Überraschungen erleben.

Wenn etwas gut ist, muss man es nicht verändern, finden Sie.

Ihr Hobby kann es sein, Gegenstände zu sammeln, z. B. Reiseandenken.

Sie machen Ihre Pläne gern schon für lange Zeit im Voraus.

Sie sind sehr gut organisiert und ordentlich.

Bei allem, was Sie machen, wollen Sie erst einmal genau verstehen, wie es funktioniert.

Sie treffen Ihre Entscheidungen meistens mit dem Kopf und nicht mit dem Bauch.

Sie haben Spaß daran, zu programmieren oder Gesetzestexte zu lesen.

Sie sind kreativ und originell.

Sie haben gern immer wieder etwas Neues.

Manchmal sind Sie ein bisschen unrealistisch.

Regeln, Gesetze und Vorschriften finden Sie nicht so wichtig. Sie befolgen sie manchmal nicht.

Linie 1 Beruf B1/B2 und B2 Unterrichtshandbuch ISBN: 978-3-12-607225-0

Kopiervorlage zu Kapitel 3, Aufgabe 2g

Aktiv-Passiv-Spiel – Spielen Sie in Gruppen. Formulieren Sie die Sätze im Aktiv im Passiv und die Sätze im Passiv im Aktiv. Achten Sie auf die Zeit.

START	1. Das Büro schloss um 18 Uhr.	2. Im Urlaub wurde unser Kater von der Nachbarin gefüttert.	3. In unserer WG backte Alex jeden Sonntag einen Kuchen.	4. Die Marmelade wurde von unserer Oma selbst gemacht. ↓
9. Gestern wurden die Bücher (von den Lehrern) verteilt. ↓	8. Der Gärtner goss die Pflanzen regelmäßig.	7. In der Buchhandlung wurde ein Krimi (vom Autor) vorgestellt.	6. Der Chef informierte die Angestellten über das Projekt.	← 5. Sven verkaufte seine Spielsachen auf dem Flohmarkt.
→ 10. Die Mechaniker reparierten die Fahrräder in der Werkstatt.	11. Die Rechnung wurde pünktlich (von mir) bezahlt.	12. Früher wurde (von den Spaniern) viel mehr Fisch gegessen.	13. Gestern rief mich meine Mutter im Büro an.	14. Das Paket wurde gestern von der Post geliefert. ↓
19. Hannes holte das Paket von der Post ab. ↓	18. In der Küche wurde das Essen von Miriam und Eva vorbereitet.	17. Der Kellner schrieb die Bestellung auf.	16. Der Termin wurde (vom Teamleiter) für Mittwoch vereinbart.	← 15. Die Kollegen stellten die Einkaufsliste zusammen.
→ 20. Tine gab die Hausaufgaben pünktlich ab.	21. Das Fußballspiel wurde 2:1 (vom FC Kolach) gewonnen.	22. Die Tür wurde (vom Hausmeister) geöffnet.	23. Die Kursteilnehmer gewannen das Spiel.	ZIEL

✂ ···

Lösung:

1. Das Büro wurde um 18 Uhr geschlossen. 2. Im Urlaub fütterte die Nachbarin unseren Kater. 3. In unserer WG wurde jeden Sonntag (von Alex) ein Kuchen gebacken. 4. Unsere Oma machte die Marmelade selbst. 5. Die Spielsachen wurden (von Sven) auf dem Flohmarkt verkauft. 6. Die Angestellten wurden (vom Chef) über das Projekt informiert. 7. In der Buchhandlung stellte der Autor einen Krimi vor. 8. Die Pflanzen wurden regelmäßig (vom Gärtner) gegossen. 9. Gestern verteilten die Lehrer die Bücher. 10. In der Werkstatt wurden die Fahrräder (von den Mechanikern) repariert. 11. Ich bezahlte die Rechnung pünktlich. 12. Die Spanier aßen früher viel mehr Fisch. 13. Gestern wurde ich von meiner Mutter im Büro angerufen. 14. Gestern lieferte die Post das Paket. 15. Die Einkaufsliste wurde von den Kollegen zusammengestellt. 16. Der Teamleiter vereinbarte den Termin für Mittwoch. 17. Die Bestellung wurde vom Kellner aufgeschrieben. 18. In der Küche bereiteten Miriam und Eva das Essen vor. 19. Das Paket wurde (von Hannes) von der Post abgeholt. 20. Die Hausaufgaben wurden pünktlich (von Tine) abgegeben. 21. Der FC Kolach gewann das Fußballspiel 2:1.
22. Der Hausmeister öffnete die Tür. 23. Das Spiel wurde von den Kursteilnehmern gewonnen.

Kopiervorlage zu Kapitel 4, Aufgabe 1b

Machen Sie zuerst Notizen zu mindestens drei Reisen und sprechen Sie dann mit einem Partner / einer Partnerin darüber. Wenn Sie keine – oder weniger als drei – dieser Reiseformen ausprobiert haben, dürfen Sie sich drei Phantasiereisen (oder Reisen, die Sie gerne machen würden) ausdenken.

Haben Sie schon einmal eine/n ... gemacht?	Wohin sind Sie gefahren?	Wann war das? Mit wem? Wie lange?	Was hat Ihnen gefallen?	Was hat Ihnen nicht gefallen?
Pauschalreise				
Individualreise				
Campingurlaub				
Städtereise				
Fahrradtour				

Linie 1 Beruf B1/B2 und B2
Unterrichtshandbuch
ISBN: 978-3-12-607225-0

Kopiervorlage zu Kapitel 4, Aufgabe 3e

Probleme – Was hätte man besser machen können? Ziehen Sie eine Karte und formulieren Sie Sätze, z. B.: *Wenn du nicht beim Kochen telefoniert hättest, wäre das Essen nicht angebrannt.*

ohne Mantel bei 5 Grad raus gehen – eine Erkältung bekommen	ohne Aufwärmen Fußball spielen – Muskelkater haben	erst um 2 Uhr ins Bett gehen – am nächsten Morgen verschlafen	nichts für die Prüfung lernen – eine schlechte Note bekommen
fünf Tassen Kaffee trinken – die ganze Nacht nicht schlafen	ins Spielcasino gehen – das ganze Geld verlieren	beim Kochen telefonieren – das Essen anbrennen	das Auto im Halteverbot parken – Strafe zahlen müssen
den Hausschlüssel verlieren – den Schlüsseldienst rufen	sehr viele Süßigkeiten essen – drei Kilo zunehmen	die Buntwäsche mit 60 Grad waschen – alles rosa färben	zum Fensterputzen auf den Stuhl steigen – den Arm brechen

Kopiervorlage zu Kapitel 4, Aufgabe 3, UND SIE?

Alles ist schiefgegangen!! Überlegen Sie in Gruppen: Was hätten Sie besser machen können?

Das misslungene Kursfest **Was hätten Sie besser machen können?** • Das Essen war nicht gut und zu wenig. • Nur wenige Teilnehmer/innen waren da. • Es war kalt. • Die Teilnehmer/innen haben sich gelangweilt. • Es gab keine Sitzmöglichkeiten. • Vielen Teilnehmern/innen hat die Musik nicht gefallen, niemand wollte tanzen.	**Das misslungene Familienessen** **Was hätten Sie besser machen können?** • Einige Familienmitglieder kamen viel zu früh, andere zu spät. • Die Suppe war versalzen. • Der Braten war zu lange im Ofen und sehr trocken. • Es gab viel Streit über Politik. • Einige Familienmitglieder haben zu viel Alkohol getrunken und sich schlecht benommen.
Die misslungene Arbeitsbesprechung **Was hätten Sie besser machen können?** • Einige Kollegen sind zu spät gekommen. • Die meisten Kolleginnen und Kollegen waren nicht gut vorbereitet. • Die Luft im Konferenzraum war sehr schlecht. • Es war sehr heiß. • Es gab kein Material um die Ergebnisse festzuhalten.	**Der misslungene Betriebsausflug** **Was hätten Sie besser machen können?** • Der Bus ist zu spät gekommen. • Die Frühstückspause war sehr kurz und der Kaffee war kalt. • Beim Besuch im Museum haben sich viele Kolleginnen und Kollegen gelangweilt. • Während des Picknicks hat es geregnet. • Alle sind sehr spät nach Hause gekommen.

Kopiervorlage zu Kapitel 5, Aufgabe 1a

VARIANTE A: Memory – Schneiden Sie ALLE Karten einzeln aus. Welche Karten passen zusammen? Korrigieren Sie mithilfe des Kursbuchs, Seite 85. Spielen Sie dann Memory.

VARIANTE B: Domino – Schneiden Sie die Karten so, dass immer zwei Felder zusammen sind (z. B. montieren/Böden). Spielen Sie mit den Karten Domino.

montieren	Böden	verlegen	Möbel
aufbauen	neue Steckdosen	anbringen	Stromleitungen
verlegen	Wände	tapezieren	Fenster
streichen	elektrische Geräte	reparieren	einen verstopften Abfluss
reinigen	Dichtungen	auswechseln	Metallstücke
zusammen-schweißen	das Dach	decken	Waschbecken

Linie 1 Beruf B1/B2 und B2
Unterrichtshandbuch
ISBN: 978-3-12-607225-0

Kopiervorlage zu Kapitel 5, Aufgabe 6f

VARIANTE A: Schnapp – Schneiden Sie alle Karten auseinander. Legen Sie auf einen Stapel alle Präfixe, auf einen anderen Stapel die Verbstämme. Drehen Sie jeweils die oberste Karte um. Kann man mit den zwei Karten ein trennbares oder nicht trennbares Verb bilden, rufen Sie Schnapp und Sie bekommen einen Punkt. Wenn Sie mit dem Verb einen korrekten Satz bilden, bekommen Sie noch einen Punkt. Wenn Sie Schnapp rufen, das Verb aber nicht existiert, wird Ihnen ein Punkt abgezogen.

VARIANTE B: Domino – Schneiden Sie die Karten so, dass immer zwei Felder zusammen sind (z. B. fahren/um). Spielen Sie mit den Karten Domino.

fahren	um	gehen	um
ziehen	über	laufen	unter
kommen	über	denken	unter
nehmen	über	zeugen	wider
spiegeln	um	geben	wider
stehen	wieder	kommen	durch
suchen	um	bauen	voll
enden	wieder	holen	durch
regnen	über	nehmen	wider
sprechen	voll	tanken	um
armen	unter	schreiben	durch

Kopiervorlage zu Kapitel 6, Aufgabe 2e

Sprechen Sie in Gruppen. Sie können auch die Aktivität Kugellager oder einen Kursspaziergang machen. Machen Sie Notizen.

Welche Länder kämen für Sie in Frage, wenn Sie a) einen Urlaub am Strand verbringen möchten? b) Englisch lernen möchten? c) viel Kultur kennenlernen möchten? d) gut essen und trinken möchten?	
Mit welchen Personen führen Sie viele Gespräche? a) In Ihrer Familie? b) In Ihrer Arbeit? c) In Ihrer Nachbarschaft?	
Worüber machen Sie sich oft Gedanken? Warum? a) Über Politik? b) Über die Arbeit? c) Über Ihre Familie? d) Über die Umwelt?	
Würden Sie einen langen Weg zur Arbeit in Kauf nehmen, wenn Sie dafür a) auf dem Land leben könnten? b) sehr billig leben könnten? c) im Zentrum leben könnten?	
Wer sollte die Kosten tragen, für a) die Schulbücher der Kinder? b) Zahnarztbehandlungen? c) ein Studium an der Universität?	
In welchen Situationen sollte man versuchen, Einfluss zu nehmen? a) In der Politik? b) In der Schule der Kinder? c) Am Arbeitsplatz?	
Wie würden Sie Hilfe leisten, wenn a) ein Kind im Einkaufszentrum seine Eltern verloren hat? b) sich ein Jugendlicher beim Fußballspielen das Knie blutig schlägt? c) ein Tourist in der Stadt sein Hotel nicht mehr findet?	

Linie 1 Beruf B1/B2 und B2
Unterrichtshandbuch
ISBN: 978-3-12-607225-0

Kopiervorlage zu Kapitel 6, Aufgabe 4c

Ordnen Sie die Antworten den Fragen im Kursbuch, Seite 104, Aufgabe 4b zu.

	Frage
1. Der Vertrag beginnt am 1. Oktober und endet am Ende des Monats, in dem die Studierenden ihre Prüfungen machen. Normalerweise muss man 6 Monate studieren, um den Abschluss zu bekommen.	
2. Es gibt eine Probezeit von drei Monaten, in der der/die Studierende oder die Firma kündigen und den Vertrag zwei Wochen später beenden können. Nach dieser Zeit gelten die normalen Zeiten für die Kündigung.	
3. Die Studierenden verdienen im ersten Jahr 900 Euro, im zweiten Jahr 1000 Euro und im dritten Jahr 1100 Euro. Das Geld wird am letzten Tag des Monats bezahlt.	
4. Je nachdem, welches Projekt gerade stattfindet, kann die Arbeitszeit in der Firma jede Woche variieren.	
5. Die Firma hilft den Studierenden bei ihrem Studium. Sie muss ihnen die notwendige Praxis beibringen, die sie für ein erfolgreiches Studium brauchen, und spricht regelmäßig mit ihnen darüber, ob das funktioniert.	
6. Die Mitarbeiter dürfen keine geheimen Informationen über die Firma verraten, auch wenn sie nicht mehr dort beschäftigt sind. Wenn sie krank sind, müssen sie spätestens am dritten Tag eine Krankschreibung vom Arzt schicken.	
7. Die Studierenden haben 24 Tage Urlaub im Jahr.	
8. Wenn die Firma oder Mitarbeiter/in kündigen möchte, muss er/sie einen Brief schreiben und erklären, welche Gründe er/sie hat. Wenn es einen Vertrag gibt und dieser noch nicht beendet ist, kann es sein, dass die Partei, die kündigt, der anderen Partei Geld bezahlen muss.	

Kopiervorlage zu Kapitel 7, Aufgabe 2, UND SIE?

Gesundheitscheck – Sprechen Sie mit unterschiedlichen Partnern/Partnerinnen über die einzelnen Fragen. Überlegen Sie eine weitere Frage zum Thema Gesundheit.

	Name	Notizen/Informationen
Haben Sie schon einmal einen Entspannungskurs besucht? Wo? Wann? Welche Entspannungstechnik haben Sie gelernt? Welche Erfahrungen haben Sie gemacht?		
Haben Sie manchmal/oft Rückenschmerzen? Wenn ja, was machen Sie dagegen?		
Haben Sie sich oder Ihre Kinder in den letzten 12 Monaten impfen lassen? Wogegen? Wie war Ihre Erfahrung? Wogegen wurden Sie als Kind geimpft? Fehlen Ihnen noch Impfungen?		
Ernähren Sie sich gesund? Essen Sie genügend Obst und Gemüse? Was gehört Ihrer Meinung nach sonst noch zu einer gesunden Ernährung? Was könnten Sie noch besser machen?		
Treiben Sie Sport? Welchen? Wann? Wie oft? Welchen Sport würden Sie gerne ausprobieren?		
Rauchen Sie? Wenn ja, wie viel? Möchten Sie gerne mit dem Rauchen aufhören? Kennen Sie Programme/Möglichkeiten die helfen, mit dem Rauchen aufzuhören?		
…		

Linie 1 Beruf B1/B2 und B2
Unterrichtshandbuch
ISBN: 978-3-12-607225-0

Kopiervorlage zu Kapitel 7, Aufgabe 3e

Was passt zusammen? Formulieren Sie sinnvolle Infinitivsätze mit *zu*.

Ich habe (keine) Zeit, …	Ich habe (keine) Lust, …	Ich habe (nicht) die Möglichkeit, …
Ich habe (nicht) die Chance, …	Es ist (nicht) normal, …	Es ist (nicht) lustig, …
Es ist verpflichtend, …	Es ist anstrengend, …	Es ist gut, …
Ich beabsichtige, …	Ich habe vor, …	Ich plane, …
Ich versuche, …	Ich hoffe, …	Ich freue mich, …
Ich befürchte, …	Ich bedaure, …	Ich ärgere mich, …

… im Supermarkt einkaufen	… den Haushalt machen müssen	… von den Lehrern kritisiert werden
… am Wochenende früh aufstehen	… so viele Überstunden machen müssen	… von den Kollegen akzeptiert werden
… das Projekt pünktlich abgeben	… ein Instrument spielen können	… vom Verkäufer gut beraten werden
… in meine Heimatstadt zurückgehen	… in Restaurants nicht rauchen dürfen	… vom Gewitter überrascht werden
… meine Eltern oft anrufen	… im nächsten Urlaub (nicht) nach Italien fahren können	… vor einer Reise nach Afrika geimpft werden
… sich für den Integrationskurs anmelden	… fließend Deutsch sprechen können	… auf der Arbeit kontrolliert werden
… den Schreibtisch regelmäßig aufräumen	… sich mit den Leuten auf der Straße unterhalten können	… für eine gute Leistung gelobt werden
… auf die Geschwister aufpassen	… für die Party absagen müssen	… vor der Operation (nicht) gut informiert werden
… im Museum nichts anfassen	… nicht gut schlafen können	… zu einer Party eingeladen werden

Kopiervorlage zu Kapitel 8, Aufgabe 1a

Was könnten die Personen sagen? Überlegen Sie kleine Dialoge.

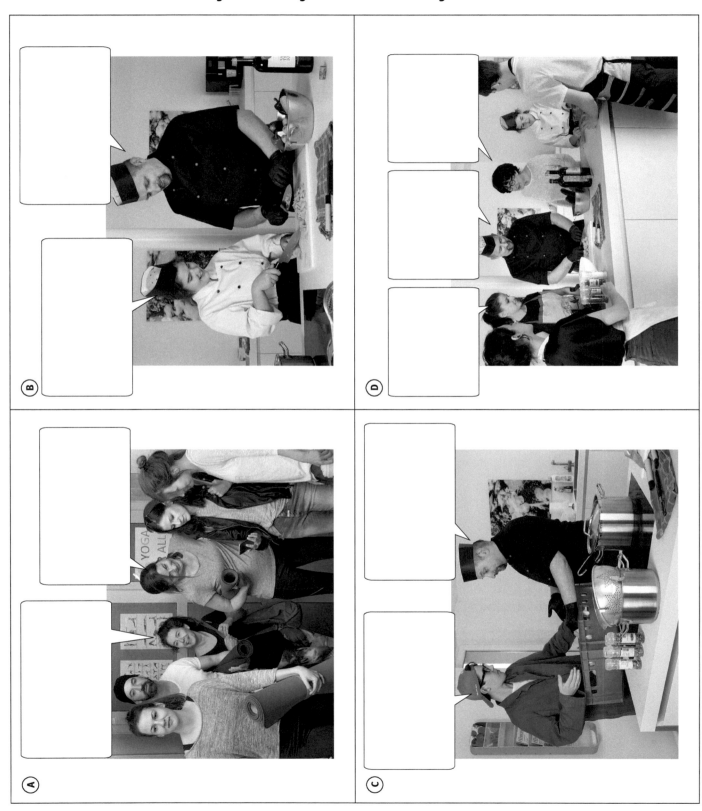

Bildquellen: Hermann Dörre, Dörre Fotodesign, München

Linie 1 Beruf B1/B2 und B2 Unterrichtshandbuch ISBN: 978-3-12-607225-0

Kopiervorlage zu Kapitel 8, Aufgabe 3a

Was passt zusammen? Verbinden Sie oder schneiden Sie die Kärtchen aus und spielen Sie Memory.

1. das Brettchen	a)	10. das Backblech	j)
2. die Knoblauch-presse	b)	11. der Topf	k)
3. das Sieb	c)	12. die Schüssel	l)
4. die Paprika	d)	13. die Pfeffer-mühle	m)
5. die Sojasoße	e)	14. der Mixer	n)
6. die Pfanne	f)	15. das Küchen-messer	o)
7. der Chili	g)	16. der Salzstreuer	p)
8. der Kochlöffel	h)	17. die Petersilie	q)
9. die Waage	i)	18. die Küchenreibe	r)

Lösung:
1. k); 2. f); 3. b); 4. n); 5. h); 6. d); 7. p); 8. q); 9. j); 10. m); 11. c); 12. i); 13. l); 14. e); 15. a); 16. o); 17. r); 18. g)

Bildquellen: Shutterstock, New York: 1 (Freedom_Studio); 2 (Fedorov Ivan Sergeevich); 3 (Coprid); 4 (Valery Evlakhov); 5 (AlenKadr); 6 (5ociq); 7 (KKulikov); 8 (goh seok thuan); 9 (George Dolgikh); 10 (Olga Danylenko); 11 (timquo); 12 (Mega Pixel); 13 (Africa Studio); 14 (sevenke); 15 (aperturesound); 16 (Chimpinski); 17 (nortongo); 18 (NataliWorld)

Linie 1 Beruf B1/B2 und B2
Unterrichtshandbuch
ISBN: 978-3-12-607225-0

Kopiervorlage zu Kapitel 9, Aufgabe 2, UND SIE?

Wählen Sie drei Webseiten und analysieren Sie sie mit ihrer Gruppe. Vergeben Sie zu jedem Punkt eine Note von 1 (gefällt uns sehr gut) bis 5 (finden wir nicht gut) und begründen Sie in der Gruppe Ihre Entscheidung. Überlegen Sie, was man noch besser machen könnte, und machen Sie Notizen. Machen Sie dann Wirbelgruppen und stellen Sie EINE der Webseiten in der neuen Gruppe vor.

Adresse der Webseite:					
Schrift	Sprache	Layout	Mimik und Gestik	Bilder	Farbe
Verbesserungsvorschläge:					

Adresse der Webseite:					
Schrift	Sprache	Layout	Mimik und Gestik	Bilder	Farbe
Verbesserungsvorschläge:					

Adresse der Webseite:					
Schrift	Sprache	Layout	Mimik und Gestik	Bilder	Farbe
Verbesserungsvorschläge:					

Linie 1 Beruf B1/B2 und B2 Unterrichtshandbuch ISBN: 978-3-12-607225-0

Kopiervorlage zu Kapitel 9, Aufgabe 4e

POESIE (erweiterte Partizipien) – Lesen Sie das Gedicht. Schreiben Sie dann mit der gleichen Struktur ein eigenes Gedicht.

Das Fenster

Das geöffnete Fenster

Das von dir geöffnete Fenster

Das jeden Morgen von dir geöffnete Fenster

Das jeden Morgen von dir mit einem Lächeln geöffnete Fenster

lässt die Sonne herein, die mir das Aufstehen versüßt

_____ _____
(Artikel)   (Nomen)

_____ _____ _____
(Artikel)   (Partizip I/II als Adjektiv)   (Nomen)

_____ _____ _____ _____
(Artikel)   (Erweiterung)   (Partizip I/II als Adjektiv)   (Nomen)

_____ _____ _____ _____ _____
(Artikel)   (Erweiterung)   (Erweiterung)   (Partizip I/II als Adjektiv)   (Nomen)

_____ _____ _____ _____ _____ _____
(Artikel)   (Erweiterung)   (Erweiterung)   (Erweiterung)   (Partizip I/II als Adjektiv)   (Nomen)

_____
(Schlusssatz)

Kopiervorlage zu Kapitel 10, Aufgabe 1c

Sprechen Sie mit drei Personen in Ihrem Kurs. Notieren Sie die Antworten.

	Name:	Name:	Name:
Was sind Sie von Beruf?			
Wo arbeiten Sie?			
Um wie viel Uhr beginnt und wann endet Ihre Arbeitszeit?			
Haben Sie Gleitzeit?			
Wie viele Stunden arbeiten Sie wöchentlich?			
Können Sie auch im Homeoffice arbeiten?			
Wie viele Tage Urlaub haben Sie im Jahr?			
Können Sie die Urlaubszeit selbst wählen?			
Was müssen Sie tun, wenn Sie krank sind?			
Ist Ihre Firma familienfreundlich? Warum (nicht)?			
Sind Sie mit Ihrem Gehalt zufrieden?			

Linie 1 Beruf B1/B2 und B2
Unterrichtshandbuch
ISBN: 978-3-12-607225-0

Kopiervorlage zu Kapitel 10, Aufgabe 4f

Kombinieren Sie die passenden Karten und schreiben Sie dann korrekte Sätze. Korrigieren Sie mit der Lösung.

Während (sein Aufenthalt in der Stadt)	viele Sehenswürdigkeiten besucht haben
Anlässlich (unser Firmenjubiläum)	zu einem Glas Sekt einladen
Statt (der Kinobesuch)	der Kindergarten einen Ausflug in den Zoo geplant haben
Wegen (die Bauarbeiten)	die Bahnstrecke Bamberg–Schweinfurt zeitweise gesperrt sein
Aufgrund (das schlechte Wetter)	der Betriebsausflug leider verschoben werden müssen
Trotz (seine schlechten Noten)	mein Neffe eine gute Ausbildungsstelle gefunden haben
Innerhalb (eine Woche)	das Projekt abgeschlossen werden müssen
Außerhalb (die Öffnungszeiten)	uns unter der Telefonnummer 069-473625 erreichen

Lösung:
Während seines Aufenthalts in der Stadt hat er viele Sehenswürdigkeiten besucht.
Anlässlich unseres Firmenjubiläums laden wir sie am Samstag zu einem Glas Sekt ein.
Statt des Kinobesuchs hat der Kindergarten jetzt einen Ausflug in den Zoo geplant.
Wegen der Bauarbeiten ist die Bahnstrecke Bamberg–Schweinfurt zeitweise gesperrt.
Aufgrund des schlechten Wetters muss der Betriebsausflug leider verschoben werden.
Trotz seiner schlechten Noten hat mein Neffe eine gute Ausbildungsstelle gefunden.
Innerhalb einer Woche muss das Projekt abgeschlossen sein.
Außerhalb der Öffnungszeiten erreichen Sie uns unter der Telefonnummer 069-473625.

Kopiervorlage zu Kapitel 11, Aufgabe 2f

Welche zwei Satzteile passen zusammen? Sie können mit den Karten Memory oder Schnapp spielen oder sie einfach zuordnen.

Je schöner das Wetter ist, …	… desto mehr Leute gehen im Park spazieren.	Je frischer das Gemüse ist, …	… umso mehr Vitamine hat es.
Je kälter das Wetter ist, …	… desto schneller bekommt man einen Schnupfen.	Je schneller man läuft, …	… umso höher ist die Herzfrequenz.
Je gesünder man lebt, …	… desto seltener muss man zum Arzt.	Je öfter man Vokabeln wiederholt, …	… umso besser kann man sie sich merken.
Je älter der Wein ist, …	… desto teurer ist er oft.	Je mehr man putzt, …	… umso sauberer ist die Wohnung.
Je weiter man in den Süden kommt, …	… desto heißer wird es.	Je lauter man Musik hört, …	… umso schlechter ist es für die Ohren.
Je interessanter der Unterricht ist, …	… desto motivierter sind die Schüler.	Je qualifizierter man ist, …	… umso leichter findet man eine Arbeit.
Je mehr man verdient, …	… desto mehr kann man sich leisten.	Je später du zur Party kommst, …	… umso weniger Essen ist noch da.

Linie 1 Beruf B1/B2 und B2
Unterrichtshandbuch
ISBN: 978-3-12-607225-0

Kopiervorlage zu Kapitel 11, Aufgabe 3, UND SIE?

Machen Sie zuerst Notizen und sprechen Sie dann mit anderen Kursteilnehmern und Kursteilnehmerinnen.

Medium	Wie oft benutzen Sie es? (täglich, x-mal pro Woche, selten, nie ...)	Was machen Sie damit?	Könnten Sie darauf verzichten? Warum (nicht)?
Fernsehen			
Radio			
Zeitungen			
Zeitschriften			
Bücher			
Handy			
Tablet			
Computer			
...			
...			

Kopiervorlage zu Kapitel 12, Aufgabe 4e

Verben und Substantive mit festen Präpositionen – Legen Sie die Trimino-Teile richtig zusammen.

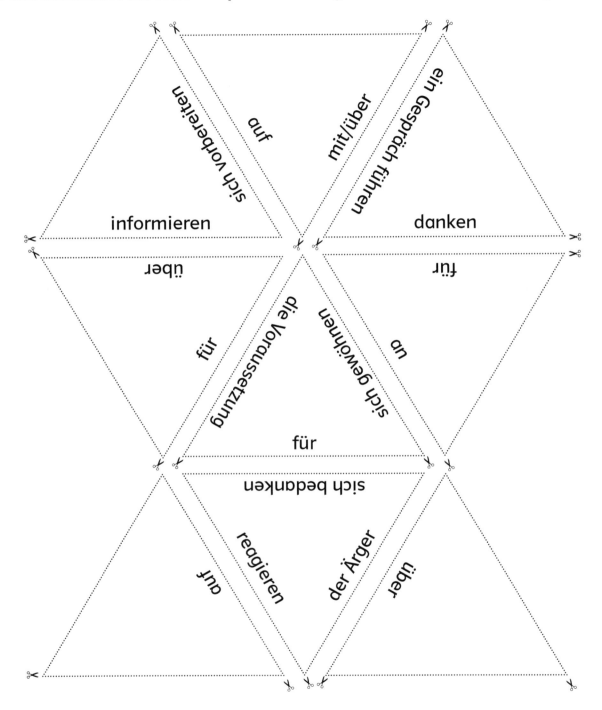

Linie 1 Beruf B1/B2 und B2
Unterrichtshandbuch
ISBN: 978-3-12-607225-0

Kopiervorlage zu Kapitel 12, Aufgabe 5d

a) **Lesen Sie den Text auf Seite 210 noch einmal und ergänzen Sie die Informationen, die Sie im Text finden. Vergleichen Sie mit der Lösung.**

b) **Ergänzen Sie dann mit Ihren eigenen Ideen die Lücken und vergleichen Sie mit anderen Teilnehmer/innen.**

c) **Wählen Sie in Partnerarbeit ein Paar und schreiben Sie ein Telefongespräch, einen Chat oder eine Unterhaltung am Abend.**

	Carla und Georg	Adil und Familie	Grace und Jens
Heimatland			
Wohnort(e)/ Länder			
Kontakt durch ...			
Arbeitsplatz			
Probleme			
Umgang mit Problemen			
Größter Wunsch			
Zukunftspläne			

✁ ....

Lösung:

	Carla und Georg	Adil und Familie	Grace und Jens
Heimatland	Deutschland	Syrien	Kenia, Deutschland
Wohnort(e)/Länder	München und Berlin	Deutschland, Syrien, USA	Leipzig
Kontakt durch ...	treffen sich an Wochenenden	Internet	eigene Ideen
Arbeitsplatz	Modestudio/Elektrofirma	eigene Ideen	eigene Ideen
Probleme	verschiedene Alltagswelten	Angst um seine Familie, Alleinsein im fremden Land	Einstufung als Scheinehe, Jens in dominanter Position, Grace finanziell von ihm abhängig
Umgang mit Problemen	müssen Wege finden, sich die Erlebnisse des Alltags mitzuteilen; sehen die Fernbeziehung als Chance Freiräume zu nützen	eigene Ideen	eigene Ideen
Größter Wunsch	eigene Ideen	eigene Ideen	eigene Ideen
Zukunftspläne	eigene Ideen	eigene Ideen	eigene Ideen

Kopiervorlage zu Kapitel 13, Aufgabe 5c

Irreale Konditionalsätze in der Vergangenheit – Arbeiten Sie mit einem Partner / einer Partnerin.
Ein Partner / Eine Partnerin ist A, der/die andere B. Bilden Sie gemeinsam irreale Konditional-
sätze in der Vergangenheit. Vergleichen Sie dann mit der Lösung.
Beispiel: A: nicht so viel Schokolade essen; B: nicht so viel zunehmen:
Wenn ich nicht so viel Schokolade gegessen hätte, hätte ich nicht so viel zugenommen.

A	B
den Wecker stellen …	… nicht verschlafen
… sich ein teures Auto kaufen.	Geld sparen …
sich rechtzeitig bewerben …	… die Arbeit bestimmt bekommen
… nicht eine Stunde im Stau stehen	mit dem Fahrrad fahren …
freundlicher zu meinem Partner / meiner Partnerin sein …	… mich nicht verlassen
… eine gute Note bekommen	sich besser auf die Prüfung vorbereiten …
nicht so lange feiern …	… am nächsten Tag nicht so müde sein
… den Bus nicht verpassen	rechtzeitig aus dem Haus gehen …
den Pullover nicht zu heiß waschen …	… nicht eingehen
… mein Freund / meine Freundin nicht so sauer sein	die Verabredung nicht vergessen …

✂

Lösung:
Wenn ich den Wecker gestellt hätte, hätte ich nicht verschlafen.
Wenn ich Geld gespart hätte, hätte ich mir ein teures Auto gekauft.
Wenn ich mich rechtzeitig beworben hätte, hätte ich die Arbeit bestimmt bekommen.
Wenn ich mit dem Fahrrad gefahren wäre, hätte ich nicht eine Stunde im Stau gestanden.
Wenn ich freundlicher zu meinem Partner / meiner Partnerin gewesen wäre, hätte er/sie mich nicht verlassen.
Wenn ich mich besser auf die Prüfung vorbereitet hätte, hätte ich eine gute Note bekommen.
Wenn ich nicht so lange gefeiert hätte, wäre ich am nächsten Tag nicht so müde gewesen.
Wenn ich rechtzeitig aus dem Haus gegangen wäre, hätte ich den Bus nicht verpasst.
Wenn ich den Pullover nicht zu heiß gewaschen hätte, wäre er nicht eingegangen.
Wenn ich die Verabredung nicht vergessen hätte, wäre mein Freund / meine Freundin nicht so sauer gewesen.

Linie 1 Beruf B1/B2 und B2
Unterrichtshandbuch
ISBN: 978-3-12-607225-0

Kopiervorlage zu Kapitel 13, Aufgabe 6e

Spielen Sie in Gruppen. Formulieren Sie die Sätze mit dem Relativpronomen im Genitiv.

START	1. Das ist der Mann. Seine Frau ist Spanierin.	2. Ich sehe den Film. Seine Kritiken sind sehr gut.	3. Ich treffe die Kollegin. Ich übernehme ihr Projekt.	4. Siehst du die Leute. Ihre Kinder spielen Fußball. ↓
9. Hier bringe ich Ihnen das Fahrrad. Seine Bremse funktioniert nicht. ↓	8. Morgen besuche ich die Kirche. Ihr Altar ist sehr berühmt.	7. Das ist das Gewürz. Sein Geschmack erinnert mich an meine Heimat.	6. Ich habe einen Artikel gelesen. Ich bin mit seinem Inhalt nicht einverstanden.	← 5. Hier kommt meine Freundin. Ihre Schwester singt im Chor.
→ 10. Das ist Anja. Mit ihrem Bruder bin ich zur Schule gegangen.	11. Wir spielen gegen das Team. Sein Trainer kommt aus Italien.	12. Kennst du den Dichter? Seine Gedichte werden in der ganzen Welt gelesen.	13. Kannst du bitte das Kleid suchen? Sein Reißverschluss ist kaputt.	14. Das ist der Kochtopf. Ich kann seinen Deckel nicht finden. ↓
19. Lara kann das Paket abholen. Wir kennen den Inhalt nicht. ↓	18. Ich treffe meine Professorin. Ich schätze ihr Wissen sehr.	17. Das ist die Bäckerei. Ihre Kuchen schmecken phantastisch.	16. Es gibt eine Konferenz. Ihr Termin steht noch nicht fest.	← 15. Ich möchte Ihnen die Menschen vorstellen. Für ihre Hilfe sind wir dankbar.
→ 20. Ich wähle die Partei. Ich finde ihre Vorschläge gut.	21. Kennst du einen Verein? Seine Mitglieder sind nett.	22. Hier hast du die CD. Ich finde ihre Lieder super.	23. Das ist das Handy. Ich habe sein Passwort vergessen.	**ZIEL**

✂ ....

Lösung:

1. Das ist der Mann, dessen Frau Spanierin ist. 2. Ich sehe den Film, dessen Kritiken sehr gut sind. 3. Ich treffe die Kollegin, deren Projekt ich übernehme. 4. Siehst du die Leute, deren Kinder Fußball spielen. 5. Hier kommt meine Freundin, deren Schwester im Chor singt. 6. Ich habe einen Artikel gelesen, mit dessen Inhalt ich nicht einverstanden bin. 7. Das ist das Gewürz, dessen Geschmack mich an meine Heimat erinnert. 8. Morgen besuche ich die Kirche, deren Altar sehr berühmt ist. 9. Hier bringe ich Ihnen das Fahrrad, dessen Bremse nicht funktioniert. 10. Das ist Anja, mit deren Bruder ich in die Schule gegangen bin. 11. Wir spielen gegen das Team, dessen Trainer aus Italien kommt. 12. Kennst du den Dichter, dessen Gedichte in der ganzen Welt gelesen werden? 13. Kannst du bitte das Kleid suchen, dessen Reißverschluss kaputt ist? 14. Das ist der Kochtopf, dessen Deckel ich nicht finden kann. 15. Ich möchte Ihnen die Menschen vorstellen, für deren Hilfe wir dankbar sind. 16. Es gibt eine Konferenz, deren Termin noch nicht feststeht. 17. Das ist die Bäckerei, deren Kuchen phantastisch schmecken. 18. Ich treffe meine Professorin, deren Wissen ich sehr schätze. 19. Lara kann das Paket abholen, dessen Inhalt wir nicht kennen. 20. Ich wähle die Partei, deren Vorschläge ich gut finde. 21. Kennst du einen Verein, dessen Mitglieder nett sind? 22. Hier hast du die CD, deren Lieder ich super finde. 23. Das ist das Handy, dessen Passwort ich vergessen habe.

Kopiervorlage zu Kapitel 14, Aufgabe 2b

Ordnen Sie zu, fragen Sie in der Gruppe oder spielen Sie das Fliegenklatschenspiel.

belastbar	intellektuell	optimistisch	ungewöhnlich
dankbar	kämpferisch	selbstbewusst	verantwortungsbewusst
diszipliniert	kollegial	selbstständig	vorsichtig
engagiert	mobil	sozial	zäh
hilfsbereit	mutig	temperamentvoll	zielstrebig

Eine Person wird nicht so schnell müde, kann viel und lange arbeiten. Sie ist …	Einer Person ist bewusst, dass ihr etwas Gutes geschehen ist oder sie etwas Gutes bekommen hat, und sie freut sich darüber. Sie ist …
Sportler müssen diese Eigenschaft besitzen. Sie müssen z. B. regelmäßig und pünktlich zum Training erscheinen, auch wenn sie manchmal müde sind. Sie sind …	Eine Person interessiert sich für soziale/ kulturelle/… Projekte und setzt sich auch persönlich dafür ein. Sie ist …
Eine Person bietet sich immer sofort an, wenn jemand ein Problem hat, z. B. gießt sie die Blumen, wenn die Nachbarn im Urlaub sind. Sie ist …	Eine Person besitzt ein großes Wissen, interessiert sich für viele unterschiedliche Themen und liest viel. Sie ist …
Eine Person setzt sich für die eigenen Interessen ein und streitet notfalls auch, um sie durchzusetzen. Sie ist …	Eine Person verhält sich am Arbeitsplatz fair, hilft den anderen und versucht nicht den eigenen Vorteil durchzusetzen. Sie ist …
Einer Person macht es nichts aus, an verschieden Plätzen oder in unterschiedlichen Städten zu arbeiten. Sie ist …	Eine Person hat keine Angst, etwas zu tun, z. B. könnte sie jemandem helfen, der auf der Straße überfallen wird. Sie ist …
Die Person geht davon aus, dass am Ende alles gut endet. Sie ist das Gegenteil von pessimistisch. Sie ist …	Eine Person glaubt an sich selbst und an das, was sie kann. Sie ist nicht schüchtern. Sie ist …
Eine Person kann Probleme und Aufgaben gut alleine und ohne die Hilfe von anderen bewältigen. Sie ist …	Eine Person interessiert sich dafür, wie es anderen Menschen geht, und möchte denen helfen, denen es nicht so gut geht. Sie ist …
Die Person hat viel Energie, bewegt sich viel und lacht laut. Diese Eigenschaft wird oft Menschen aus dem Süden zugeordnet. Die Person ist …	Eine Person sticht aus der Menge heraus, weil sie sich anders benimmt, mehr weiß oder durch andere Eigenschaften positiv auffällt. Sie ist …
Eine Person führt ihre Aufgaben zuverlässig und pünktlich aus. Man weiß, dass man sich auf sie verlassen kann. Sie ist …	Eine Person denkt lange und gut nach, bevor sie etwas macht. Sie ist nicht sehr risikobereit. Sie ist …
Wenn die Person etwas möchte, lässt sie sich nicht entmutigen und arbeitet daran, auch wenn es lange dauert. Sie ist …	Eine Person weiß genau, wo sie hinmöchte und arbeitet daran. Sie ist …

Linie 1 Beruf B1/B2 und B2
Unterrichtshandbuch
ISBN: 978-3-12-607225-0

Kopiervorlage zu Kapitel 14, Aufgabe 5g

Komplimente, Komplimente – Ordnen Sie zu und machen Sie Komplimente.

Beispiel: Du sprichst Italienisch, als ob du jahrelang in Italien gelebt hättest.
 Sie sprechen Italienisch, als ob Sie jahrelang in Italien gelebt hätten.

Italienisch sprechen …	als ob …	… jahrelang in Italien leben
Flamenco tanzen …	als ob …	… in Spanien geboren sein
eine Figur haben …	als wenn …	… jeden Tag einige Stunden im Fitnessstudio verbringen
braun sein	als wenn …	… im Urlaub gewesen sein
Augen strahlen	als ob …	… sie reflektieren den Sternenhimmel
Tasche so schick sein	als ob …	… bei Gucci kaufen
riechen	als wenn …	… in einem Rosenbeet liegen
Stimme klingen …	als wenn …	… ein Engel singt

Überlegen Sie jetzt eigene Komplimente für Ihren Partner / Ihre Partnerin:

Du sprichst / Sie sprechen so gut Deutsch, als ob/wenn …

Die Zusammenarbeit mit dir/Ihnen ist so angenehm/lustig/harmonisch, …

Und welches Kompliment könnten Sie Ihrem Kursleiter/Ihrer Kursleiterin machen?
In Ihrem Unterricht fühle ich mich, als ob/wenn …

1 Eine neue Stelle

1 Welche Adjektive passen zusammen? Ordnen Sie zu.

1. faul
2. fröhlich
3. intelligent
4. mutig
5. sparsam

a) traurig
b) großzügig
c) ängstlich
d) fleißig
e) dumm

.... /5

2 Was passt wo? Ergänzen Sie *wenn, bis, seitdem, bevor, während*.

1. Warte bitte noch, ... wir fertig sind.

2. Ich arbeite viel effektiver, ... unsere Firma Homeoffice erlaubt.

3. .... du den Computer ausschaltest, musst du alle Programme schließen.

4. .... man arbeitet, sollte man keine privaten Telefongespräche führen.

.... /5 5. .... das Wetter morgen gut ist, können wir die Präsentation im Freien abhalten.

3 Dativ oder Akkusativ? Unterstreichen Sie die richtige Form.

1. Wir danken unserem Mitarbeiter | unseren Mitarbeiter für seinen Beitrag.

2. Bitte organisieren Sie dem Treffen | das Treffen möglichst bald.

3. Kümmere dir | dich bitte um das Projekt.

4. Ich wünsche mir | mich einen neuen Job mit interessanten Aufgaben.

.... /5 5. Wir würden uns über einer | eine schnelle Antwort freuen.

4 Ordnen Sie zu und ergänzen Sie in der richtigen Form.

sich engagieren sich gut auskennen Sprachkenntnisse haben

angestellt sein das Du anbieten

Marta (1) .... seit 4 Monaten in der Finanzabteilung eines großen Unternehmens

.... Sie hat die Stelle bekommen, weil sie (2) ....

.... mit dem Computer .... und viele

(3) ...., sie spricht nämlich nicht nur Englisch und Französisch,

sondern sogar ein bisschen Chinesisch. Ihrer Chefin hat auch gefallen, dass sie (4) ....

für Kinder und Jugendliche .... Die Chefin (5) .... ihr sofort

.... /5 .... Daran hat sie sich erst jetzt richtig gewöhnt.

_____ **/20 Punkte**

2 Passt dieser Beruf zu mir?

1 Was passt wo? Ergänzen Sie.

ein Missverständnis   schaffen Sie das   mit „diplomatisch"   nicht vorgestellt   30 Euro rechnen

1. Was meinen Sie genau ....?

2. Sie müssen mit ....

3. Das war wohl ....

4. Bis wann ....?

.... /5   5. So habe ich mir das ....

2 Antworten Sie negativ.

1. Braucht man für die Stelle Berufserfahrung? Nein, ...

2. Ist die Arbeit als Dachdecker/in abwechslungsreich?

   Nein, ...

3. Sind Sie heute im Büro? Nein, ...

4. Können Sie nähen? Nein, ...

.... /5   5. Haben Sie gute Computerkenntnisse? Nein, ...

3 Was passt zusammen? Ordnen Sie zu.

1. Er braucht neue Nägel, deshalb
2. Hamza hat Feierabend, trotzdem
3. Aishe isst in der Kantine oder
4. Nach der Arbeit trifft er meistens seine Freunde
5. Heute geht Carine nicht ins Büro, sondern

a) bringt sich von zu Hause etwas zu essen mit.
b) und trinkt eine Tasse Tee mit ihnen.
c) arbeitet von zu Hause aus.
d) geht er ins Lager.
e) schreibt er noch schnell die E-Mail zu Ende.

.... /5

4 Wie heißt die Branche? Ordnen Sie zu.

Handel   Gastronomie   Gesundheit   Bildung   Verkehr und Logistik

1. ....

2. ....

3. ....

4. ....

5. ....

.... /5

_____ /20 Punkte

3 Leben und Beruf im Wandel

1 Was passt wo? Ergänzen Sie in der richtigen Form.

zusammenziehen   fühlen   wohnen   heiraten   kennenlernen

1. Elisa hat zuerst in einem Studentenwohnheim ....

2. Doch kurze Zeit später hat sie ihren Freund ....

3. Die beiden sind dann ein Jahr später ....

4. Sie haben sich in der neuen Wohnung gleich sehr wohl ....

.... /5   5. In ein paar Jahren wollen sie vielleicht auch ....

2 Ergänzen Sie die Verben in der angegebenen Vergangenheitsform.

1. Stell dir vor, ich .... im Lotto .... (Perfekt: gewinnen).

2. Was .... (Präteritum: passieren) am 25. Juli 2006?

3. Ich .... dir doch .... (Perfekt: verbieten), den Computer zu benutzen.

4. Er .... (Präteritum: wissen) nicht, wie die Maschine funktioniert.

.... /5   5. Die Firma .... mir gestern .... (Perfekt: anbieten), das Projekt zu übernehmen.

3 Was passt zusammen? Ordnen Sie zu.

1. Wenn ich mehr Urlaub hätte,
2. Wenn es nicht so kalt wäre,
3. Wenn mein Schulabschluss anerkannt würde,
4. Wenn ich besser kochen könnte,
.... /5   5. Wenn ich nicht so viel lernen müsste,

a) könnte ich mich für eine Ausbildung bewerben.
b) würde ich dich mal zum Essen einladen.
c) hätte ich mehr Zeit für dich.
d) müsste ich die Heizung nicht anschalten.
e) würde ich öfter meine Familie besuchen.

4 Ordnen Sie zu und ergänzen Sie in der richtigen Form.

ersetzen   verändern   übernehmen   entstehen   steuern

In der Industrie hat sich in den letzten Jahren viel (1) .... Es sind neue

Berufe (2) .... und alte Methoden werden durch modernere

(3) .... Die meisten Prozesse werden schon über Computer

(4) .... Aber in vielen Bereichen werden immer mehr Aufgaben von

.... /5   Robotern (5) ....

_____ /20 Punkte

4 Wir fahren für Sie.

1 Ergänzen Sie die Wörter.

● Entschuldigung, wie komme ich denn bitte zum Bahnhof?

○ Oh, da sind Sie ganz falsch. (1) W.....................n Sie am besten und fahren Sie dann gleich

die erste Straße (2) r.....................s. An der Ampel (3) b.....................n Sie dann links ab

und dann ungefähr einen halben Kilometer immer (4) g.....................s. An der nächsten

.............../5   (5) K.....................g sehen Sie dann schon den Bahnhof.

2 Unterstreichen Sie die richtige Form.

1. Wir stellen das Regal in der Ecke | in die Ecke.

2. Wir legen die Zeitschriften auf dem Tisch | auf den Tisch.

3. Die Lampe steht neben dem Sofa | neben das Sofa.

4. Der Mitarbeiter hängt den Dienstplan an der Wand | an die Wand.

.............../5   5. Liegt mein Terminkalender auf dem Schreibtisch | auf den Schreibtisch?

3 Trennbar oder nicht trennbar? Kreuzen Sie an und ergänzen Sie.

	trennbar	nicht trennbar	
1. aufpassen	☐	☐	Mario ...., dass alles funktioniert.
2. empfehlen	☐	☐	Wir ...., einen Experten zu befragen.
3. verkaufen	☐	☐	Die Firma ...., was wir brauchen.
4. einkaufen	☐	☐	Wir ...., was im Angebot ist.
5. vorbeikommen	☐	☐	Die Firma ...., um das Produkt zu liefern.

.............../5

4 Ordnen Sie den Dialog.

.... Sagen Sie uns bitte Ihren Namen, wir kommen dann so schnell wie möglich.

.... Bleiben Sie ganz ruhig und sagen Sie uns bitte, was genau passiert ist und wo Sie gerade sind.

.... Mein Name ist Jörn Hausner, ja, vielen Dank, ich warte dann hier, bis Sie kommen.

.... Guten Tag, kommen Sie schnell, es hat einen Unfall gegeben. Ich bin so nervös!

.... Auf der Hauptstraße sind ein Auto und ein Motorradfahrer zusammengestoßen.
Der Motorradfahrer liegt auf dem Boden und ist verletzt.

.............../5

_____ /20 Punkte

1 Hier arbeite ich.

1 **Was passt zusammen? Ordnen Sie zu.**

1. im Möbelhaus Büromöbel
2. einen Gewerberaum
3. Umzugskartons
4. einen Nachsendeauftrag
5. den Mietvertrag

a) packen
b) stellen
c) aussuchen
d) unterschreiben
e) anmieten

.... /5

2 **Was passt wo? Ordnen Sie zu und schreiben Sie Sätze mit _lassen_.**

abschleifen   streichen   anschließen   liefern   verlegen

1. die Wände   _Wir lassen die Wände_ ....

2. die Kabel   ....

3. die Möbel   ....

4. die Böden   ....

5. die Lampen   ....

.... /5

3 **Wo stehen die Angaben im Satz? Streichen Sie sie an der falschen Position durch.**

1. Ich fahre am Freitag zu einer Messe am Freitag.
2. Wir suchen wegen der Mieterhöhung dringend wegen der Mieterhöhung ein neues Büro.
3. Komm bitte in die Werkstatt gleich in die Werkstatt.
4. Wir haben spontan trotz der Kälte spontan im Garten gearbeitet.
5. Ich fahre zur Arbeit um 8 Uhr zur Arbeit.

.... /5

4 **Ordnen Sie zu.**

Liebe Frau Weber, ich beziehe mich auf Ihre

E-Mail von gestern, in der Sie ....

Inzwischen habe ich ....

Die Firma hat uns gesagt, dass ....

Würde es Ihnen ....

Geben Sie mir doch bitte kurz Bescheid, ...

a) am Vormittag, so zwischen 10 und 11 Uhr, passen?
b) dann sage ich der Firma fest zu.
c) das Problem mit dem kaputten Fenster schildern.
d) sie die Reparatur am Freitag übernehmen könnte.
e) mit der zuständigen Firma gesprochen, die die Reparatur übernehmen wird.

.... /5

_____ **/20 Punkte**

2 Mein eigener Laden

1 Was ist das Gegenteil? Ordnen Sie zu.

1. jemand/alle	a) nie
2. etwas/alles	b) noch nicht
3. überall	c) niemand
4. immer	d) nirgends
5. schon	e) nichts

.... /5

2 Welches Wort passt? Unterstreichen Sie.

1. Ich schreibe Ihnen, weil ich leider nicht wie gemacht | vereinbart die Spätschicht übernehmen kann.

2. Am Donnerstag brauche ich jemanden, der mich vertreten | ersetzen kann, weil mein Sohn einen Auftritt in der Schule hat.

3. Ich hätte folgenden Termin | Vorschlag, wie wir das Problem lösen können.

4. Die fehlenden Arbeitsstunden könnte ich am Wochenende nachholen | stattfinden.

5. Ich danke Ihnen für Ihr Problem | Verständnis.

.... /5

3 Wo passt *nicht*? Ergänzen Sie an der richtigen Stelle.

1. Dieser Film interessiert .... mich ....

2. Ich habe gestern .... gearbeitet ....

3. Es gibt heute .... viel Arbeit in der Werkstatt ....

4. Der Techniker kommt .... heute ....

5. Der Computer ist .... billig ....

.... /5

4 Ordnen Sie den Dialog.

.... Natürlich, das verstehe ich. Es ist auch noch Zeit bis heute Abend. Vielen Dank.

.... Ja, natürlich. Das mache ich gleich. Wäre es möglich, dann noch die Bestellungen aufzugeben?

.... Hallo Frau Zimmermann. Sind Sie mit der Abrechnung schon fertig?

.... Gerne, aber dafür brauche ich etwas mehr Zeit. Ich muss vorher noch Frau Helm wegen der Reparatur anrufen.

.... /5 .... Ja, das habe ich heute Morgen schon erledigt. Könnten Sie bitte schauen, ob alles richtig ist?

_____ /20 Punkte

3 Arbeit im Team

1 Was ist das Gegenteil? Ordnen Sie zu.

1. durchdacht   a) pessimistisch
2. innovativ   b) konstruktiv
3. optimistisch   c) voreilig
4. destruktiv   d) chaotisch

.... /5   5. strukturiert   e) traditionell

2 Welches Wort passt? Unterstreichen Sie.

1. Diese Aufgabe können wir nur gemeinsam kommen | lösen.

2. Ein gutes Team sollte sich gegenseitig bereichern | bekommen.

3. Für das Projekt müssen Sie sich in Teams zusammenfinden | trennen.

4. Jedes Team hat detaillierte Pläne bestimmt | entwickelt.

.... /5   5. Ich denke, wir haben ein gutes Ergebnis zielen | erzielen können.

3 Ergänzen Sie die Verben im Passiv Präteritum.

1. Die Pflanzen im Büro .... gestern schon .... (gießen)

2. Der Auftrag .... an die Firma Würth GmbH .... (vergeben)

3. Die Reparatur .... von unserem Techniker .... (übernehmen)

4. Wann .... das denn ....? (beschließen)

.... /5   5. Wir .... erst letzte Woche über die Maßnahmen .... (informieren)

4 Was passt zusammen? Ordnen Sie zu.

1. Ich halte das   a) gleich etwas sagen.
2. Ich möchte zu diesem Punkt   b) zum nächsten Punkt.
3. Ich hätte da   c) erst einmal abstimmen.
4. Darüber müssten wir   d) für eine gute Idee.

.... /5   5. Dann kommen wir gleich   e) vielleicht eine Idee.

_____ /20 Punkte

4 Tourismus

1 Wie heißt der Ausdruck? Ergänzen Sie.

1. Alles, was man als Tourist/in in einer Stadt ansehen sollte, nennt man eine

   S _ _ _ _ _ _ _ _ _ _ _ _ _ _ T.

2. Ein Hotelzimmer für 2 Personen ist ein D _ _ _ _ _ _ _ _ _ _ R.

3. Raki betreut Touristen im Urlaub. Sein Beruf ist R _ _ _ _ _ _ _ _ _ R.

4. Wenn in einer Unterkunft Frühstück, Mittagessen und Abendessen inklusive sind, nennt man das

   V _ _ _ _ _ _ _ _ _ N.

.... /5   5. Eine Reise, die komplett organisiert ist und vorher bezahlt wird, ist eine P _ _ _ _ _ _ _ _ _ _ E.

2 Welcher Konnektor passt? Ergänzen Sie *denn, aufgrund, weil, deswegen* und *deswegen*.

1. Erec liebt Städtetouren, ... er da viele Museen besichtigen kann.

2. Elke hat momentan wenig Geld, ... bleibt sie dieses Jahr im Urlaub mal zu Hause.

3. .... von Renovierungsarbeiten bleibt das Theater leider zwei Wochen geschlossen.

4. Heute soll es den ganzen Tag regnen. .... sehen wir uns den Königspalast an.

5. Wir haben uns an der Rezeption beschwert, ... die Klimaanlage im Zimmer

.... /5   funktioniert nicht.

3 Ergänzen Sie die Verben im Konjunktiv II der Vergangenheit.

An deiner Stelle ...

1. .... ich mit dem Veranstalter der Reise .... (sprechen)

2. .... ich das Hotelzimmer .... (wechseln)

3. .... ich noch ein paar Tage länger in Bali .... (bleiben)

4. .... ich eine Reiseversicherung .... (abschließen)

.... /5   5. .... ich mit dem Zug nach Paris .... (fahren)

4 Was passt zusammen? Ordnen Sie zu.

1. Einsatz   a) ausbildung
2. Fremd   b) gebiet
3. Berufs   c) sprachen
4. Aufgaben   d) unterlagen
.... /5   5. Bewerbungs   e) möglichkeiten

_____ /20 Punkte

5 Aktiv im Handwerk

1 Was braucht man wofür? Ordnen Sie zu.

Nadel und Faden   Schraubenzieher   Pinsel und Farbe   Tisch und Kleister   Teppichmesser

1. eine Wand streichen: ....

2. eine Steckdose auswechseln: ....

3. einen Rock nähen: ....

4. einen Teppich verlegen: ....

/5 5. die Wände tapezieren: ....

2 Was passt wo? Ordnen Sie zu und schreiben Sie Sätze im Passiv.

abschleifen   streichen   anschließen   liefern   verlegen

1. die Wände   *Die Wände werden* ....

2. die Kabel   ....

3. die Möbel   ....

4. die Böden   ....

/5 5. die Lampen   ....

3 Ergänzen Sie und schreiben Sie Antworten im Zustandspassiv.

1. Haben Sie den Tisch gedeckt? Ja, der Tisch .... schon ....

2. Haben Sie die Werkstatt ....? (aufräumen)

   Ja, ...

3. Haben Sie die Rechnungen ....? (schreiben)

   Nein, sie .... noch nicht ....

4. Haben Sie die Schreibtischlampe ....? (reparieren)

   Ja, sie ....

5. Haben Sie das Computerprogramm ....? (installieren)

/5 Nein, es .... noch nicht ....

4 Trennbar oder nicht trennbar? Schreiben Sie Sätze im Präsens.

1. Anton / unterschreiben / der Mietvertrag ....

2. Ulli / volltanken / der Lkw ....

3. Eva / übernehmen / die Aufgabe ....

4. Alison / umbauen / die Garage ....

/5 5. Der Kunde / widersprechen / der Verkäufer ....

_____ /20 Punkte

6 Arbeit in der Metropolregion

1 Was passt zusammen? Ordnen Sie zu.

1. sich Gedanken   a) leisten
2. Einfluss auf jemanden b) machen
3. Hilfe   c) nehmen
4. die Kosten   d) führen
5. Bewerbungsgespräche   e) übernehmen

.... /5

2 Wie heißt das passende Nomen? Schreiben Sie.

1. kündigen   die ....

2. strukturieren die ....

3. dauern   die ....

4. abschließen   der ....

.... /5   5. beantragen   der ....

3 Was passt wo? Ergänzen Sie.

finden   besucht   bieten   vorstellen   entwickelt

Heute möchten wir Ihnen in unserem Programm die Region Mainfranken (1) ....

Diese Region hat sich in den letzten Jahrzehnten zu einem modernen Industrie- und Dienstleistungs-

standort (2) .... Von traditionellen Handwerksbetrieben bis zu Industriebranchen

wie Maschinenbau und Automobilzulieferung kann man hier alles (3) .... Auch

touristisch hat die Region viel zu (4) .... Städte wie Würzburg und Landschaften wie

.... /5   die Volkacher Mainschleife werden jedes Jahr von vielen Menschen (5) ....

4 Was passt wo? Ergänzen Sie.

Einladung   Stellenanzeige   Berufserfahrung   bewerben   Interesse

Sehr geehrte Frau Gustavson,

mit großem (1) .... habe ich die (2) .... Ihres Restaurants

gelesen und würde mich gerne als Küchenhilfe bei Ihnen (3) .... In den

letzten Jahren konnte ich schon einige (4) .... in verschiedenen Gaststätten

und Cafés sammeln. Über eine (5) .... zu einem Vorstellungsgespräch würde ich

mich sehr freuen.

Mit freundlichen Grüßen

.... /5   Carlos Saravakis

_____ /20 Punkte

7 Berufe im Gesundheitswesen

1 Wer macht was? Ordnen Sie zu.

1. Arzt/Ärztin
2. Krankenpfleger/in
3. Logopäde/Logopädin
4. Apotheker/in
5. Ernährungsberater/in

a) misst den Blutdruck und gibt Spritzen
b) verkauft Medikamente
c) erstellt einen Diätplan
d) korrigiert die Aussprache
e) führt Operationen durch

.... /5

2 Welches Wort passt nicht? Streichen Sie es durch.

1. das Ohr – die Wunde – das Knie – der Rücken

2. Husten – Durchfall – Apotheke – Magenschmerzen

3. Zahnarzt – Orthopädin – Masseur – Patient

4. Tabletten – Salbe – Kapseln – Herz

.... /5   5. Schienbein – Entspannung – Wellness – Ausgleich

3 Was passt zusammen? Ordnen Sie zu.

1. Gesundheit heißt für mich, dass
2. Meiner Meinung nach sollte man
3. Das finde ich schwierig, denn
4. Einerseits ist Bewegung wichtig,
5. Das sehe ich anders:

a) andererseits darf man sich nicht zu sehr anstrengen.
b) für mich ist gesunde Ernährung die Basis für Gesundheit.
c) man sich vor allem körperlich gut fühlt.
d) auf seinen Körper achten und sich viel bewegen.
e) oft fehlt die Zeit, regelmäßig Sport zu machen.

.... /5

4 Ergänzen Sie die Sätze mit dem Infinitiv mit *zu*.

1. Es ist wichtig, ... (sich regelmäßig ausruhen können)

2. Sie findet es gesund, ... (viele Vitamine zu sich nehmen)

3. Es ist eine gute Idee, ... (regelmäßig autogenes Training machen)

4. Wir beabsichtigen, ... (ein paar Kilo abnehmen)

.... /5   5. Die Ärztin hat uns empfohlen, ... (nur noch koffeinfreien Kaffee trinken)

_____ **/20 Punkte**

8 In der Gastronomie

1 Was passt zusammen? Ordnen Sie zu.

1. Käse	a) backen
2. Steak	b) schälen
3. Zwiebeln	c) reiben
4. Pizza	d) braten
5. Kartoffeln	e) hacken

.... /5

2 Welches Wort passt nicht? Streichen Sie es durch.

1. mild – sauer – eng – scharf

2. Hähnchen – Quiche – Backofen – Kassler

3. Kantine – Wirtshaus – Cafeteria – Wohnzimmer

4. die Gerichte – die Speisen – die Zutaten – die Mahlzeiten

.... /5 5. das Hauptgericht – die Speisekarte – die Vorspeise – der Nachtisch

3 Ergänzen Sie die Endungen der Adjektive.

Dominicus arbeitet jetzt in dem (1) neu.............. Restaurant an der Ecke. Er ist (2) ausgebildet..............

Koch und hat schon in vielen Restaurants unserer Stadt gearbeitet. Kommt doch mal vorbei! Dominicus

empfiehlt die (3) gegrillt.............. Seezunge und dazu ein (4) kühl.............. Bier. Ein (5) besonder.............. Hit

.... /5 ist auch der Oktopus.

4 Was passt zusammen? Ordnen Sie zu.

1. Man braucht eine Pfanne	a) zum Umrühren von Tomatensoße.
2. Man braucht eine Waage	b) damit das Mehl ganz fein wird.
3. Man braucht einen Kochlöffel	c) um Kekse im Ofen zu backen.
4. Man braucht ein Sieb	d) um zu wissen, wieviel Zucker in den Kuchen kommt.
5. Man braucht ein Backblech	e) damit man sich ein Steak braten kann.

.... /5

_____ /20 Punkte

9 Handel international

1 Was passt zusammen? Ordnen Sie zu.

1. den Markt
2. im Großhandel
3. eine Dienstleistung
4. eine Marktlücke
5. ein Angebot

a) erkennen
b) anfordern
c) arbeiten
d) erbringen
e) beobachten

.... /5

2 Was passt wo? Ergänzen Sie.

aufeinander   füreinander   nacheinander   miteinander   zueinander

1. Meine Kolleginnen und ich sind immer .... da.

2. Wir werden das Problem .... besprechen und Ihnen morgen eine

   Lösung vorschlagen.

3. Unser Firmenchor klingt nur gut, wenn die Mitglieder .... hören.

4. Die beiden Sekretärinnen haben sich früher nicht so gut verstanden, aber jetzt sind sie sehr nett

   ....

5. Mach die Projekte bitte nicht gleichzeitig, sondern lieber ....

   Das ist effektiver.

.... /5

3 Partizip I oder Partizip II? Unterstreichen Sie die richtige Form.

1. Du kannst mit dem öffnenden | geöffneten Dokument weiterarbeiten.

2. Die bestehenden | bestandenen Probleme sind uns seit langem bekannt.

3. Die planende | geplante Veranstaltung findet erst im Februar statt.

4. An der Rezeption liegen die ausfüllenden | ausgefüllten Formulare.

5. Die leitenden | geleiteten Angestellten treffen sich heute um 12 Uhr.

.... /5

4 Was passt zusammen? Ordnen Sie zu.

1. Wir verbessern unsere Webseite,
2. Man kann nicht kochen,
3. Eine Firma kann sich nicht verändern,
4. Fast niemand schafft diesen Test,
5. Kaum ein Computerproblem wird gelöst,

a) ohne sich darauf vorbereitet zu haben.
b) ohne dass IT-Experten daran arbeiten.
c) indem wir sie klarer strukturieren.
d) ohne Zutaten eingekauft zu haben.
e) ohne Risiken einzugehen.

.... /5

_____ /20 Punkte

10 Rechte und Pflichten

1 Was passt? Ordnen Sie zu.

Gleitzeit

Kündigungsschutz

Vergütung

Probezeit

Tätigkeiten

1. Ein anderes Wort für Gehalt: ....

2. Die Aufgaben, die am Arbeitsplatz erledigt werden müssen: ....

3. Flexible Arbeitszeiten: ....

4. Wenn man z. B. wegen einer Schwangerschaft nicht entlassen werden kann: ....

.... /5 5. Die ersten Monate bei einer neuen Arbeitsstelle: ....

2 Was passt zusammen? Ordnen Sie zu.

1. Betriebs
2. Neben
3. Über
4. Verschwiegenheits
.... /5 5. Schicht

a) tätigkeit
b) gebot
c) arbeit
d) rat
e) stunden

3 Was passt wo? Ergänzen Sie *aufgrund, statt, anlässlich, während* und *außerhalb*.

1. .... der Arbeitszeit sollten Sie nicht im Internet surfen.

2. .... Geschenken wünschten sie sich zur Hochzeit Geld für eine Reise.

3. .... meines Geburtstages möchte ich Sie alle zu einem kleinen Snack einladen.

4. .... des Firmengeländes ist das Abstellen der Geräte verboten.

.... /5 5. .... des schlechten Wetters müssen wir den Betriebsausflug leider verschieben.

4 Was passt zu welchem Beruf? Ordnen Sie zu.

Laborarbeiter/in

Lkw-Fahrer/in

Informatiker/in

Dachdecker/in

Bauarbeiter/in

1. nicht zu viele Stunden am Stück am Steuer sitzen ....

2. Schutzhelm und feste Schuhe tragen ....

3. Handschuhe, Kittel und Schutzbrille tragen ....

4. sich nicht ohne Sicherung in großer Höhe bewegen ....

.... /5 5. Bildschirm in der richtigen Höhe und regelmäßig bewegen ....

_____ /20 Punkte

11 Arbeit und neue Medien

1 Was passt zusammen? Ordnen Sie zu.

1. im Internet
2. den Computer
3. ein Programm
4. eine E-Mail
5. ein Programm

a) herunterladen
b) surfen
c) verschicken
d) installieren
e) hochfahren

.... /5

2 Welches Wort passt wo? Ordnen Sie zu.

ordnungsgemäß   Reparatur   Monaten   Garantie   funktioniert

Sehr geehrte Damen und Herren,

vor einigen (1) .... habe ich einen Kopfhörer in Ihrem Geschäft gekauft. Leider

(2) .... er jetzt nicht mehr richtig, obwohl ich ihn (3) ....

benutzt habe. Auf dem linken Ohrteil kann man manchmal kurz nichts mehr hören. Der Kopfhörer hat

2 Jahre (4) .... Kann ich ihn für eine (5) .... einfach bei

Ihnen vorbeibringen?

Mit freundlichen Grüßen

Daniela Duran

.... /5

3 Welches Wort passt? Unterstreichen Sie.

1. Der Techniker konnte das Problem schnell beheben | verlieren.

2. Kannst du dich bitte mit Herrn Meyerdirks in Verbindung stellen | setzen?

3. Wir nehmen | geben Bezug auf Ihr Schreiben vom 3. Juli.

4. Das Angebot Ihrer Firma würde ich gerne in Anspruch setzen | nehmen.

5. Wenn ich eine Antwort erfahre | erhalte, gebe ich Ihnen sofort Bescheid.

.... /5

4 Was passt zusammen? Ordnen Sie zu.

1. Je öfter man aufs Handy schaut,
2. Je länger ich an diesem Projekt arbeite,
3. Je länger ich Urlaub habe,
4. Je besser man vernetzt ist,
5. Je mehr Nachfrage es gibt,

a) desto besser kenne ich mich aus.
b) desto leichter findet man eine Arbeit.
c) umso teurer wird das Produkt.
d) umso weniger konzentriert man sich.
e) desto erholter fühle ich mich.

.... /5

_____ **/20 Punkte**

12 Global arbeiten und leben

1 Was passt zusammen? Ordnen Sie zu.

1. Kontakte	a) eingehen
2. den Ideenaustausch	b) eintreten
3. Risiken	c) knüpfen
4. Sprachbarrieren	d) fördern
5. für die Menschenrechte	e) überwinden

.... /5

2 Welcher Konnektor passt? Unterstreichen Sie.

1. Die Globalisierung macht Reisen billiger, sodass | deshalb auch Menschen mit wenig Geld Urlaub machen können.

2. Aber auch viele Arbeitsplätze verschwinden, folglich | sodass nimmt die Arbeitslosigkeit zu.

3. Viele Firmen verlagern die Produktion ins Ausland. Trotzdem | Infolgedessen müssen Fabriken im Inland schließen.

4. Wochenendbeziehungen sind schwierig, deshalb | trotzdem können sie funktionieren.

5. Obwohl | Trotzdem wir immer mehr online kaufen, schätzen viele Menschen noch den Einkaufsbummel in der Innenstadt.

.... /5

3 Ergänzen Sie die Wörter in der E-Mail.

Sehr geehrte Frau Wagner,

wir haben nun einen (1) T _ _ _ _ n gefunden, um die Fortbildung zu unserem neuen Programm für alle Kolleginnen und Kollegen anzubieten. Da sie diese Fortbildung so schnell wie (2) m _ _ _ _ _ h benötigen, haben wir schon den kommenden Dienstag (3) f _ _ _ _ _ _ _ _ _ _ t. Wir hatten den (4) E _ _ _ _ _ _ _ k, dass es da allen Interessierten passt. Über die (5) D _ _ _ _ _ s bekommen Sie in den nächsten Tagen noch Bescheid.

Mit freundlichen Grüßen

Anja Schreiner

.... /5

4 Welche Präposition passt? Ergänzen Sie *für, für, auf, zu* und *über*.

1. Wir sind sehr dankbar .... Ihr Engagement.

2. Wir sind sehr erfreut .... die schnelle Reparatur.

3. Das Abitur ist die Voraussetzung .... ein Studium.

4. Hier finden Sie die Informationen .... unserer Firma.

5. Die Reaktionen .... das neue Produkt waren sehr positiv.

.... /5

_____ /20 Punkte

13 Konflikte lösen

1 Was passt zusammen? Ordnen Sie zu.

1. Kompromisse
2. sich in einer Krise
3. Ärger
4. auf Hilfe
5. im Alltag

a) befinden
b) angewiesen sein
c) präsent sein
d) aushandeln
e) auslösen

.... /5

2 Schreiben Sie irreale Konditionalsätze in der Vergangenheit.

1. Wenn ich besser aufgepasst hätte, // ich / den Fehler bemerken

    ....., *hätte* ....

2. Wenn du das Virenschutzprogramm aktualisiert hättest, // das Virus / den Computer nicht befallen

    ....

3. Wenn sie kooperativer gewesen wäre, // wir / ein besseres Team sein

    ....

4. Wenn er einen Schutzhelm getragen hätte, // der Unfall / nicht passieren

    ....

5. Wenn sie nicht so viele Überstunden gemacht hätte, // sie / gestern nicht so müde sein

.... /5 ....

3 Was passt wo? Ergänzen Sie.

kommenden   bestätigen   Termin   jederzeit   telefonisch

Sehr geehrter Herr Núñez,

Wie soeben (1) .... besprochen, (2) .... wir Ihnen Ihren

(3) .... in unserem Büro in der Karl-Link-Straße am (4) ....

Dienstag, 2. September um 11 Uhr. Wenn Sie Fragen zu den mitzubringenden Unterlagen haben, können

Sie mich (5) .... anrufen.

Mit freundlichen Grüßen

.... /5   Birgitta Pilaski

4 Welches Relativpronomen passt? Ergänzen Sie.

1. Das ist der neue Computer, mit .... man super arbeiten kann.

2. Das ist der neue Kollege, ... Frau Chemikerin ist.

3. Das ist die neue Produktlinie, ... aus Spanien importiert wird.

4. Das ist das neue Computerprogramm, über .... wir letzte Woche gesprochen haben.

.... /5   5. Das ist die Rechnung, ... Summe Sie noch überprüfen müssen.

_____ /20 Punkte

14 Weiterbildung

1 Welches Verb passt? Ordnen Sie zu.

1. Angst und Stress
2. neue Lernstrategien
3. eine gute Lernumgebung
4. sich gegenseitig
5. die Untersuchungsergebnisse

a) entwickeln
b) unterstützen
c) präsentieren
d) reduzieren
e) schaffen

.... /5

2 Welches Wort gibt es nicht? Streichen Sie es durch.

1. Weiterbildung – Fortbildung – Lernbildung – Ausbildung

2. Studienplatz – Studiengang – Studiengebühren – Studienmonat

3. Umschule – Grundschule – Volkshochschule – Hochschule

4. Berufserfahrung – Berufsfoto – Berufsabschluss – Berufsausbildung

.... /5

5. Arbeitsgruppe – Arbeitsteilnehmer – Arbeitsplatz – Arbeitslosigkeit

3 Ergänzen Sie die Verben im Konjunktiv I.

● Was hat Frau Meyerdierks beim Vortrag über lebenslanges Lernen denn gesagt?

○ Sie sagte ...

1. es .... (sein) wichtig, nie mit dem Lernen aufzuhören.

2. heutzutage .... (können) man sich in vielen Kursen weiterbilden.

3. sie .... (wollen) in ihrem Vortrag auch ältere Menschen motivieren.

4. jeder .... (haben) die Möglichkeit, geistig fit zu bleiben.

.... /5

5. es .... (geben) zum Beispiel die Volkshochschule, die viele Angebote macht.

4 Was passt zusammen? Ordnen Sie zu und ergänzen Sie *wäre, hätte, könnte, würden* und *würde*.

1. Sie spricht Spanisch, als ob
2. Nach dem Marathon fühlte er sich, als wenn
3. Nach der Prüfung fühlte ich mich so leicht, als ob
4. Schon beim ersten Treffen hatte ich ein Gefühl, als wenn
5. Er sah mich so an, als ob

a) ich fliegen ....
b) er mich nicht verstehen ....
c) wir uns schon seit Jahren kennen ....
d) sie in Spanien geboren ....
e) er keine Beine mehr ....

.... /5

_____ /20 Punkte

Lernerfolgskontrolle nach 50 Unterrichtseinheiten

Sprechen

1 In der Kaffeeküche ihrer Firma treffen Sie einen Kollegen / eine Kollegin, den / die sie noch nicht kennen. Wählen Sie eine Rolle und spielen Sie die Situation mit Ihrem Partner / Ihrer Partnerin. Fragen und antworten Sie. Stellen Sie auch Fragen zu weiteren Themen.

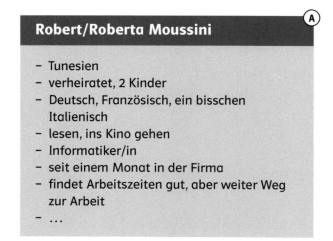

Ⓐ

Robert/Roberta Moussini

- Tunesien
- verheiratet, 2 Kinder
- Deutsch, Französisch, ein bisschen Italienisch
- lesen, ins Kino gehen
- Informatiker/in
- seit einem Monat in der Firma
- findet Arbeitszeiten gut, aber weiter Weg zur Arbeit
- ...

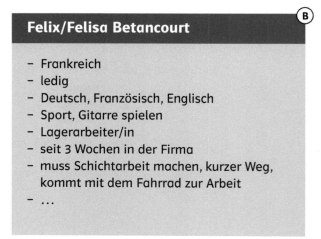

Ⓑ

Felix/Felisa Betancourt

- Frankreich
- ledig
- Deutsch, Französisch, Englisch
- Sport, Gitarre spielen
- Lagerarbeiter/in
- seit 3 Wochen in der Firma
- muss Schichtarbeit machen, kurzer Weg, kommt mit dem Fahrrad zur Arbeit
- ...

2 Ihr Partner / Ihre Partnerin weiß nicht, was er/sie beruflich machen soll. Stellen Sie ihm/ihr Fragen und empfehlen Sie einen Beruf. Überlegen Sie weitere Fragen. Wechseln Sie die Rollen.

1. Arbeitest du gerne mit Menschen zusammen?
2. Bist du handwerklich/technisch begabt?
3. Was kannst du besonders gut?
4. Arbeitest du lieber in einem Gebäude oder im Freien?
5. Hast du einen Führerschein?
6. Wofür interessierst du dich besonders?
7. ...
8. ...

3A Sie haben in einem Forum etwas zum Thema „Berufswahl" gelesen. Berichten Sie Ihrem Partner / Ihrer Partnerin, welche Informationen Sie haben.

Ihre Partnerin / Ihr Partner hat zum gleichen Thema andere Informationen und berichtet auch darüber. Unterhalten Sie sich danach über das Thema.

Text A

In meinem Heimatland habe ich lange Jahre als Krankenpfleger gearbeitet. Als ich nach Deutschland kam, wollte ich gerne wieder in meinem Beruf arbeiten, aber das war schwierig, wegen der Anerkennung. Mein Beruf hat mir aber immer viel Spaß gemacht und ich wollte auf jeden Fall weiterhin Menschen helfen können. Darum habe ich eine Ausbildung zum Altenpfleger gemacht, da kann ich die Kenntnisse aus meinem Beruf gut anwenden. Ich bin ein sehr sozialer Mensch und könnte mir eine Arbeit ohne Kontakt zu Menschen nicht vorstellen.

- -

3B Sie haben in einem Forum etwas zum Thema "Berufswahl" gelesen. Berichten Sie Ihrem Partner / Ihrer Partnerin, welche Informationen Sie haben.

Ihre Partnerin / Ihr Partner hat zum gleichen Thema andere Informationen und berichtet auch darüber. Unterhalten Sie sich danach über das Thema.

Text B

Nach der Schule wusste ich zuerst überhaupt nicht, was ich machen wollte. Ich habe dann viele Tests im Internet gemacht, um herauszufinden, was mir gefallen könnte. Entschieden habe ich mich dann aber, nachdem ich mit einem Freund gesprochen habe, der Lkw-Fahrer ist.
Ich bin schon immer gern Auto gefahren, aber mir ist auch der Kontakt mit Menschen sehr wichtig. Jetzt arbeite ich schon seit einigen Jahren als Busfahrerin und bin sehr zufrieden damit.

Lernerfolgskontrolle nach 100 Unterrichtseinheiten

Lesen

1 **Sie lesen in einem Forum, wie Menschen über ihre Arbeitssituation denken.**

Wer schreibt was? Schreiben Sie die Namen zu den Fragen.

1. Wer findet, dass er zu wenig verdient? ....

2. Wer denkt, dass Arbeit nicht so wichtig ist? ....

3. Wer kann sich nicht vorstellen, im Büro zu arbeiten? ....

4. Für wen ist der Führerschein wichtig? ....

5. Wer interessiert sich für Computer? ....

6. Wer wünscht sich mehr Freizeit? ....

7. Wer macht sich Sorgen um seine Zukunft? ....

8. Wer könnte auf feste Arbeitszeiten verzichten? ....

Was denken Sie über Ihre Arbeit?

Hodice	Ich arbeite seit einigen Jahren in einem Supermarkt und bin eigentlich ganz zufrieden. Die Arbeit ist nicht so besonders interessant, aber ich finde sowieso, dass das Privatleben wichtiger als die Arbeit sein sollte. Ich habe viele Hobbys und Interessen und gehe gerne aus. Schade, dass mir bei 8 Stunden Arbeit täglich gar nicht mehr so viel Zeit bleibt.
Julie	Ich habe gleich mit 18 den Führerschein gemacht und das hat mir bei der Jobsuche sehr geholfen. Seit einigen Monaten fahre ich für ein Unternehmen Pakete aus, damit bin ich ganz zufrieden, denn ich bin mein „eigener Herr". Ich benutze meinen Privatwagen und organisiere die Routen selbst, dadurch bin ich flexibel und kann mir meinen Tag selbst einteilen. Das ist mir lieber, als jeden Tag die gleichen Arbeitszeiten zu haben.
Katarina	Früher war ich als Informatikerin in einer Firma angestellt und eigentlich möchte ich das auch wieder machen, weil mir diese Arbeit viel Spaß gemacht hat. Es ist aber gar nicht so einfach, hier in Deutschland eine Stelle zu finden. Im Moment gebe ich privat Unterricht und helfe, wenn jemand Probleme mit seinem Computer hat, aber ich hoffe schon, bald wieder eine richtige Stelle zu finden. Drückt mir die Daumen!
Ricardo	Seit einer Woche arbeite ich in einer Wäscherei, die Arbeit ist ganz angenehm, aber die Bezahlung wirklich sehr schlecht. Deshalb suche ich auch weiter und versuche, etwas Neues zu finden. Bewegung und körperliche Arbeit und der Kontakt mit Kunden wie hier in der Wäscherei muss aber weiterhin sein, 8 Stunden am Schreibtisch, das könnte ich mir wirklich nicht vorstellen.

Sprachbausteine

2 **Lesen Sie den Text. Überlegen Sie bei jeder Lücke (1–10), welche Lösung (a, b oder c) jeweils passt. Es ist immer nur eine Lösung richtig.**

Seien Sie präsent!

Eine ....1.... Vorstellung ist längst nicht nur Teil von Vorstellungsgesprächen. Immer wieder ....2.... es Momente in Ihrem Leben geben, in denen Sie ....3.... vorstellen und etwas über sich erzählen ....4..... Zum Beispiel gegenüber neuen Kunden oder Geschäftspartnern, ...5.... Messen oder virtuell in ....6.... Online-Meeting. Es geht immer ....7.... zu sagen, wer man ist und was man kann. Weil es nicht sehr höflich ist, Ihren Gesprächspartner 10 Minuten lang mit Ihrer kompletten Berufsbiographie ....8...., müssen Sie sich kurz fassen. Die Kurzvorstellung ist ein bisschen wie ein Werbespot: Sie soll den anderen kurz und kompakt einen ersten Eindruck ....9.... Ihnen vermitteln. Überlegen Sie sich also ....10.... nächsten beruflich wichtigen Treffen, wie sie sich sympathisch und interessant darstellen können.

1. a) kurz	b) kurze	c) kurzen
2. a) wird	b) werde	c) wirst
3. a) Ihnen	b) mir	c) sich
4. a) muss	b) müssen	c) musst
5. a) auf	b) in	c) mit
6. a) ein	b) einen	c) einem
7. a) dabei	b) damit	c) darum
8. a) langzuweilen	b) langweilen	c) zu langweilen
9. a) über	b) von	c) zu
10. a) bei das	b) bei die	c) bei den

Hören

🎧 1.07 B1/B2 **3** **Richtig (R) oder falsch (F)? Hören Sie und kreuzen Sie an.**

	R	F
1. Die beiden sehen sich Katjas Lebenslauf an.	☐	☐
2. Katja findet das Passfoto schön.	☐	☐
3. Die Adresse kann über oder unter den persönlichen Daten stehen.	☐	☐
4. Lea ist in Düsseldorf geboren.	☐	☐
5. Katja findet es nicht gut, dass der Lebenslauf umgekehrt steht.	☐	☐
6. Bei der Datumsangabe ist der genaue Tag nicht so wichtig.	☐	☐
7. Bei den Sprachkenntnissen ist das genaue Niveau wichtig.	☐	☐
8. Die Hobbys sollte man nicht in den Lebenslauf schreiben.	☐	☐
9. Lea hat keinen Führerschein.	☐	☐
10. Man muss seinen Lebenslauf auch unterschreiben.	☐	☐

Schreiben

4 **Sie sind in einer Wäscherei angestellt. Nächste Woche haben Sie ein paar Tage Urlaub. Schreiben Sie Ihrem Kollegen Marc eine E-Mail mit einigen Dingen, die er wissen sollte.**

- erledigen: alles links im Regal
- Hotel Miramar: Bettwäsche erst am Mittwoch (nicht Montag!)
- Frau Nettel: Preisnachlass von 10%, (wegen Verspätung)
- Donnerstag neuer Kollege (zeigen, wie die Maschinen funktionieren)

Vergessen Sie nicht die Anrede und den Schluss!

Hallo Marc,

Sprechen

5 **Sie und Ihr Partner / Ihre Partnerin arbeiten im Restaurant eines 4-Sterne-Hotels. Sie sollen den nächsten „Themen-Abend" organisieren.**

Entscheiden Sie zuerst, was Sie machen möchten. Erklären Sie Ihrem Partner / Ihrer Partnerin Ihre Ideen und begründen Sie auf die Ideen Ihres Partners / Ihrer Partnerin. Einigen Sie sich auf einen gemeinsamen Vorschlag. Die Punkte helfen Ihnen bei der Planung.

> **Thema: Ein Land? Ein Fisch-Buffett? . . .**
>
> **Dekoration?**
>
> **Programm?**
>
> **Wer organisiert was?**

Glossar

ABC-Methode: TN sammeln zu einem vorgegebenen Thema Vokabular, dabei soll zu jedem Buchstaben des Alphabets mindestens ein Ausdruck gefunden werden.

Aquarium/Fishbowl: Zwei TN setzen sich auf zwei Stühle vor die Tafel und beginnen mit einem Gespräch. Die restlichen TN hören zu. Wer sich am Gespräch beteiligen möchte, ersetzt eine diskutierende Person und übernimmt deren Rolle: Dazu wird der Platz getauscht und das Gespräch auf dem Stuhl vor der Tafel in der jeweiligen Rolle weitergeführt.

Atom-Moleküle-Diskussion: Zu Beginn wird die Gesamtgruppe in Paare aufgeteilt – jedes Paar setzt sich irgendwo in den Raum und spricht ca. fünf Minuten über die zuvor vereinbarte Fragestellung, das Thema. Nach dieser Zeit gibt der/die KL ein vereinbartes Signal und die Paare suchen sich ein zweites Paar und sprechen wieder ca. fünf Minuten miteinander. Danach sucht sich jede Vierergruppe eine andere Vierergruppe und spricht noch einmal über die Fragestellung, das Thema miteinander. Jede Achtergruppe fasst in fünf Minuten ihre wichtigsten Gesprächsergebnisse in drei Sätzen zusammen und einigt sich auf einen Gruppensprecher / eine Gruppensprecherin. Anschließend tragen die Gruppensprecher im Plenum die drei Ergebnissätze vor.
Mit dieser Methode soll erreicht werden, dass sich die Lerner einer großen Klasse in immer größer werdenden Kleingruppen zu einem Thema austauschen.

Ballrunde (PL): TN stellen sich im Kreis auf oder setzen sich so, dass sich alle gut sehen und den Ball zuwerfen und fangen können. KL wählt durch Zuruf TN aus, wirft TN einen kleinen Ball zu und stellt eine Frage. TN antwortet, wählt den nächsten TN aus, stellt eine Frage usw.
Ballrunden eignen sich dazu, Strukturen einzuüben und zu automatisieren. Wichtig ist es, die TN dabei nicht zu überfordern, die Fragen sollten einfach zu stellen sein und keine „Überlegenszeit" erfordern, damit die Übung dynamisch bleibt und die TN nicht unter Stress setzt.

Bilderraten: Ein/e TN zeichnet einen vorgegebenen Begriff, die anderen TN raten.

Blitzlicht: KL schreibt eine Frage, ein Wort oder einen Satz an die Tafel bzw. an das IWB und bittet die TN, spontan und möglichst kurz auf die Frage zu antworten oder ihre Ideen dazu in einem Satz zu formulieren.

Domino: Domino-Spiele eignen sich für Wortschatztraining und zur Verdeutlichung/Einübung grammatischer Phänomene, z. B. Artikeldomino, Wort-Bild-Domino etc. Domino-Spiele kann der/die KL für GA anfertigen oder TN können selbst ein Spiel anfertigen.

Variante A (GA, 3–5 TN): TN innerhalb der Gruppe spielen gegeneinander, jede/r TN bekommt drei Kärtchen, die restlichen Kärtchen kommen auf einen Stapel oder alle Kärtchen werden aufgeteilt. Ein Kärtchen wird aufgedeckt und A versucht, ein Kärtchen rechts oder links anzulegen. Wer nicht anlegen kann, zieht ein Kärtchen. Dann macht B weiter usw. Wer zuerst alle Kärtchen abgelegt hat, hat gewonnen.
Die Variante eignet sich für Dominos, bei denen es verschiedene Möglichkeiten gibt, anzulegen, z. B. Artikeldomino, Pluraldomino, Konjugationsdomino, …
Variante B (GA, 2–4 TN): TN spielen kooperativ und bringen die Steine gemeinsam in eine richtige Reihenfolge, die Gruppe, die zuerst fertig ist, gewinnt.
Diese Variante eignet sich für Dominos, bei denen es nur eine einzige richtige Möglichkeit gibt. Die letzte Karte schließt an die erste Karte an.

Fliegenklatschenspiel: Auf der Tafel stehen möglichst verteilt Ausdrücke, Begriffe, Vokabeln. Die TN bilden zwei Gruppen, die gegeneinander spielen. Jede Gruppe bildet eine Schlange vor der Tafel. Die ersten Spieler / Spielerinnen bekommen eine Fliegenklatsche in die Hand. KL liest die Definition für eine der Vokabeln (alternativ ein Gegenteil, eine Umschreibung, …). Die TN versuchen mit der Fliegenklatsche möglichst schnell auf den passenden Begriff zu schlagen. Der/Die TN, der/die schneller war, darf die Fliegenklatsche an den nächsten Spieler / die nächste Spielerin in der Schlange weitergeben und geht ans Ende der Schlange. Die Gruppe, bei der zuerst der erste Spieler / die erste Spielerin wieder am Anfang steht, hat gewonnen.

Galgenraten: TN erraten ein Wort oder einen Begriff. KL schreibt für jeden Buchstaben einen Strich an die Tafel. TN nennen Buchstaben. Kommt der Buchstabe im Wort/Begriff vor, schreibt KL ihn an die passende Stelle, kommt er nicht vor, entsteht Linie für Linie ein Galgen. Ist der Galgen komplett, bevor das Wort erraten ist, hat der/die KL gegen die Gruppe gewonnen. Statt eines Galgens kann man auch ein Haus oder ein sonstiges Objekt entstehen lassen.

Globales Hören: Beim globalen Hören geht es darum, dass sich die TN einen ersten Eindruck des Textes verschaffen, d. h. sie brauchen keine Einzelheiten zu verstehen, sondern sollen allgemein herausfinden, um welche Themen es im Hörverständnis geht.

Globales Lesen: Beim globalen Lesen geht es darum, sich einen ersten Eindruck zu verschaffen. KL weist die TN darauf hin, dass sie den Text nur „überfliegen" sollen, um zu verstehen, welche allgemeinen Informationen vermittelt werden, ohne dabei auf Einzelheiten einzugehen.
Damit sich die TN nicht an einzelnen Informationen aufhalten, kann KL eine kurze Lesezeit vorgeben, die eingehalten werden muss.

Intensives Lesen: Im Gegensatz zum ▸ globalen Lesen bekommen die TN beim intensiven Lesen die Aufgabe, spezielle Informationen im Text zu finden, sie müssen den Text also genau lesen und sich auch auf die Details konzentrieren.

Kettenübung: Kettenübungen eignen sich z. B. zum Automatisieren von neuen Grammatikformen oder Redemitteln im PL oder in GA. KL beginnt z. B. mit einer Frage an A, A antwortet und fragt B, B antwortet und fragt C usw. immer der Reihe nach. Um die Reihenfolge etwas aufzulockern, eignet sich z. B. eine ▸ Ballrunde.

Kooperatives Lesen: Kooperatives Lesen eignet sich für mehrere Texte zu einem Thema, z. B. Meinungen, Erfahrungsberichte oder einen längeren Text, der sich gut in mehrere Teile aufteilen lässt. TN bearbeiten in PA/GA (2–4 TN) einen Text oder Textteil. Sie erarbeiten gemeinsam den Inhalt und fassen ihn in der Gruppe zusammen, bis alle TN in der Lage sind, die wichtigsten Informationen des Textes frei wiederzugeben.
Im Anschluss werden neue Gruppen gebildet, in denen aus jeder vorherigen Gruppe mindestens ein/e TN ist. Jede/r TN erzählt nun der neuen Gruppe den Inhalt seines/ihres Textes/Textteils – ohne dabei abzulesen, damit alle über alles informiert sind. Am Ende kann auch eine gemeinsame Aufgabe stehen (z. B. Quizfragen zum Text / zu den Texten), um zu „überprüfen", ob die Informationen komplett weitergegeben wurden.

Kugel-Interpretation: KL kopiert einen Text mehrfach und zerknüllt die Blätter mit dem Text nach außen jeweils für eine Gruppe, möglichst so, dass auf jeder „Kugel" andere Informationen zu erkennen sind. Jede Gruppe versucht, aus dem, was sie lesen kann, Informationen über den Text zu bekommen. Nach einigen Minuten können die Texte ausgetauscht werden, um die Informationen durch neue Kugeln zu erweitern.

Kugellager: TN stellen sich im Kugellager auf, d. h. die Hälfte der TN bildet einen Innenkreis, die andere Hälfte der TN steht im Außenkreis jeweils einem TN aus dem Innenkreis gegenüber. Die sich gegenüberstehenden TN führen einen Dialog, für den KL eine Zeit vorgibt, z. B. eine Minute. Anschließend gehen die TN aus dem Außenkreis im Uhrzeigersinn weiter zum nächsten TN und haben erneut eine Minute Zeit für einen Dialog. Das Ganze kann so oft wiederholt werden, bis die Runde beendet ist.
Statt jeweils zum nächsten TN weiterzugehen, kann KL die Aktivität dynamischer und lustiger gestalten, indem er/sie nach Ablauf der Redezeit angibt, wie viele TN welcher Kreis sich nach rechts oder links bewegen soll, z. B. „Innenkreis geht drei TN nach rechts." etc.

Kursausstellung/Plakatrundgang: TN-Gruppen erstellen ein Plakat. Die Plakate werden anschließend aufgehängt, betrachtet und besprochen.

Kursspaziergang: Die TN gehen durch den Kursraum und führen mit möglichst vielen wechselnden Partnern ein kurzes Gespräch oder lösen eine Aufgabe. Dazu können die TN z. B. eine Karte mit einer Frage, einer Aufgabe oder einem Lückensatz bekommen. Sie suchen einen Partner / eine Partnerin, lösen die beiden Aufgaben, tauschen ggf. die Karten (um die Aufgabe abwechslungsreicher zu gestalten) und gehen zum nächsten TN weiter.

Kursstatistik: Mithilfe einer Kursstatistik kann die Meinung der TN anschaulich dargestellt werden. Man kann dazu Strichlisten, Klebepunkte, Balken etc. benutzen.

Lebende Sätze: Diese Methode eignet sich vor allem, um den TN die deutsche Syntax näherzubringen. KL schreibt die Wörter und Satzzeichen eines Satzes auf jeweils eine Karte. TN erhalten eine der Karten und stellen sich in der Reihenfolge auf, wie die Wörter im Satz aufeinanderfolgen. Die anderen TN helfen bei Bedarf.
Variante GA: Jede Gruppe schreibt die Wörter eines Satzes groß auf Karten und stellt sich in der richtigen Reihenfolge auf. Die Gruppengröße orientiert sich an der Anzahl der Wörter des Satzes.
Variante Lebende Wörter: Man kann die Aktivität auch mit einigen Wörtern, die sich gut ordnen lassen durchführen, z. B. mit Adverbien (*nie – selten – manchmal – oft/häufig – immer; heute – morgen – übermorgen – nächste Woche – nächstes Jahr – in fünf Jahren* etc).

Lernplakat: TN erstellen in GA ein möglichst anschauliches Plakat, um z. B. ein grammatikalisches Thema darzustellen. Die Lernplakate werden im Kursraum aufgehängt.

Marktplatzprinzip: Jede Gruppe bereitet einen Informationsstand mit ihren Ergebnissen vor, an dem mindestens ein Gruppenmitglied zur näheren Erläuterung steht. Die übrigen Teilnehmer können sich nach Belieben frei an den einzelnen Ständen informieren. Nach einer gewissen Zeit werden die TN an den Marktständen von anderen TN der Gruppe abgelöst, damit auch sie sich über die Resultate der anderen Gruppe informieren können.
Mit dem Marktplatzprinzip werden die Ergebnisse einer Gruppenarbeit vorgestellt.

Memory: Memory eignet sich, um Wortschatz oder auch Grammatik zu trainieren. Die Memory-Karten bestehen aus zwei klar zusammengehörigen Paaren. Diese werden gemischt und verdeckt auf den Tisch gelegt. A dreht zwei Kärtchen um. Passen Wort und Bild zueinander, behält A die Kärtchen und spielt noch einmal. Passen sie nicht, ist B dran usw.
Memory-Karten eignen sich für viele Themen und können von den Lernenden selbst angefertigt werden.

Menschenmemory: Beim Menschenmemory übernehmen die TN die Funktion der Spielkarten. Zwei TN spielen gegeneinander und verlassen kurz den Raum. KL gibt jedem/jeder TN eine Vokabel, zwei Vokabeln müssen dabei klar zusammenpassen (z. B. Gegensätze, Synonyme, …). Die zwei TN kommen in den Raum und zeigen auf jeweils zwei Spieler, die ihr Wort nennen. Passen die Wörter zusammen, stellen sich die TN hinter den Spieler, passen sie nicht zusammen, ist der andere Spieler / die andere Spielerin an der Reihe.

Mindmap: In der Mindmap sammeln die TN Assoziationen zu einem Thema. Im Gegensatz zum Wortigel ist sie komplexer, es sollen zum Hauptthema auch Unterthemen gefunden werden.

Minipräsentation: TN sprechen 2–3 Minuten in EA, PA oder kleinen Gruppen frei über ein einfaches Thema (eine Stadt, ein Fest etc.).
Um die Präsentation interessanter zu gestalten, können die TN Fotos zeigen, ein Plakat vorbereiten usw.

Miniprojekt: Bei einem Miniprojekt bearbeiten die TN in GA eine handlungsorientierte Aufgabe (z. B. Informationsbeschaffung durch Internet oder Befragung von Muttersprachlern) und stellen anschließend ihre Ergebnisse im PL vor.

Pantomime: Bei der Pantomime stellen TN Begriffe (Hobbys, Sportarten etc.) pantomimisch, also mit Mimik und Gesten und ohne zu sprechen, dar. Die anderen TN raten den Begriff.
Die Aktivität eignet sich gut, um Vokabular zu wiederholen. Eine Variante ist das Zeichenspiel, bei dem die TN Vokabeln zeichnerisch darstellen, die anderen TN raten, um was es sich handelt.

Planspiel: Beim Planspiel handelt es sich um eine Erweiterung des Rollenspiels. Während sich die TN beim Rollenspiel mit einer fiktiven Person identifizieren, werden beim Planspiel oft noch konkrete Positionen/Meinungen vorgegeben.

Rechts-Links-Dialog: Das Besondere an dieser Methode ist, dass ein/e TN beide Rollen (Person A und Person B) einnimmt. KL gibt die Situation / das Problem vor. Jede/r TN bekommt ein Papier, versetzt sich in Person A und schreibt einen Satz. Alle Blätter werden an den rechten Partner weitergegeben. TN lesen den Satz und antworten, indem sie in die Rolle von Person B schlüpfen. Die Blätter werden wieder nach links zurückgegeben, die TN antworten nun wieder in der Rolle von Person A usw. Diese schriftliche Aktivität eignet sich z. B. für Konfliktsituationen zwischen zwei Personen.

Redemitteldiskussion: Wenn im KB Redemittel vorgegeben sind, kann eine Redemitteldiskussion durchgeführt werden. TN wählen einige Redemittel aus, die sie gerne lernen möchten und schreiben sie auf jeweils einen Zettel. TN müssen diese Redemittel in der darauffolgenden Diskussion / dem darauffolgenden Gespräch verwenden und dürfen sie dann in die Mitte legen. Die Diskussion / Das Gespräch wird frühestens dann beendet, wenn alle Zettel abgelegt sind.

KL sollte die TN darauf hinweisen, dass es trotz der Redemittelzettel darum geht, möglichst natürlich zu diskutieren und nicht nur alle Redemittel möglichst schnell aneinanderzureihen.

Rollenspiel: TN schlüpfen mit oder ohne Vorgaben in die Rollen anderer Personen (Verkäufer, Kunde, Kellner, …) und spielen eine Situationen oder lösen ein Problem.

Schnapp: TN spielen mit Karten, von denen jeweils zwei zusammenpassen können oder nicht (z. B. Satzanfänge und Satzenden). GA (3–5 TN): Karten liegen in zwei Stapeln verdeckt auf dem Tisch. Es werden immer zwei Karten gleichzeitig umgedreht. Meint ein/e TN, dass die Karten zusammenpassen, ruft er/sie „Schnapp" und legt die Hand auf die Karten. Passen die Karten tatsächlich zusammen, darf TN die Karten behalten.

Schneeballschlacht: Die TN bekommen ein Blatt Papier und schreiben je nach Thema Aussagen über sich selbst. Für das Thema „Wünsche" schreiben die TN z. B. Aussagen wie *Ich hätte gern eine Katze, ich würde gerne eine Motorradreise machen …* auf das Blatt. Danach zerknüllen sie aus dem Blatt eine Art „Schneeball", stellen sich in einen Kreis und bewerfen sich eine Minute lang. Nach Ablauf der Minute öffnet jede/r TN ein Papier und versucht durch Fragen den/die TN zu finden, der/die die Sätze geschrieben hat.
Diese dynamische Übung kann auch eingesetzt werden, um müde TN wieder munter zu machen.

Stiller Dialog: Beim stillen/stummen Dialog geht es darum, ohne zu sprechen Meinungen mitzuteilen und auf Kommentare der anderen TN zu reagieren. Meist liegen auf mehreren Tischen DIN-A-3-Blätter mit verschiedenen Thesen/Blogeinträgen o. Ä. TN gehen durch den Raum und schreiben, ohne zu sprechen, ihren Kommentar dazu. Wurden Thesen schon von anderen TN kommentiert, können die TN auch auf diese Kommentare eingehen. Für diese Aktivität ist eine Zeit von ca. 15 Minuten zu empfehlen, in der nicht gesprochen werden soll. Danach werden die Blätter vorgestellt, evtl. kommentiert und im Kursraum aufgehängt.

Think-Pair-Share: TN bearbeiten eine Aufgabe in EA (Think), besprechen ihre Ergebnisse in PA (Pair) und vergleichen sie im PL (Share).

(Vier-)Ecken-Diskussion / Dynamische Diskussion: Blätter mit Meinungen/Aussagen werden in die vier Ecken des Kursraums oder auch an verschiedenen anderen Stellen im Kursraum aufgehängt oder auf Tische / den Boden gelegt. TN gehen durch den Raum und finden sich auf ein Signal des/der KL in Gruppen bei einem der Blätter zusammen. Sie diskutieren ca. 3 Minuten über das Thema, gehen dann weiter (oder in die nächste Ecke) und finden sich in neuen Gruppen bei einem neuen Thema zusammen usw.

Vokabelkarteikasten: Wenn die TN eine Vokabelkartei führen, erweitern sie bewusst ihr Ausdrucksvermögen. Sie schreiben auf Karteikärtchen das Wort / den Ausdruck, den sie lernen möchten und auf die andere Seite eine Erklärung, Definition. Wichtig ist dabei, sich auf wenige Vokabeln zu beschränken, die dafür regelmäßig wiederholt werden.

Wahrheit oder Lüge: TN schreiben Aussagen über sich selbst, von denen einige wahr, die anderen falsch sind. Sie lesen die Sätze in GA vor, die anderen TN raten, was wahr, was falsch ist.

Wimmelübung mit Musik: KL lässt Musik laufen. TN bewegen sich frei im Raum. KT sprechen zu zweit über das Stichwort, die Frage usw., bis die Musik wieder losgeht und alle weitergehen.

Wirbelgruppen: Wirbelgruppen eignen sich, um ein komplexeres Thema arbeitsteilig zu erarbeiten. TN lösen in GA (z. B. Gruppe A, B und C) unterschiedliche Aufgaben. Um das Ergebnis den anderen Gruppen mitzuteilen, werden anschließend neue (Wirbel-)Gruppen gebildet, in denen sich aus jeder Gruppe mindestens ein TN befindet, die neue Gruppe ist also aus A, B und C zusammengesetzt.

Wortigel: KL schreibt ein Wort/Thema in die Mitte der Tafel und sammelt auf Zuruf außen herum passende Wörter, ggf. nach Unterthemen sortiert.
Diese Methode eignet sich gut, um beim Einstieg in ein neues Thema Vorwissen zu aktivieren und so bereits bekannten Wortschatz zu visualisieren.

Zerschnittene/Halbe Texte lesen: TN machen PA. Ein Lesetext wird möglichst genau in der Mitte senkrecht auseinandergeschnitten, jede/r TN bekommt einen Teil. Jeweils zwei TN arbeiten zusammen, versuchen, aus dem halben Text möglichst viele Informationen zu erhalten und Vermutungen über die fehlende Hälfte anzustellen. Gemeinsam versuchen die beiden TN, den Text möglichst komplett zu rekonstruieren.

Zick-Zack-Dialog: TN stellen sich in zwei Reihen versetzt einander gegenüber und spielen Dialoge, indem jede/r TN jeweils einen Satz formuliert, und zwar in einer Reihenfolge, sodass sich eine Art unsichtbare Zick-Zack-Linie zwischen den TN bildet. Alle TN auf der einen Seite stellen also gemeinsam „Sprecher/in A" dar, die TN auf der gegenüberliegenden Seite „Sprecher/in B". Der Zick-Zack-Dialog eignet sich zum Einüben von Gesprächssituationen, besonders wenn das Verständnis gesichert werden soll. Auch weniger aktive TN werden zum Sprechen angeregt.

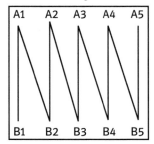

Quellen

S. 28   Getty Images (gerenme), München
S. 151 Getty Images (bortonia), München
S. 169 1: Getty Images (Luis Alvarez), München
S. 169 2: Getty Images, (SDI Productions), München